# 古代歷史文化研究輯刊

## 十六編

王明蓀 主編

# 第 35 冊

## 清代官方史學與私家史學相互關係研究(下)

喬治忠 著

國家圖書館出版品預行編目資料

清代官方史學與私家史學相互關係研究（下）／喬治忠 著 ——
初版 —— 新北市：花木蘭文化出版社，2016〔民105〕
目 2+206 面；19×26 公分
（古代歷史文化研究輯刊 十六編；第 35 冊）
ISBN 978-986-404-780-2（精裝）
1. 史學史 2. 清代
618                                   105014282

古代歷史文化研究輯刊
十六編　第三五冊　　　　　　　ISBN：978-986-404-780-2

## 清代官方史學與私家史學相互關係研究（下）

作　　者　喬治忠
主　　編　王明蓀
總 編 輯　杜潔祥
副總編輯　楊嘉樂
編　　輯　許郁翎、王筑　美術編輯　陳逸婷
出　　版　花木蘭文化出版社
社　　長　高小娟
聯絡地址　235 新北市中和區中安街七二號十三樓
　　　　　電話：02-2923-1455／傳真：02-2923-1452
網　　址　http://www.huamulan.tw 信箱 hml 810518@gmail.com
印　　刷　普羅文化出版廣告事業
初　　版　2016 年 9 月
全書字數　537439 字
定　　價　十六編 35 冊（精裝）台幣 68,000 元　　　　版權所有‧請勿翻印

# 清代官方史學與私家史學相互關係研究(下)

喬治忠 著

# 目次

# 附錄：清代官方史學與私家史學繫年要錄

## 1644 年　清世祖順治元年　甲申

### 希福等刪簡《遼》、《金》、《元》三史，譯以滿語

　　《清世祖實錄》卷三，順治元年三月甲寅：大學士希福等奏言：……我先帝鑒古之心，永懷不釋，特命臣等將《遼》、《金》、《元》三史芟削繁冗，惟取其善足為法、惡足為戒，及征伐、畋獵之事，譯以滿語，繕寫成書。臣等敬奉綸音，將《遼史》自高祖至西遼耶律大石末年，凡十四帝，共三百七年；《金》凡九帝，共一百十九年；《元》凡十四帝，共一百六十二年，詳錄其有裨益者。始於崇德元年五月，竣於崇德四年六月。今敬繕成書以進，伏乞皇上萬幾之暇，時賜省覽，戀稽古之德，弘無前之烈，臣等不勝幸甚。

　　按：選譯《遼》、《金》、《元》三史，是清太宗時作出的決定，至此告成。清統治者自入關前就關注遼、金、元三個少數民族政權的歷史，直至清季，這是值得注意的思想與心態。

### 清定都北京

　　《清世祖實錄》卷五，順治元年六月丁卯：攝政和碩睿親王多爾袞，與諸王貝勒大臣等定議，應建都燕京。遣輔國公吞齊喀、和托、固山額真何洛會等，齎奏迎駕。奏言：仰荷天眷及皇上洪福，已克燕京。臣再三思維，燕京勢踞形勝，乃自古興王之地，有明建都之所。令既蒙天畀，皇上遷都於此，以定天下，則宅中圖治，宇內朝宗，無不通達。可以慰天下仰望之心，可以

錫四方和恒之福。伏祈皇上熟慮俯納焉。

## 清移明太祖神位至歷代帝王廟

《清世祖實錄》卷五：順治元年六月癸未，攝政和碩睿親王，遣大學士馮銓、祭故明太祖及諸帝。其文曰：「茲者流寇李自成顛覆明室，國祚已終。予驅除逆寇，定鼎燕都。惟明乘一代之運以有天下，歷數轉移，如四時遞禪，非獨有明爲然，乃天地之定數也。至於宗廟之主遷置別所，自古以來厥有成例，第念曾爲一代天下主，罔宜輕褻，茲以移置之故，遣官祀告，遷於別所。」甲申，以故明太祖神牌入歷代帝王廟。

按：移明太祖排位至歷代帝王廟，明示清代明興，明朝已經滅亡。這是重要要的政治舉動，既否定漢人官紳的復明思想，也不失於對明朝的尊禮。

## 多爾袞致信史可法

《清世祖實錄》卷六，順治元年七月壬子：攝政和碩睿親王令南來副將韓拱薇、參將陳萬春等齎書致史可法曰：「……國家之撫定燕都，乃得之於闖賊，非取之於明朝也。賊毀明朝之廟主，辱及先人，我國家不憚徵繕之勞，悉索敝賦，代爲雪恥，孝子仁人，當如何感恩圖報！茲乃乘逆寇稽誅，王師暫息，遂欲雄據江南，坐享漁人之利，揆諸情理，豈可謂平？……今若擁號稱尊，便是天有二日，儼爲勍敵，予將簡西行之銳，轉鑣東征，且擬釋彼重誅，命爲前導。夫以中華全力受制潢池，而欲以江左一隅兼支大國，勝負之數，無待蓍龜矣。

## 鄒漪著《啟禎野乘一集》16卷成書

鄒漪《啟禎野乘序》：閒居寡歡，泛灠群籍，上自秦漢，下迄金元，廢書而歎曰：史才之難也，蓋不一端哉。大約編年與紀傳分，而紀傳尤難；國史、家史與野史分，而野史尤難。編年以帝王爲主，起居有注，時政有記，禮樂征伐、詔令封拜、百司庶職，各具掌故，粲如也。標歲月，按條例，即可次第成書。若紀傳之作，所見異辭，所聞異辭，所傳聞異辭。稗官雜記，悉爲恩怨好惡之私；家傳墓碑，無非門生故吏之語。折衷既難，表章非易……余少弄柔翰，竊好掌錄舊聞，間有撰述，未敢問世。今年甲申，運當鼎革，感星辰劍履之傾頹，懼滄海桑田之變易，且念明之以史事自任，紀傳略具者，如海鹽《吾學編》，溫陵《續藏書》，晉江《名山藏》以及《史概》、《年表》，遠止弘、正，近亦嘉、隆。萬曆以來，概秘流傳，況於啟、禎。乃取兩朝名

跡，薈萃條列，略記所知，名曰《野乘》。不列帝后，不備表志，以別於史也，萬曆以上無聞焉。予生也晚，非身所親歷，恐傳疑也。

# 1645 年　清世祖順治二年　乙酉

## 清廷派官祭祀歷代帝王

《清世祖實錄》卷一五，順治二年三月丙戌：遣戶部尚書英俄爾岱祭歷代帝王。太昊伏羲氏、炎帝神農氏、少昊金天氏、帝顓頊氏、帝高陽氏、帝高辛氏、帝陶唐氏、帝有虞氏、夏禹王、商湯王、周武王、漢高祖、漢光武、唐太宗、宋太祖、元世祖、及增入遼太祖、金太祖、金世宗、元太祖、明太祖、共二十一帝。

按：祭祀歷代帝王，明示清政權乃是自伏羲以來的正統政權，而增入遼太祖、金太祖、金世宗、元太祖，是從整個歷史體系上表明不分民族，凡以往創業君主皆應得到歷史的尊崇。

## 清廷著手編纂《明史》

《清世祖實錄》卷一六，順治二年五月癸未：內三院大學士馮銓、洪承疇、李建泰、范文程、剛林、祁充格等奏言：「臣等欽奉聖諭，總裁《明史》。查舊例設有副總裁、應用學士、講讀學士等官，今請以學士詹霸、賴袞、伊圖、寧完我、蔣赫德、劉清泰、李若琳、胡世安、侍讀學士高儼、侍讀陳具慶、朱之俊爲副總裁官。其纂修等員應加選取，今選有郎廷佐、圖海、羅憲汶、劉肇國、胡統虞、成克鞏、張端、高珩、李奭棠爲纂修官，石圖等七員爲收掌官，古祿等十員爲滿字謄錄官，吳邦爹等三十六員爲漢字謄錄，以及收發草本等事宜。」從之。

按：上一月，有御史趙繼鼎奏請纂修《明史》，至此日組成修史館局，中間當有朝廷商議的過程，但史料缺載。清初制度尚不完備，纂修《明史》事，實際只要多爾袞認可即可施行，故無正式詔令等官方文件。

# 1646 年　清世祖順治三年　丙戌

## 翻譯《明洪武寶訓》成

《清世祖實錄》卷二五，順治三年三月辛亥：譯明《洪武寶訓》書成。上以《寶訓》一書，彝憲格言，深裨治理，御製序文載於編首，仍刊刻滿、漢字頒行中外。

# 1647年　清世祖順治四年　丁亥

## 函可攜帶「逆書」案發

陳伯陶《勝朝粵東遺民錄》卷四：函可，字祖心，號剩人，博羅人本姓韓，名宗騋。父日纘，萬曆丁未進士，官至禮部尚書，卒，諡文恪。函可少聰穎，為名諸生，性好義……有康濟天下之志。父歿，見國事日非……崇禎己卯，年二十九，遂隨道獨入匡山下發登具……。甲申之變，悲慟形辭色，聞福王立，乙酉以請藏經金陵，居江寧顧夢遊樓上。值國再變，親見諸死事臣事，紀為私史。城邏發焉，當事疑有徒黨，拷掠至數百，絕而復蘇者屢，但曰某一人自為。夾木再折，血淋沒趾，無二語。……招撫江南大學士洪承疇，日纘門下士也，以避嫌不為定獄……至京下刑部獄，得減戌瀋陽……。

《清世祖實錄》卷三五，順治四年十一月辛亥：招撫江南大學士洪承疇奏：「犯僧函可，係故明禮部尚書韓日纘之子，日纘乃臣會試房師。函可出家多年，於順治二年正月內，函可自廣東來江寧，刷印藏經。值大兵平定江南，粵東路阻未回，久住省城。臣在江南，從不一見，今以廣東路通回裏，向臣請牌，臣給印牌，約束甚嚴。因出城門盤驗，經笥中有福王答阮大鋮書稿，字失避忌。又有《變記》一書，干預時事。函可不行焚毀，自取愆尤，臣與函可有世誼，理應避嫌，情罪輕重，不敢擬議。其僧徒金獵等四名，原係隨從，歷審無涉。臣謹將原給牌文及函可書帖，封送內院，乞敕部察議。」得旨：「洪承疇以師弟情面，輒與函可印牌，大不合理，著議處具奏。函可等，著巴山、張大猷，差得當員役拏解來京。」

按：函可之案件，為清代首發文字之獄，內中隱含滿洲將軍巴山與洪承疇之間的複雜矛盾。函可流放至瀋陽，繼續為僧，且活動頻繁，順治十六年（1660）卒。生前著述頗豐，有《千山剩人禪師語錄》、《千山詩集》等。乾隆四十年（1775），查繳禁書時，函可之書被列入禁書目錄，查抄焚毀，凡函可住過的寺廟及所遺碑塔，盡行拆毀。

# 1648年　清世祖順治五年　戊子

## 《自靖錄》、《崇禎盡忠錄》作者高承埏卒

朱彝尊《曝書亭集》卷七十二，《前進士高公墓表》：……公諱承埏，字寓公，一字澤外……隱居竹林村窩，聚書八十櫥，多至七萬餘卷。所著詩文

有《稽古堂集》，嘗取先儒詩說五十家，撰《詩義裁中》一編……君年四十六而卒。

沈明彝《自靖錄序略》：吾里高愚公先生，以讀書世其家，為文士；出宰衝邊，全城死守，為才吏；瀝血上書，為父訟冤，為孝子。甲申以後，忍死奉母，觀其弔同年殉難詩云：『可憐李黼榜，偃蹇老維禎。』又病中述志云：『惟將前進士，慘淡表孤墳。』蓋其低回結嬙，有餘悲焉，此《自靖錄》所以作也。先生卒於順治戊子正月，此書末卷載及臺灣平之日，則長公祐紀所續。

《續修四庫全書提要》史部傳記類：《崇禎盡忠錄》三十二卷，明高承埏撰，男祐釲訂補。滄桑之際，殉忠者易致淆訛，承埏親歷四方，搜求遺軼，上自京師，下逮滇緬，或一人而傳聞各異，或一事而紀載不同，乃從事纂輯。起崇禎以來，迄順治丙戌死難諸臣。先之以甲申京師殉難正祀文臣二十一人，而自崇禎二年以後殉難諸臣按卷比次於後。

### 清廷徵集纂修《明史》資料

《清世祖實錄》卷四○，順治五年九月庚午：諭內三院：今纂修《明史》，缺天啓四年、七年實錄及崇禎元年以後事跡，著在內六部、都察院等衙門，在外督撫、鎮按及都、布、按三司等衙門，將所缺年分內一應上下文移，有關政事者，作速開送禮部，彙送內院，以備纂修。

# 1649 年　清世祖順治六年　己丑

### 清廷纂修《清太宗實錄》

《清世祖實錄》卷四二，順治六年正月丁卯：纂修《太宗文皇帝實錄》。命大學士范文程、剛林、祁充格、洪承疇、馮銓、寧完我、宋權充總裁官，學士王鐸、查布海、蘇納海、王文奎、蔣赫德、劉清泰、胡統虞、劉肇國充副總裁官，賜之敕曰：「茲者恭修《太宗文皇帝實錄》，擇於順治六年正月初八日開館。朕惟帝王撫宇膺圖，綏猷建極，凡一代之興，必垂一代之史，以覲揚於後世，誠要務也。我太宗文皇帝應天順人，安內攘外，在位十有七年，仰惟文德之昭，武功之盛，以及號令賞罰，典謨訓誥，皆國家之大經大法。爾等稽核記注，編纂修輯，尚其夙夜勤恪，考據精詳。毋浮誇以失實，毋偏執以廢公，毋疏忽以致闕遺，毋怠玩以淹歲月。敬成一代之令典，永作萬年之成憲，各殫乃心，以副朕意。欽此。」

### 清廷規定六科史書彙送史館

《清世祖實錄》卷四二：「順治六年……二月……丁酉……內院大學士剛林等奏言：『臣民奏章，天語批答，應分曹編輯，以垂法戒、備章程，爲纂修國史之用。令六科每月錄送史館，付翰林官分任編纂。請以梁清寬、陳爌、朱之錫、黃志遴、法若眞、王無咎、張宏俊、李昌垣、李中白、莊回生、孫自式、章雲鷺等爲編纂官。』報可。」

# 1651年　清世祖順治八年　辛卯

### 剛林等奏請訪求明朝天啟、崇禎兩代事跡

《清世祖實錄》卷五四，順治八年閏二月癸丑：大學士剛林等奏言：「臣等纂修《明史》，查天啓四年及七年六月實錄，並崇禎一朝事跡俱缺，宜敕內外各官廣示曉諭，重懸賞格，凡有鈔天啓、崇禎實錄或有彙集邸報者，多方購求，期於必得，或有野史、外傳、集記等書，皆可備資纂輯。務須廣詢博訪，彙送禮部，庶事實有據，信史有成。」下所司知之。

### 處置剛林依附多爾袞擅改實錄罪

《清世祖實錄》卷五四，順治八年閏二月乙亥：刑部尚書固山額眞公韓岱等審議剛林等罪狀，議曰：「剛林初在盛京，曾犯大罪應死，蒙皇上恩宥，乃不思感激圖報，反依附睿王，朝夕獻媚，罪一。……以擅改國史一案訊剛林，據供：睿王取閱《太祖實錄》，令削去伊母事，遂與范文程、祁充格同抹去。後白之和碩鄭親王、和碩巽親王、和碩端重親王、和碩敬謹親王，未經奏聞，擅改《實錄》，隱匿不奏，罪四。……又將盛京所錄太宗史冊在在改抹一案，訊之剛林，據供：纂修之時，遇應增者增，應減者減。刪改是實，舊稿尚存，罪七。……剛林諂附睿王，一切密謀逆跡皆爲之助，應論死，籍沒家產，妻子爲奴。……祁充格曾犯大罪，……擅改所修《太祖實錄》，隱匿睿王罪狀，又私自補載，及共議推崇功德、移駐永平各案，無不與剛林同預逆謀，祁充格應論死，籍沒家產。范文程與剛林、祁充格同改《太祖實錄》，訊之范文程，據供：前睿王令改，不能爭執，然本意原欲啓奏，曾告知寧完我、王文奎，後因病而止。質之寧完我、王文奎，此言是實。但范文程前既與剛林、祁充格同改，及後又不自行啓奏，託言因病耽擱。范文程應革職解任，籍其家。寧完我身爲大學士，王文奎身爲學士，既知范文程改《實錄》事，即應啓奏，乃爲隱藏，寧完我、王文奎俱應革職解任。」於是具讞，白之和

碩鄭親王、和碩巽親王、和碩端重親王、和碩敬謹親王、多羅順承郡王諸王及滿洲固山額眞、內大臣，議政大臣會議：剛林、祁充格二人罪大，應斬，籍其家。范文程應革職，本身折贖，仍留原任。……寧完我、王文奎無罪，應留原任。……奏入，得旨：「剛林、祁充格著即正法。」

## 1652年　清世祖順治九年　壬辰

### 重新敕令纂修《清太宗》實錄

《清世祖實錄》卷六二，順治九年正月辛丑：命纂修《太宗文皇帝實錄》，以大學士希福、范文程、額色黑、洪承疇、寧完我充總裁官……

按：此次重新啓動清太宗實錄之纂修，仍頒賜希福等人敕書，而其文字與順治六年的敕書相同。

## 1653年　清世祖順治十年　癸巳

### 劉顯績奏請設立記注官

《清世祖實錄》卷七一，順治十年正月庚辰：工科都給事中劉顯績奏言：「自古帝王，左史記言，右史記動，期昭示當時，垂法後世。我皇上種種美政，史不勝書，乞仿前代設立記注官，凡有詔諭及諸臣啓奏，皇上一言一動，隨事直書，存貯內院，以爲聖子神孫萬世法則。」報聞。

## 1654年　清世祖順治十一年　甲午

### 張岱著成《石匱書》

張岱《琅嬛文集》卷一，《石匱書自序》：能爲史者，能不爲史也，東坡是也。不能爲史者，能爲史者也，弇州是也。弇州高抬眼，闊開口，飽蘸筆，眼前腕下，實實有「非我作史，更有誰作」之見，橫據其胸中。史遂不能果作，而作不復能佳，是皆其能爲史之一念有以誤之也。……余家自太僕公以下，留心三世，聚書極多，余小子苟不稍事纂述，則茂先家藏三十餘乘，亦且蕩爲冷煙，鞠爲茂草矣。余自崇禎戊辰，遂泚筆此書，十有七年而遽遭國變，攜其副本，屏跡深山，又研究十年而甫成此帙。幸余不入仕版，既鮮恩仇，不顧世情，復無忌諱，事必求眞，語必務確，五易其稿，九正其訛，稍有未核，寧闕勿書。故今所成書者，上際洪武，下迄天啓，後皆闕之，以俟論定。余故不能爲史，而不得不爲其所不能爲，固無所辭罪，然能爲史而能

不爲史者，世尙不乏其人，余其執簡俟之矣。

# 1655 年　清世祖順治十二年　乙未

## 《御定人臣儆心錄》成書

清世祖《御製人臣儆心錄序》（載《四庫全書》本卷首）：朕惟人臣立身制行，本諸一心，心正則爲忠爲直，眾美集焉。不正則爲奸爲慝，群惡歸焉。是故心者萬事之本，美惡之所由出也。顧事有殊塗，心惟一致，一於國則忘其家，一於君則忘其身，如此者不特名顯身榮，邦家亦允賴之矣。若夫姦邪之流，樹黨營私，怙權亂政，卒至身名俱喪，爲國厲階……朕歷稽往古，宵人誤國，代代有之，觀諸近事，復炯鑒昭然，足爲永戒。恐後之爲臣者，或仍蹈覆轍，負主恩而渝素志，至於身罹刑憲，悔悼無由，故推原情狀而論列之，錄成一編，以爲「人臣儆心」之訓云。順治乙未季春日序。

## 纂修《順治大訓》

《清世祖實錄》卷八八，順治十二年正月辛亥：諭大學士額色黑等：朕惟平治天下，莫大乎教化之廣宣；鼓動人心，莫先於觀摩之有象。夫精微之道，難喻顓蒙，而質樸之言，未詳證據。茲欲將歷代經史所載，凡忠臣義士、孝子順孫、賢臣廉吏、貞婦烈女及奸貪鄙詐、愚不肖等，分別門類，勒成一書，以彰法戒，名之曰《順治大訓》。即於新春開館，特命額色黑、金之俊、呂宮爲總裁官，能圖、張懸錫、李霨爲副總裁官，王無咎、沙澄、方拱乾、黃機、吳偉業、王熙、方懸成、曹本榮、姜元衡、張士甄、范廷元、李儀古、宋之繩、白乃貞，又滿官四員爲纂修官，滿官四員爲謄錄官，典籍二員爲收掌官。卿等受茲委任，需協力同心，殫思博采，務令臣民皆可誦習，觀感興起，無負朕惓惓化導之意。

## 《御製資政要覽》著成

清世祖《資政要覽序》（載《四庫全書》本卷首）：朕惟帝王爲政，賢哲修身，莫不本於德而成爲學，如大匠以規矩而取方圓，樂師以六律而正五音，凡古人嘉言善行，載於典籍者，皆修己治人之方，可施於今者也。朕孜孜圖治，學於古訓，覽《四書》、《五經》、《通鑒》等編，得其梗概。推之十三經、二十一史及諸子之不悖於聖經者，莫不根極理道，成一家言。但卷帙浩繁，若以之教人，恐未能一時盡解其義，亦未能一時盡得其書，因思夫紀事宜撮其要，纂言當鈎其元，乃採集諸書中之關於政事者爲三十篇，又慮其

渙而無統，於是每篇貫以大義，聯以文詞，于忠臣、孝子、賢人、廉吏略舉
事跡，其奸貪、不肖、悖亂者亦載其內，使法戒迥然。加之訓詁，詳其證據，
譬之萃眾白以爲裘，范六金而成鼎，皆約而易明，文簡而易閱。名曰《資政
要覽》。觀是書者，熟思而體之，可以爲篤行之善；推類而廣之，可以爲博雅
之君子。毋求之語言文字之間，則朕諄諄教喻之心，庶乎其不虛矣。順治十
二年正月吉日序。

### 濟爾哈朗奏請設立起居注官

《清世祖實錄》卷八九，順治十二年二月壬戌：和碩鄭親王濟爾哈朗奏
言：「……抑臣更有請者，垂修典謨，光昭令德，莫要於設立史官。皇上統一
中原，事事以堯舜爲法，但起居注官尚未設立。古之聖帝明王，進君子，退
小人，順天心，合民志，措天下於太平，垂鴻名於萬世，良於史臣有賴。今
宜倣古制，特設記注，置諸左右。凡皇上嘉言善行，一一記載，於以垂憲萬
世，傳之無窮，亦治道之一助也。」上嘉其言。

### 《清太宗實錄》草成，敕纂太祖、太宗聖訓

《清世祖實錄》卷八九，順治十二年二月丁卯：內翰林國史院侍讀黃機
奏言：「自古仁聖之君，必祖述前謨，以昭一代文明之治。年來纂修太祖、太
宗實錄告成，伏乞皇上特命諸臣，詳加校訂所載嘉言善政，仿《貞觀政要》、
《洪武寶訓》諸書，緝成治典。恭候皇上欽定鴻名，頒行天下，尤望於萬幾
之暇，朝夕省覽，身體力行，紹美前休。」下所司議。

《清世祖實錄》卷九一，順治十二年四月癸未：諭內三院：朕惟帝王之
道，法祖爲先，夏貽典則，商監成憲，周重謨烈，三代隆盛，率循茲軌。欽
惟我太祖武皇帝創業垂統，聖德開天，太宗文皇帝積功累仁，宏模啓後，大
經大法，固足範圍百王，一動一言，皆可訓行四海。實錄業已告成，朕欲
倣《貞觀政要》、《洪武寶訓》等書，分別義類，詳加采輯，彙成一編，朕得
朝夕儀型，子孫臣民咸恪遵無斁。稱爲「太祖聖訓」、「太宗聖訓」，即於五月
開館。

# 1656 年　清世祖順治十三年　丙申

### 清廷纂修《通鑑全書》

《清世祖實錄》卷九七，順治十三年正月癸未：諭內三院：朕惟記一朝
之得失，爰有史書；考百代之是非，厥惟《通鑑》。顧筆削互異，論斷相衡，

卷帙雖紛，得中尙寡，何以昭垂永久，號稱完書？朕茲欲將諸家所纂，廣加衰集，刪繁考異，訂爲一編，名曰《通鑒全書》。

# 1657年　清世祖順治十四年　丁酉

## 孫奇逢著成《中州人物考》

　　孫奇逢《中州人物考敍》：余來中州九年矣。中州之賢豪長者，同時而我不聞，我之不能取善於鄉，可知也；過去而我不聞，我之不能尙論於古，又可知也。語云：蓋棺乃定。姑無論同時，則尙友古人，可或斬歟？殘年山棲，無所事事，偶於素聞素見者，得二百餘人，均之爲人物耳。或以理學著，或以經濟稱，或殉難一朝而以節義顯，或抒忠有素而以直諫名，或居身不苟，立朝有聞，人亦不得以一節目之，則方正之謂也。……始自明代，以世次爲敍，神廟以後，成案未定，慮有遺失，故人不厭多。在中州言中州，存之以助一己之渺修，且以備中原之人物。嗣後有聞，尙期續入。順治丁酉立秋日，容城孫奇逢啓泰氏書于謙山草堂。

## 《國榷》作者談遷（1593～1657）卒

　　錢朝瑋《談孺木先生傳》（載《棗林詩集》附錄）：先生諱以訓，字觀若。未弱冠補弟子員，食廩餼。遭鼎革，既脫去如敝屣。異其名曰遷，字孺木。……先生生平無他好，惟好書。故二酉五車，盡皆腹笥。爲人誠樸無粉飾，探之淵然，接之藹然。……顧先生所晨夕校讎，編以年，序以日，手不停書者曰《國榷》。《國榷》者，即先生所輯皇明日錄者，起龍飛，迄暝晦，凡三百年事，罔不詳覈而備載之，約數百卷。……忽於季冬八日遘疾，越三日，遽踐兩楹之奠於汾陽署。嗚呼痛哉！……時蓋季冬十有一日申刻也。

　　談遷《國榷自序》：亦史氏曰：明興垂三百載，治駸駸日以盛，而史事則學士家猶遜言之。木天金匱之藏，每乘輿代興，則詞臣雲集而從事，既奏竣，扃之秘閣，即薦紳先生不得一目剽。周秦以來，史臣有專職，亦有專述，故其官與業交相勸也。明之史臣夥矣，大概備經筵侍從，既奪名山之晷，而前後有所編摩，俱奉尺一。其官如聚偶，其議如築舍，非正三公而垺公座者，不得秉如椽焉。且明初史館，布衣亦尙與壇坫之末，其後非公車不敢望，又其後館閣有專屬，即公車之雋，或才如班、范，未始以槪進也。噫！明之於功令，斷斷甚矣。故史日益以偷，垂三百載而無敢以左史應者……間窺諸家

編年，於訛陋膚冗者，妄有所損益。閱數歲，哀然成帙，不遂灰棄，舉而薦之鉛槧，笑古人之未工，忘己事之已拙。諒哉！雖然，塵飯塗羹，戲之云爾，持以質大君子之門，方土龍芻狗之不若，何況乎綿蕞也？天啓丙寅三月朔，談遷書於棗林之容膝軒。此丙寅舊稿，嗣更增定。觸事悽咽，續以崇禎、弘光兩朝，而序仍之，終當覆瓿，聊識於後。遷又跋。

　　按：《國朝耆獻類徵初編》卷四百六十三《隱逸三‧談遷》，錄朱一是撰墓誌銘及黃宗羲撰墓表二文，並附按語云：「談先生卒年，志、表兩歧，未知孰是，因兩存。」朱一是《談孺木先生墓誌銘》明言：「卒於丁酉十二月十一日，距生萬曆甲午十月十二日，享年六十有四。」即生於明神宗萬曆二十二年十月十二日（1594 年 11 月 23 日），卒於清世祖順治十四年十二月十一日（1658 年 1 月 14 日）。朱一是爲談遷同鄉摯交，所述生平及著述大略，較爲精準。而黃宗羲之記述，不甚準確

# 1658 年　清世祖順治十五年　戊戌

## 谷應泰編成《明史紀事本末》

　　谷應泰《明史紀事本末自序》：《通鑑紀事本末》者，創自建安袁樞，而北海馮琦繼之。其法以事類相比附，使讀者審理亂之大趨，迹政治之得失，首尾畢具，分部就班，較之盲左之編年，則包舉而該浹，比之班、馬之傳志，則簡練而隱括，蓋史外之別例，而溫公之素臣也。沿及明代，迄無成書，蒐羞條貫，蓋其難哉。余謬承學政之役，兼值右文之朝，夙夜兢兢，廣稽博采，勒成一編，以補前史。……嗟乎！周治盛於文、武，漢道大於高、光，此前世之所以興隆也；孔子傷心幽、厲，武侯痛恨桓、靈，此後世之所以衰微也。綜觀明政，何莫不然。昔湯臣進規，鑒於有夏；姬朝作諷，戒在殷商。惟我皇清，開天初造，攬勝國之惠逆，察已事之明驗，保世滋大，毋亦於斯鏡見焉。余不敏，泛瀾眾家，編綴是書，比於九齡之《千秋金鑒》、德秀之《大學衍義》，雖材智不逮，亦復竭其愚忠云爾。順治戊戌冬十月，提督兩浙學政僉事豐潤谷應泰撰。

　　按：是書作者，清以來爭議不斷。近現代學者續有探究，雖有分歧，但大致確認茲書由谷應泰掛名主編，具體編者有徐倬、張壇、張岱等人，論贊「谷應泰曰」的文字，則大體取自蔣棻的《明史紀事》，所據基本史料除《鴻猷錄》、《石匱書》、《石匱書後集》、《國榷》外，亦博采明代官私文獻。

## 改內三院為內閣，設翰林院

《清世祖實錄》卷一一九，順治十五年七月戊午：諭吏部：自古帝王設官分職，共襄化理，所關甚鉅。必名義符合，品級畫一，始足昭垂永久，用成一代之典。本朝設內三院，有滿漢大學士、學士、侍讀學士等官，今斟酌往制，除去內三院秘書、弘文、國史名色大學士，改加殿閣大學士，仍為正五品，照舊例兼銜。設立翰林院，設掌院學士一員正五品，照舊例兼銜。除掌印外，其餘學士亦正五品。以上見任各官，俱照本品，改銜供職。以後升授、銜品俱照新例。內三院舊印俱銷毀，照例給印。內閣，滿字稱為多爾吉衙門，漢字稱為內閣。翰林院，滿字稱為筆帖黑衙門，漢字稱為翰林院。其侍讀學士以下員數、官銜，滿名照漢官稱謂。通著察例，詳議具奏。

按：改內三院為內閣，設林院，在清初多曾反覆。雖只是行政機構的變化，但內中反映了是仿從漢制抑或堅守入關前舊制的政治分歧。

# 1659 年　清世祖順治十六年　己亥

### 姜圖南上疏請開館編纂《明史》

《清世祖實錄》卷一二五：「順治十六年閏三月壬午：陝西道御史姜圖南疏言：「《明史》一書，雖事屬前代，而纂修之典則在本朝。請發金匱藏書，敕內閣翰林諸臣，開館編纂，廣搜會訂，以成信史。」疏下所司。

按：此條資料，表明清順治朝在纂修《明史》史稿上並無實際成效，甚至已經許久停輟。

### 折庫訥上疏請搜羅明崇禎朝史料

《清世祖實錄》卷一二六，順治十六年五月己卯：禮部議覆翰林院掌院學士折庫訥等疏言：「明朝一代之史，理應修輯，以昭鑒戒。請敕各直省地方官，凡收藏有明崇禎十七年朝報及召對記載，可備采擇者，務期廣為搜羅，速行彙送翰林院，以便題請纂修。其野史小說，不許濫收。」報可。

# 1660 年　清世祖順治十七年　庚子

### 清廷議改歷代帝王祭祀

《清世祖實錄》卷一三六，順治十七年六月己丑：禮部議覆山東道監察御史顧如華疏言：「帝王廟創建於故明，及我朝增定金太祖、金世宗、遼太祖、元太祖、明太祖，共二十一帝，皆係開創之主，不及守成賢君。但守成不乏

誼主，如商之中宗、高宗，周之成王、康王，其行事見於《詩》、《書》史鑒，誠爲守成令主。漢之文帝，史稱其節儉愛民，海內安寧，家給人足。宋之仁宗，恭儉仁恕，忠厚之政，培有宋三百年之基。明之孝宗，仁恭節用，任賢圖治，憂勤惕勵，始終不渝。應否入廟並祭，仰候睿裁」……得旨：商中宗、商高宗、周成王、周康王、漢文帝、宋仁宗、明孝宗，俱入廟並祭。遼太祖、金太祖、元太祖，原未混一天下，且其行事亦不及諸帝王，不宜與祭，著停止。餘依議。

　　按：此次取消遼太祖、金太祖、元太祖入祭歷代帝王廟，也透露出順治帝一意「漢化」的心態。

# 1661年　清世祖順治十八年　辛丑

## 順治帝逝世，滿洲守舊派擬定「遺詔」攻訐之

　　《清世祖實錄》卷一四四，順治十八正月丁巳：夜子刻，上崩於養心殿，詔頒示天下。詔曰：朕以涼德，承嗣丕基，十八年於茲矣。自親政以來，紀綱法度、用人行政，不能仰法太祖、太宗謨烈，因循悠忽，苟且目前，且漸習漢俗。於淳樸舊制，日有更張，以致國治未臻，民生未遂，是朕之罪一也。……宗室諸王貝勒等，皆係太祖、太宗子孫，爲國藩翰，理宜優遇，以示展親。朕於諸王貝勒等晉接既疏，恩惠復鮮，以致情誼睽隔，友愛之道未周，是朕之罪一也。滿洲諸臣，或歷世竭忠，或累年效力，宜加倚託，盡厥猷爲，朕不能信任，有才莫展。且明季失國，多由偏用文臣，朕不以爲戒，而委任漢官，即部院印信，間亦令漢官掌管，以致滿臣無心任事，精力懈弛。是朕之罪一也。……祖宗創業，未嘗任用中官，且明朝亡國，亦因委用宦寺。朕明知其弊，不以爲戒，設立內十三衙門，委用任使，與明無異。以致營私作弊，更踰往時，是朕之罪一也。朕性耽閒靜，常圖安逸。燕處深宮，御朝絕少，以致與廷臣接見稀疏，上下情誼否塞，是朕之罪一也。人之行事，孰能無過，在朕日御萬幾，豈能一無違錯，惟肯聽言納諫，則有過必知。朕每自恃聰明，不能聽言納諫，古云：良賈深藏若虛，君子盛德，容貌若愚。朕於斯言，大相違背，以致臣工緘默，不肯盡言，是朕之罪一也。朕既知有過，每日剋責生悔，乃徒尚虛文，未能省改，以致過端日積，愆戾愈多，是朕之罪一也。……

　　按：滿洲貴族守舊派擬定如此「遺詔」，簡直就是一紙認罪書，實亙古

未見，表明守舊派已經急不可待地發起了政治復舊運動，而且這樣的「遺詔」以及決意復舊的政治方向，沒有孝莊太后的策動和支持是不可能施行的。此等遺詔，不僅顯示清廷內部的政治分歧與鬥爭，而且影響官方史學的走向。

### 清廷恢復內三院舊制

《清聖祖實錄》卷三，順治十八年六月丁酉：諭吏部：世祖章皇帝《遺詔》內云：「紀綱法度、用人行政，不能仰法太祖、太宗謨烈，漸習漢俗，於淳樸舊制，日有更張。」朕茲於一切政務，思欲率循祖制，咸復舊章，以副先帝遺命。內三院衙門自太宗皇帝時設立，今應仍復舊制，設內秘書院、內國史院、內弘文院，其內閣、翰林院名色，俱停罷。內三院應設滿漢大學士、學士等官，爾部即開列銜名具奏。

### 莊廷鑨《明史輯略》案發

楊鳳苞《秋室集》卷五，《記莊廷鑨案本末》：莊廷鑨字子襄，先世吳江人，其祖始遷居烏程之南潯，家巨富。父允城，字君唯，貢生，生三子，廷鑨其長也。少患癲疾，延良醫治之，謂疾愈當損目，試之果然。廷鑨遂妄以盲史自居，其家與故相國朱文肅公家鄰，因購得文肅《史概》未刻列傳稿本，乃招賓朋群為增損修飾，而論斷仍署朱史氏。又續纂天啓、崇禎兩朝事，其中多指斥之語，名曰《明書輯略》。書成而廷鑨死，允城痛傷之，為乞故禮部主事李令晳撰敘，列吳越名士十八人為參閱……順治十七年冬刊成，頗行於世……未幾李廷樞、吳之榮又發其事。初，廷樞任督糧道，之榮任歸安知縣，以對揭贓款，各坐絞罪繫獄，遇赦得出。二人流寓浙中，越二年聞莊史事……之榮挾以恐嚇莊氏，莊氏恃已呈部院，不為理。乃搆於鎮浙將軍柯奎，將奏其逆書，允城懼，囑府學生徐典（字秩三，元籍松江）居間饋松江提督梁化鳳千金，梁為致書禮於奎，而事得解。之榮憤，親詣莊氏，欲其稍饋以解慚。莊復訟諸巡道，責令歸旗。之榮益憤……而巡道遣佐貳官率兵役立逐出境。之榮憤甚，誓雪仇恥，入都簽標詆斥語……奏記於顧命四大臣，上聞，命滿侍郎羅多等馳驛至湖州……械允城至都。時康熙元年十月也……。

### 顧炎武編成《天下郡國利病書》、《肇域志》

顧炎武《天下郡國利病書序》：崇禎己卯秋闈被擯，退而讀書，感四國之

多虞，恥經生之寡術，於是歷覽二十一史，以及天下郡縣志書，一代名公文集，間及章奏文冊之類，有得即錄，共成四十餘帙。一為輿地之記，一為利病之書。比遭兵火，多有散佚，亦或增補，而其書本不曾先定義例，又多往代之言地勢、民風，與今不合。年老善忘，不能一一刊正，姑以初稿存之書中，以待後之君子斟酌去取云爾。壬寅七月望日，亭林山人書。

顧炎武《肇域志自序》：此書自崇禎乙卯起，先取《一統志》，後取各省府州縣志，後取二十一史，參互書之，凡閱志書一千餘部。本行不盡，則注之旁，旁又不盡，則別為一集，曰備錄。年來糊口四方，未遑刪訂，以成一家之言。歎精力之已衰，懼韋編之莫就，庶後之人有同志者，為續而傳之，俾區區二十餘年之苦心，不終泯沒爾。崑山顧炎武。

# 1663 年　清聖祖康熙二年　癸卯

## 「莊氏史獄」結案，史家潘檉章、吳炎罹難

顧炎武《亭林文集》卷五《書吳潘二子事》：……會湖州莊氏難作，莊名廷鑨，目雙盲，不甚通曉古今。以史遷有「左氏失明，乃著《國語》」之說，奮欲著書。其居鄰故閣輔朱公國禎家，朱公嘗取國事及公卿志狀疏草，命脊鈔錄，凡數十帙，未成書而卒，廷鑨得之，則招致賓客，日夜編輯為《明書》，書冗雜不足道也。廷鑨死，無子，家貲可萬金。其父胤城流涕曰：「吾三子皆已析產，獨仲子死無後，吾哀其志，當先刻其書，而後為之置嗣。」遂梓行之。……書凡百餘帙，頗有忌諱語，本前人詆斥之辭未經刪削者。莊氏既巨富，浙人得其書，往往持而恐嚇之，得所欲以去。歸安令吳之榮者，以贓繫獄，遇赦得出。有史教之買此書，恐嚇莊氏。莊氏欲應之，或曰：「踵此而來，盡子之財不足以給，不如以一訟絕之。」遂謝之榮。之榮告諸大吏，大吏右莊氏，不直之榮。之榮入京師，摘忌諱語密奏之，四大臣大怒，遣官至杭，執莊生之父及其兄廷鉞及弟姪等，並列名於書者十八人皆論死。其刻書鬻書，並知府、推官之不發覺者，亦坐之。發廷鑨之墓，焚其骨，籍沒其家產。

全祖望《鮚埼亭集外編》卷二十二，《江浙兩大獄記》：……明故相國烏程朱文恪公嘗為明史，舉大經大法者筆之，已刊行於世，未刊者為列朝諸臣傳。國變後，朱氏家中落，以稿本質千金於莊廷鑨。廷鑨家故富，因竄名己作刻之，補崇禎一朝事，中多指斥昭代語。歲癸卯，歸安知縣吳之榮罷官，

謀以告訐爲功，藉此作起復地，白其事於將軍松魁。魁移巡撫朱昌祚，朱牒督學胡尚衡，廷鑨並納重賂以免，乃稍易指斥語重刊之。之榮計不行，特購得初刊本，上之法司。事聞，遣刑部侍郎出，讞獄時，廷鑨已死，戮其屍，誅弟廷鉞。舊禮部侍郎李令晳曾作序，亦伏法，並及其四子。令晳幼子年十六，法司令其減供一歲，例得免死充軍。對曰：「子見父兄死，不忍獨生。」卒不易供而死。序中稱「舊史朱氏者」，指文恪也。之榮素怨南潯富人朱祐明，遂嫁禍，且指其姓名以證，並誅其五子。松魁及幕客程維藩械赴京師，魁以八議僅削其官，維藩戮於燕市。昌祚、尚衡賄讞獄者，委過於初申覆之學官，歸安、烏程兩學官並坐斬，而二人幸免。湖州太守譚希閔蒞官甫半月，事發，與推官李煥皆以隱匿罪至絞。滸墅關榷貨主事李尚白，聞閶門書坊有是書，遣役購之。適書賈他出，役坐其鄰一朱姓者少待，及書賈返，朱爲判價時，主事已入京，以購逆書立斬。書賈及役斬於杭，鄰朱姓者因年逾七十免死，偕其妻發極邊。歸安茅元錫方爲朝邑令，與吳之鏞、之銘兄弟，嘗預參校，悉被戮。時江楚諸名士列名書中者，皆死。刻工及鬻書者，同日刑。惟海寧查繼佐、仁和陸圻當獄初起，先首告謂廷鑨慕其名，列之參校中，得脫罪。是獄也，死者七十餘人，婦女並給邊。蓋浙中大吏及讞獄之侍郎，鑒於松魁，且畏之榮復有言，雖有冤者，不敢奏雪也。之榮卒以此起用，並以所籍朱祐明之產給之，後仕至右僉都。

《碑傳集補》卷三十五載陳去病《吳節士赤民先生傳》：吳節士赤民先生者，吳江之爛溪人也。諱炎，字赤溟，又字如晦，號媿庵。以遭逢鼎革，繫心故國，不忍背棄，故更號赤民云。少承家學，爲歸安諸生，有聲於時。未幾國變，乃遁迹湖州山中，久之始出，則與其伯叔昆季爲逃之盟於溪上，一時吳越間高蹈能文之士，聞聲相應而來者，得數十百人，蓋彬彬乎有月泉吟社、玉山雅集之遺風焉。夙與同邑潘檉章交莫逆，其才學識又相埒。居恒累欷明興三百年間，聖君賢輔、王侯外戚、忠臣義士、名將循吏、孝子節婦、儒林文苑之倫，天官郊祀、禮樂制度、兵刑律曆之屬，粲然與三代比隆，而學士大夫上不能爲太史公，敘述論列，成一家之言，次不能爲唐山夫人者流，被之聲韻、鼓吹風雅。獨兩人故在，且幸未老，以爲將不此之任而誰任之。因相與定爲目，凡得紀十八，書十二，表十，世家四十，列傳二百，爲《明史記》。又疏遺軼，及赫赫耳目前、足感慨後人者，得百事，作《今樂府》。《今樂府》先成，虞山宗伯錢謙益見之，大擊節。先生因遂致書宗伯，求異書，

乞爲助。宗伯得書歎曰：『吾老矣，無能爲矣。絳雲樓遺燼尚在，當有以畁之可也。』乃悉出所貯，付先生畁之去。崑山顧炎武故與二子善，聞其作史，亦出先朝藏籍佐之。於是先生益自憙，爲《明史記》益力。友人王錫闡、戴笠皆與同志，咸爲撰述。錫闡長於律曆，任撰十表。笠明於近事，爲編流寇、殉國諸臣事略。而先生尤長於敘事，檥章則精考核。因各竭其能而從事焉。不半歲，竟得紀十、書五、表十、世家三十、列傳六十有奇。《明史記》成且有日，而南潯莊氏史獄起，辭連先生，遂被逮。……以康熙二年癸卯五月二十六日，與檥章同磔於杭州之弼教坊。……

《碑傳集補》卷三十五載戴笠《潘力田傳》：潘檥章，字聖木，一字力田，參政志伊之曾孫。……肆力於學，綜貫百家。天文地理，皇極太乙之學，無不通曉，已而專精史事。謂諸史唯馬遷書最有條理，後人多失其意，欲倣之作《明史記》，而友人吳炎所見略同，遂與同事。檥章分撰本紀及諸志，炎分撰世家、列傳，其年表、曆法則屬諸王錫闡，流寇志則笠任之。私家最難得者實錄，檥章鬻產購得之，而崑山顧炎武、江陰李遜之、長洲陳濟生皆熟於典故，家多藏書，並出以相佐。……（錢）謙益有《實錄辯證》，檥章作《國史考異》頗加駁正，數貽書往復，謙益不能奪也。撰述數年，其書既成十之六七，而南潯莊莊氏史獄起。參閱有檥章及炎名，俱及於難。……天下既惜兩人之才，更痛其書之不就，並已就者亦不傳也。……癸卯六月死於杭，年三十有八。……所著自史稿外，有《今樂府》、《國史考異》、《松陵文獻》、《杜詩博議》、《星名考》、《壬林韭溪集》，凡若干卷。

## 黃宗羲著成《明夷待訪錄》

黃宗羲《明夷待訪錄題辭》：余常疑孟子一治一亂之言，何三代而下有亂無治也？乃觀胡翰所謂十二運者，起周敬王甲子以至於今，皆在一亂之運，向後二十年交入「大壯」，始得一治，則三代之盛猶未絕望也。前年壬寅夏，條具爲治大法，未卒數章，遇火而止。今年自藍水返於故居，整理殘帙，此卷猶未失落於擔頭艙底，兒子某某請完之。多十月，雨窗削筆，喟然而歎曰：昔王冕仿《周禮》，著書一卷，自謂「吾未即死，持此以遇明主，伊、呂事業不難致也」，終不得少試以死。冕之書未得見，其可致治與否，固未可知。然亂運未終，亦何能爲「大壯」之交！吾雖老矣，如箕子之見訪，或庶幾焉。豈因「夷之初旦，明而未融」，遂秘其言也！癸卯，梨洲老人識。

# 1665 年　清聖祖康熙四年　乙巳

## 馮甦著成《滇考》

馮甦《滇考序》：學而不明於治亂之故，無貴乎其學也；仕而不察於治亂之由，無貴乎其仕也。顧學在端其本源，而仕必鏡乎往事。知往所以治，即知今所以致治矣；知往所以亂，即知今所以弭亂矣。滇固昔所稱易亂而難治者也，我國家勞百萬師以取之，特留藩旗，設行臺大臣以理之，內而三使，外而分四道、十鎮、一十八郡以交制之，其不鄙棄遠人，欲與同享太平之盛之意甚厚。官此土者，顧勿能考人情、土俗所宜，登斯民於袵席，揆諸學古入官之意，不有忝乎？予小子承乏，理金齒三稔矣，幸得免覆餗。平反之暇，思進觀前代之事跡，而載籍缺然。年來往還滇洱間，殘編斷簡，以次購集，大抵稗乘苦於繁而寡要，失於怪而不經，因不揣固陋，舉其事之最著者，分題彙輯為三十有七篇，名之曰《滇考》。自戰國迄明世間，治亂之數，犖然備陳，於是知滇非難治也。予之以鄭純、張翕、賽典赤諸人欲無治，不可得也；予之以張虔佗、劉深、陳典諸人欲無亂，不可得也，非易亂而難治也；予之以陳立、楊竦、韋仁壽諸人欲無轉亂以為治，不可得也。傳曰：「學者，效也。」又曰：「仕而優則學。」此予《滇考》一書之所為作乎？若山川之融結，人物之生聚，仙真佛子之出滅，則向者乘與稗備之，非予所能盡收也。予所考者，為仕而學者考也。又曰在端其本源，何也？操之以廉潔，行之以仁恕，無往而不得治焉，不必考亦可也。時康熙建元歲次乙巳仲春中浣，永昌軍民府推官天台馮甦書於九隆山下之春輝堂。

## 清廷徵集明天啟、崇禎兩朝史料

《清聖祖實錄》卷一六，康熙四年八月己巳：諭禮部：前於順治五年九月內有旨：纂修明史因缺少天啟甲子、丁卯兩年實錄，及戊辰年以後事跡，令內外衙門速查開送。至今未行查送。爾部即再行內外各衙門，將彼時所行事跡及奏疏、諭旨、舊案，俱著查送。在內部院委滿漢官員詳查，在外委該地方能幹官員詳查。如委之書吏、下役，仍前因循了事，不行詳查，被旁人出首，定行治罪。其官民之家，如有開載明季時事之書，亦著送來，雖有忌諱之語亦不治罪。爾部即作速傳諭行。

按：此次徵集纂修明史資料，督催甚嚴，較有成效。現存檔案文獻中有《各衙門交收天啟、崇禎事跡清單》（載《國學季刊》二卷二號，1929 年 12

月），記錄徵集到的明代案卷、簿冊、奏議、書籍，數量可觀。蓋因「莊氏史獄」，使清廷認識到官方纂修《明史》，其政治意義不可忽視。

## 清廷廣收明季史料，並議廣徵弘通人士修《明史》

《清聖祖實錄》卷十七，康熙四年冬十月己巳：山東道御史顧如華疏言：「伏讀上諭禮部：『廣搜前明天啓以後事跡，以備纂修明史。』誠盛典也。查明史舊有刊本，尚非欽定之書。且天啓以後，文籍殘毀，苟非廣搜稗史，何以考訂無遺。如《三朝要典》、《同時尙論錄》、《樵史》、《兩朝崇信錄》、《頌天臚筆》，及世族大家之紀錄，高年逸叟之傳聞，俱宜採訪、以備考訂。至於開設史局，尤宜擇詞臣博雅者，兼廣徵海內弘通之士，同事纂輯。然後上之滿漢總裁，以決去取，纂成全書，進呈御覽，以成一代信史。」章下所司。

# 1667年　清聖祖康熙六年　丁未

## 《明書》作者傅維鱗（1608～1667）卒

《碑傳集》卷九，《靈壽縣志・工部尙書傅維鱗傳》：傅維鱗，原名維楨，字掌雷，號歉齋。永淳長子也。少穎悟，郡守范志完最器識之。中崇禎壬午科舉人。順治丙戌成進士，選入翰林爲庶吉士，尋授編修，分修《明史》。戊子，典試江南，旋晉左中允。以直言忤執政，出爲東昌兵備道。……居二年，治行爲天下最，……遷太僕少卿，升通政使。甫五日，左副都御史缺，……即拜左副都御史。……戊戌，遷戶部右侍郎，尋加太子少保。……辛丑，假滿，補工部右侍郎，升左侍郎，旋晉工部尙書。……丁未春，丁外艱，哀毀骨立，自是病日甚，夏五月卒於家。賜祭葬。所著有《明書》、《四思堂集》。

《明書》卷一百七十一，《敘傳二》：大清鼎運肇興，文明大啓。順治三年歲丙戌，開進士科，維鱗獲中式選，改庶吉士，入內翰林國史院。明年丁亥，授編修，改內翰林秘書院。又五年，晉左春坊左中允，兼內翰林宏文院編修。鱗得分修明史，所纂不過二十餘年，止類編實錄，不旁採，工無庸多。鱗以清署餘暇，素餐抱愧，乃搜求明興以來行藏、印抄諸本，興家乘、文集、碑誌，得三百餘部，九千餘卷，參互明朝實錄，考訂同異，不揣固陋，纂成《明書》。……起元天曆元年戊辰，迄明崇禎十七年甲申。於萬曆以前，鑿然詳備，泰昌而後，多有闕略，緣故牒散失，國無藏書，事近人存，野史未出，

以故眞聞眞見，乃始濡毫，而恍惚疑似，寧俟來者。』撰述本紀、宮闈紀、表、志、記、世家、列傳，凡七十七目，一百七十一卷。

　　按：傅維鱗以充任《明史》纂修官之便，收集資料，自撰《明書》，說明順治年間，連纂修官也不相信清廷能夠修成《明史》。傅氏利用官方條件，以私家著史，可謂纂修官中有心之人。

### 清廷定議纂修《清世祖實錄》

　　《清聖祖實錄》卷二三，康熙六年七月己未：禮部尚書黃機等奏請纂修世祖章皇帝實錄。得旨：皇考世祖章皇帝勵精圖治，敬天法祖，無事不以國計民生為念。鴻功偉業，載在史冊，理宜纂修實錄，垂示永久，以昭大典。這本說得是，著詳議具奏。

　　《清聖祖實錄》卷二四，康熙六年九月丙午：纂修世祖章皇帝實錄，命大學士班布爾善為監修總裁官，大學士巴泰、圖海、魏裔介、衛周祚、李霨為總裁官。學士塞色黑、禪布、帥顏保、岳思泰、多諾、明珠、范承謨、劉秉權、周天成、劉芳躅、田逢吉、綦汝楫、為副總裁官。侍讀學士達哈他、馬爾堪、納桑阿、盧震、侍讀喇沙裏、杜冷額、內圖、額色、噶卜喇、田啓光、典籍伊爾哈、噶布喇、王國安、董昌國為滿纂修官。侍讀學士單若魯、田種玉、侍讀宋德宜、熊賜履、編修田麟、王勛、李平、張玉書、朱世熙、檢討李天馥、陳廷敬、吳本植、朱之佐、申涵盼為漢纂修官。諭曰：卿等督率各官，敬慎纂修，速竣大典，表彰謨烈，以副朕繼述顯揚先德之意。

# 1668年　清聖祖康熙七年　戊申

### 康熙帝撰《孝陵神功聖德碑文》

　　《清聖祖實錄》卷二五，康熙七年正月庚戌：建孝陵神功聖德碑。其文曰：我國家肇基東土，祖功宗德，昭格皇天，恢弘景運於萬年。篤生我皇考皇帝，睿聖首出，奄有萬邦，大孝弘仁，武功文德，配兩儀而軼千古。既奉冊寶，恭上尊謚，惟陵寢宜有功德之碑。謹撰述大概，鐫諸貞瑉，用傳永久。敘曰：皇考世祖體天隆運英睿欽文大德弘功至仁純孝章皇帝，諱福臨，太宗應天興國弘德彰武寬溫仁聖睿孝隆道顯功文皇帝第九子也。……皇考生而神靈，英異非常，六齡讀書，不假師資，一目數行俱下。太宗甚鍾愛焉，甲申嗣登大寶。是時流寇肆逆，明祚已終，國亡君殉，萬姓無歸。爰整六

師，一戰而破百萬之強寇，乃建都燕京，齊晉秦豫，傳檄底定。靖寇救民，王師南下，金陵僭號者，其臣下執之以降，由是下楚蜀、平浙閩。兩粵、滇黔，數年之內以次掃蕩，遂成大一統之業。……祇奉太祖太宗成法，治具畢張，敬天尊祖，饗祀親虔。孝事太皇太后，晨興問安，長跪受教。披閱章奏，每至夜分，勤學好問。擇滿漢詞臣，充經筵日講官，於景運門內建直房，令翰林官直宿備顧問。經書史策，手不釋卷，遂知性知天，洞悉至道。兼綜天文、地理、禮、樂、兵、刑、賦役、古今因革利病之源，旁及諸子百家，莫不博涉，得其要領。素衣菲食，不興土木之工。親視太學，釋奠先師，發帑金崇其廟貌。雖太平不弛武備，立賢無方，丁亥、己亥，再舉會試，間廣額數，以羅人才。科場作弊者，從重治罪。視滿漢如一體，遇文武無重輕，破故明人臣朋黨之習。尚廉正、黜貪邪，時時甄別廷臣，以示激勸。下詔求言，虛懷納諫。外官入覲，面諭以愛民勤職。詳慎刑獄，大辟復奏，再四駁審，命官恤刑，各省冤濫者皆得免，又停秋決一年。閹寺不使外交，立鐵牌示禁。命儒臣修祖宗聖訓、《順治大訓》、《通鑑全書》、《孝經衍義》等書，以教天下臣民。詣先農壇，躬耕耤田，勸農以足民。四方水旱災荒，頻發內帑，多金賑濟。雲貴初平，頒發帑金，溥賑軍民，焦心勞思，惟念軍民疾苦。至於故明諸陵，設護衛，禁樵採，憫崇禎帝死難，頒諭祭誄，其臣之殉難者予贈恤。其宗室投順者，令畜養樂業，其厚待如此。我皇考以精明理政務，以仁厚結人心，法制則細大無遺，德音則遐邇咸遍。故使山陬海澨，莫不覃被恩膏。東至使鹿使犬等國，西至厄內忒黑、吐魯番等國，北至喀爾喀、俄羅斯等國，南至琉球、暹羅、荷蘭、西洋海外等數百國，見海不揚波，咸曰中國有聖主出焉。梯山航海，莫不重譯來王，我皇考惟是兢業祇慎，無一日自暇逸也……

今案：此碑文實為正在纂修的《清世祖實錄》規定基調，與當初的順治帝《遺詔》針鋒相對，表達了要為順治帝政治舉翻案，從而推行「漢化」政治，此實乃清廷守舊與改新兩派勢力政治鬥爭之又一回合的肇始。

# 1669 年　清聖祖康熙八年　己酉

### 康熙帝逮捕鼇拜，處死實錄館總裁班布爾善

《清聖祖實錄》卷二九，清聖祖康熙八年五月戊申：命議政王等鞫問輔臣公鼇拜等。諭曰：……鼇拜於朕前辦事，不求當理，稍有拂意之處，即將

部臣叱喝。又引見時，鰲拜在朕前理宜聲氣和平，乃施威震眾，高聲喝問。又科道官員條奏，鰲拜屢請禁止，恐身干物議，閉塞言路。又凡用人行政，鰲拜欺朕專權，恣意妄為，文武各官，盡出伊門下，內外用伊奸黨，大失天下之望。穆里瑪、塞本得、訥莫、佛倫、蘇爾馬、班布爾善、阿思哈、噶褚哈、濟世、馬邇賽、泰璧圖、邁音達、吳格塞、布達禮等，結成同黨，凡事在家定議，然後施行。且將部院衙門各官於啓奏後，常帶往商議，眾所共知。鰲拜等倚仗兇惡，棄毀國典，與伊等相好者薦拔之，不相好者陷害之。朕念鰲拜舊臣，遺詔有名，寵眷過深，望其改惡悔罪，今乃貪聚賄賂，奸黨日甚，上違君父重託，下則殘害生民，種種惡跡，難以枚舉。遏必隆知而緘口，將伊等過惡，未嘗露奏一言，是何意見？阿南達負朕恩寵，每進奏時稱讚鰲拜為聖人。著一併嚴拏勘審。

（本月庚申日）得旨：鰲拜理應依議處死，但念效力年久，雖結黨作惡，朕不忍加誅。著革職，籍沒拘禁。趙布太、那摩佛，亦應依議處死，著革職，籍沒免死，俱行拘禁。遏必隆既無結黨之處，著免罪，革去太師及公爵。其原有一等公爵，仍留與伊子。其族人有為內大臣、侍衛、護軍參領者，俱著革去。其有世職者，著隨旗上朝，其在驍騎營及部院衙門者，仍留原任。阿南達理應依議處死，著免死，寬其籍沒。賴虎、插器、佛倫、布達禮、劉光、阿林、希福等，從寬免死，各鞭一百。插器、布達禮、佛倫，著免籍沒。劉之源、額爾德黑、郭爾渾等，亦從寬免死。碩代、桑俄、那木塔爾、舒爾虎納克、羅多等，俱係微末之人，一時苟圖進用，俱從寬免罪，照舊留任。班布爾善著革職，即行處絞。塞本得，著革職，理應依議凌遲處死，著改即行處斬。阿思哈、噶褚哈、穆里瑪、泰璧圖、訥莫，俱著革職，即行處斬。馬邇賽既經身死，不必拋屍。濟世、邁音達、吳格塞等，俟到日再行究審具奏。蘭布，著革去親王，授為鎮國公。穆舒、席哈納、卓靈阿、那木代等，著免籍沒。餘俱依議。

申涵盼：《忠裕堂集·纂修兩朝實錄記》：監修公班布爾善以天潢為首輔，謂太宗實錄未修，不可以子先父，遂停《世祖實錄》，重修《太宗實錄》。八年正月開館於內院，為內館，復廩給。而外館諸臣從此擱筆矣，其才幹有望者，皆拔置內館，凡八員。盼在外館，外館皆向盼作不平語，盼每委曲排解之。二月杪，忽取盼入內館，外館益不平。盼自矢無私請，且不願內館之勞瘁。於是，內外館爭不已，而盼竟入內館。盼素不禮於內館諸臣，比入，僅

嘖嘖謬相許可，殊不自解也。早作晏息，寒暑無間，稿已過半。忽班布爾善以誅死，多十月，遂罷內館，復歸外館。

《清聖祖實錄》卷三〇：康熙八年六月甲戌：以內秘書院大學士巴泰，充監修《世祖章皇帝實錄》總裁官。

## 吳任臣著成《十國春秋》

吳任臣《十國春秋序》：古作史有二體，曰編年，曰紀傳，而紀傳實創始於司馬遷。自《史記》暨前、後《漢書》，以迄《遼》、《金》、《元》史，凡二十一部，藏諸內府，布之學省都邑，亦云盛矣。然古史於正統爲特詳，至偏霸人物，事實恆略而不備，《晉書》僅列劉、石、慕容等於載記。魏崔彥鸞撰《十六國春秋》以補之，今雖殘闕非全書，而視《晉史》已稍稍加詳。若歐陽《五代史》，附十國《世家》於末，中間敘事雅稱簡潔，然頗多遺漏，立傳者獨孫晟、劉仁贍數人而已。又於十國事有未覈，如《閩世家》以閩主昶弟繼恭爲其子，《楚世家》載彭師暠奉衡山王事不及廖偃，《吳越世家》言自鏐世常重斂其民以事奢侈之類，讀史者或有所不足焉。任臣以孤陋之學，思取十國人物事實而章著之，網羅典籍，爰勒一書，名曰《十國春秋》，爲本紀二十，世家二十二，列傳千二百八十二。人以國分，事以類屬。又爲《紀元》、《世系》、《地理》、《藩鎮》、《百官》五表，總一百一十四卷。……書成，聊著纂述之大指如此。康熙八年己酉孟夏，仁和吳任臣譔。

# 1670 年　清聖祖康熙九年　庚戌

## 清廷再改內三院爲內閣，設翰林院

《清聖祖實錄》卷三三，康熙八月九年乙未：命改內三院爲內閣，其大學士、學士官銜，及設立翰林院衙門等官，具著察順治十五年例議奏。

# 1671 年　清聖祖康熙十年　辛亥

## 諭令重新纂修太祖、太宗聖訓

《清聖祖實錄》卷三五，康熙十年四月乙酉：諭內閣、翰林院：致治之道，無過法祖，鑒於成憲，乃罔有愆。欽惟太祖高皇帝開天垂統，太宗文皇帝式廓鴻圖，規模弘遠，啓祐無疆。朕御極以來，景仰先猷，時切儀型之念。世祖章皇帝時，曾命儒臣纂修太祖、太宗聖訓，雖具稿進呈，未經裁定頒佈。茲特命圖海、李霨爲總裁官。折爾肯、折庫納、熊賜履爲副總裁官、

達哈塔、楊正中等十員為纂修官，滿漢謄錄官各四員，滿漢收掌官四員，悉依前式，分別義類，重加考訂，勒成全書，朕得以朝夕觀覽，是訓是行，亦俾子孫率由無斁。卿等膺茲委任，須恪恭勤勵，務期早竣，以副朕觀光揚烈至意。

## 清廷設立起居注官

《清聖祖實錄》卷三六：（八月）甲午，設立起居注，命日講官兼攝，添設漢日講官二員，滿漢字主事二員，滿字主事一員，漢軍主事一員。

王士禎《池北偶談》卷一：康熙十年二月，講筵初開，工部尚書王熙、翰林學士兼禮部侍郎熊賜履進講《大學》……三月，禮科給事中吳國龍疏請復設起居注，得旨報可。

同上書卷二，「起居注」條：康熙十年復設起居注館，在午門內之西，與實錄館相對。其官則自掌院學士、詹事以下，史官以上，皆得充之。初止八人，後增至十六人。

《皇朝經世文續編》卷二十，《吏政三·官制》載許宗衡《起居注官考》：……本朝參用明制，康熙十年秋八月，初設起居注館於太和門西廊。滿記注官四員，漢記注官八員，俱以日講官兼攝。滿洲、漢軍主事各一員，漢主事二員，滿文筆帖式、滿漢文筆帖式、漢軍筆帖式各四員。凡御門、升殿、視祝版、經筵、殿試讀卷、上元歲除、外藩朝賀賜宴、皆侍班。

按：清各朝《大清會典》將始設立起居注館記述於康熙九年，蓋緣於最初編纂《大清會典》時的訛誤，《清朝通典》等沿襲此誤。據《清聖祖實錄》應是設立於康熙十年八月十六日，喬治忠《說康熙起居注》（載《史學史研究》1991 年第 1 期）一文，對此已有考證。

## 計六奇著成《明季北略》、《明季南略》

計六奇《明季北略自序》：自古有一代之治，則必有一代之亂；有一代之興，則必有一代之亡。治亂興亡之故，雖曰人事，豈非天命哉！獨怪世之載筆者，每詳於言治，而略於言亂；喜乎言興，而諱乎言亡。……予也不揣，漫編一集，上自神宗乙未，下迄思宗甲申，凡五十年，分二十四卷，題曰《北略》，以誌北都時事之大略焉耳。然於國家之興廢，賢奸之用舍，敵寇之始末，兵餉之絀盈，概可見矣。世之覽之者，拱璧唯命，覆瓿亦唯命云。謹序。康熙十年辛亥季冬八日乙酉，無錫計六奇題於社桴王氏之書齋。

# 1672年　清聖祖康熙十一年　壬子

## 《清世祖實錄》修成

康熙帝《世祖章皇帝實錄序》（《世祖章皇帝實錄》卷首一）：朕惟自古帝王膺圖御籙，顯揚遺烈，必有信史以紀政績而範來茲，典綦重也。我太祖高皇帝、太宗文皇帝，文武聖神，並隆千古，固已光昭典冊，炳若日星矣。我皇考世祖體天隆運英睿欽文大德弘功至仁純孝章皇帝，達孝承先，洪仁撫世，以天縱之姿，奮有為之業，掃除寇亂，奠安生民，六師所加，有徵無戰，莫不望風懾息，競迓壺漿，即殊方異域、聲教未通之地，亦皆受吏請封，凜遵正朔。……猗歟盛哉，蔑以加已。朕纘承鴻緒，宵旰靡寧，每念麻隆，常深愾慕。爰開史局，選辟儒臣，發秘府之藏，檢諸司之牘，捃摭較訂，萃為一代成書，紀載班班，洵奕葉之榘矱矣。雖化神德峻，巍煥難名，而因事徵心，亦足以見惕勵憂勤，致治太平之有由也。於戲！功高在昔，美冠將來，一事一言，皆二帝三王心法所寄，豈第簡策之龥皇也哉？朕將紹庭陟降，時誦遺徽，垂之子孫，令知我皇考勳業之隆，永篤覲揚於萬世矣。是為序。康熙十一年五月二十日。

## 七月，旨准大學士衛周祚奏請纂修《大清一統志》

康熙《天津衛志》卷首：……該臣等議得保和殿大學士衛周祚疏稱：「各省通志宜修。如天下山川、形勢、戶口、丁徭、地畝、錢糧、風俗、人物、疆域、險要，宜彙集成帙，名曰通志，誠一代文獻也。迄今各直省尚未編修，甚屬缺典，可以襄我皇上興隆盛治乎！除河南、陝西二省已經前撫臣賈漢復纂修進呈外，請敕下各省督撫，聘集夙儒名賢，接古續今，纂輯成書，總發翰林院，彙為《大清一統志》。」等因前來。查直隸各省通志，關係一代文獻。除河南、陝西二省已經前撫臣賈漢復纂修進呈外，其餘直隸各省通志，請敕下各省督撫，詳查各山川、形勢、戶口、丁徭、地畝、錢糧、風俗、人物、疆域、險要，照河南、陝西通志款式纂輯成書。到部之日，送翰林院彙為《大清一統志》，恭進睿覽可也。等因。康熙拾壹年柒月貳拾肆日，本月貳拾柒日奉旨：依議。

## 查繼佐《罪惟錄》初稿著成

《罪惟錄東山自敘》：左尹，字非人，別號東山釣史。……尹生東山之麓，距始封七十七世云，具載列史及家乘、外記，不贅。尹幼專治蒝經，長獨契

尼山，竊取指義。「左」云者，以出姓自晦，實非四傳中左氏遺系。按前左氏
與宣聖同時，顧襲其名曰「丘」，親望見無得而踰之曰月，而二其名曰「明」，
既以其言附《春秋》爲千古。後左氏與丘明不同譜，而因名得氏曰左，與曲
阜不同里，而按籍而求曰東山。左非，東山亦非。「非人」，非其人也，乃亦
欲以其言附《春秋》與傳，爲千古所奇。左氏距今二千餘年，輒預以其姓藏
尹之初名，預以其名著尹之今世，略似讖，然不可強也。此書之作，始於甲
申，成於壬子，中二十九年，寒暑晦明，風雨霜雪，舟車寢食，疾痛患難，
水溢火焦，泥塗鼠齧，零落破損，整飭補修，手草易數十次，耳採經數千人，
口哦而不聞聲者幾何件，掌示而不任舌者幾何端，以較定、哀之微詞，倍極
辛苦，兼以他註誤而連獄，方櫝藏而無山。言之無罪者，大率不求文理，而
妄指便是南箕；事之直書者，其實不登律例，而據云準爲鐵案。使非知幾，
早同負簡，則又西狩獲麟以前所未嘗有此警亥也。改書名爲《罪惟》，天下之
大，或猶有深原其故者。至於初諱爲特昭之，初疑爲特信之，初誤爲特正之，
初軼爲特存之，初彼此厄爲特合之，初是非淆特決之，所爲取義在此。馬班
以下，或幾幾商之也。若夫《罪惟錄》得復原題之日，是即左尹得復原姓名
之日，靜聽之天而已。

## 1673 年　清聖祖康熙十二年　癸丑

### 《繹史》、《左傳事緯》作者馬驌（1621～1673）卒

　　施閏章《學餘堂文集》卷十九，《靈璧縣知縣馬公墓誌銘》：濟南之鄒平，
有以好古力學聞者，曰馬君宛斯，諱驌，宛斯其字，一字驄御。舉順治己亥
進士，謁選居京邸，用才望與順天鄉試同考官，所拔皆知名。推官淮安，尋
奉裁改知靈璧縣，四年卒官。……君少孤，穎敏強記，涉目經史，輒倣古爲
圖畫，考制度，殫精研確，上下群籍，於《左氏春秋》爲尤癖，爰以敘事易
編年，引端竟緒，條貫如一傳，謂之《左傳事緯》，凡數萬言。已又取太古以
來，下及亡秦，合經史諸子，鉤括裁纂，佐以圖考，參以外錄，謂之《繹史》，
凡數十萬言，爲書百六十卷。需次家居，又集《十三代瑋書》，篇帙倍富。今
《繹史》刻行於世，前給事興化李公清爲之序，稱其「邈思閎覽，搜舉眾家，
使秦火焚闕之餘，茫茫墜緒，燦然復著，與未焚無異。《繹史》一篇，當與《七
略》、《四部》、杜《典》、鄭《志》諸書爭勝而有加，殆前此所未有也。」君
既以此自娛，不問家橐。出而爲吏，所至號廉能。治淮甫三月，數有平反。

為靈璧，蠲荒災，除陋弊，刻石縣門，歲省民力亡算，流亡復業者數千家，故靈人至今痛之。君生明天啓辛酉正月十一日，享年五十四，卒於今康熙癸丑七月辛未。疾將革，惟語子弟以《事緯》、《緯書》二編未鏤版為遺憾，言訖而逝。……君始終嗜書，遠近赴弔皆謂先生勤學好問，著書滿家，再仕五年，訖無長物，援古人私諡之例，以諡之曰文介先生。……

李清《繹史序》：《繹史》百六十卷，今靈陽令鄒平馬侯所撰，計為部有五：首曰太古部，卷十；次曰三代部，卷二十；又次曰春秋部，卷七十；又次曰戰國部，卷五十；合其末之十卷曰外錄部者，共百六十卷，而編成統名之曰《繹史》……自讀《繹史》，然後知天地之大，識宇宙之全，因歎世之才人魁士，其神智意匠，愈出而愈勝，迴如江河之走大地，而日月之耀終古，固非世代所能囿也。乃世人猶往往操不相及之說，是則蟪蛄、芝菌之儔，未足與之商春秋、辨晦朔者，其可一笑置之已矣。……

### 清廷重修太宗實錄

《清聖祖實錄》卷四二：（七月壬午）以重修太宗文皇帝實錄。命大學士圖海為監修總裁官。……諭曰：卿等督率各官，敬慎纂修，速竣大典，表彰謨烈，以副朕繼述顯揚先德之意。

# 1676年　清聖祖康熙十五年　丙辰

### 黃宗羲於本年後撰成《明儒學案》

《南雷文定》五集卷一，《明儒學案序》（改本）：盈天地皆心也。人與天地萬物為一體，故窮天地萬物之理，即在吾心之中。後之學者，錯會前賢之意，以為此理懸空於天地萬物之間，吾從而窮之，不幾於義外乎？此處一差，則萬殊不能歸一。夫苟工夫著到，不離此心，則萬殊總為一致。學術之不同，正以見道體之無盡，即如聖門，師、商之論交，游、夏之論教，何曾歸一，終不可謂此是而彼非也。奈何今之君子，必欲出於一途，剿其成說，以衡量古今，稍有異同，即詆之為離經畔道，時風眾勢，不免為黃茅白葦之歸耳。夫道猶海也，江、淮、河、漢，以至涇、渭、蹄涔，莫不盡夜曲折以趨之，其各自為水者，至於海而為一水矣。使為海若者，汝然自喜曰：「咨爾諸水，導源而來，不有緩急平險、清濁遠近之殊乎？不可謂盡吾之族類也。盍各返爾故處。」如是則不待尾閭之泄，而蓬萊有清淺之患矣。今之好同惡異者，何以異是？

　　有明事功文章，未必能越前代，至於講學，餘妄謂過之。諸先生學不一途，師門宗旨，或析之爲數家，終身學術，每久之而一變。二氏之學，朱、程辟之，未必廓如，而明儒身入其中，軒豁呈露，醫家倒倉之法也。諸先生不肯以懵懂精神冒人糟粕，雖或淺深詳略之不同，要不可謂無見於道者也。余於是分其宗旨，別其源流，與同門姜定菴、董無休，撮其大要，以著於篇，聽學者從而自擇。中衢之罇，持瓦甌樺杓而往，無不滿腹而去者。湯潛菴曰：「《學案》宗旨雜越，苟善讀之，未始非一貫也。」陳介眉曰：「《學案》如《王會圖》洞心駭目，始見天王之大，總括宇宙。」

　　書成於丙辰之後，許酉山刻數卷而止，萬貞一又刻之而未畢。壬申七月，某病幾革，文字因緣，一切屏除。仇滄柱都中寓書，言北地賈若水見《學案》而歎曰：「此明室數百歲之書也，可聽之埋沒乎！」亡何，賈君死，其子醇菴承遺命刻之。嗟乎！余與賈君，邈不相聞，而精神所感，不異同室把臂。余則何能，顧賈君之所以續慧命者，其功偉矣！

　　黃宗羲《明儒學案發凡》：從來理學之書，前有周海門《聖學宗傳》，近有孫鍾元《理學宗傳》，諸儒之說頗備。然陶石簣《與焦弱侯書》云：「海門意謂身居山澤，見聞狹陋，嘗願博求文獻，廣所未備，非敢便稱定本也。」且各家自有宗旨，而海門主張禪學，攪金銀銅鐵爲一器，是海門一人之宗旨，非各家之宗旨也。鍾元雜收，不復甄別，其批註所及，未必得其要領，而其聞見亦猶之海門也。學者觀羲是書，而後知兩家之疏略。

　　大凡學有宗旨，是其人之得力處，亦是學者之入門處。天下之義理無窮，苟非定以一二字，如何約之使其在我！故講學而無宗旨，即有嘉言，是無頭緒之亂絲也。學者而不能得其人之宗旨，即讀其書，亦猶張騫初至大夏，不能得月氏要領也。是編分別宗旨，如燈取影。杜牧之曰：「丸之走盤，橫斜圓直，不可盡知。其必可知者，是知丸不能出於盤也。」夫宗旨亦若是而已矣。

　　黃炳垕《黃梨洲先生年譜》：（康熙）十五年丙辰（一六七六），公六十七歲。《明儒學案》成，共六十二卷。

　　按：黃宗羲自序云「書成於丙辰之後」，據此，黃炳垕《黃宗羲年譜》將此書撰成時間定於康熙十五年（1676）。一般論著多沿用此說。近有學者對此質疑，另提新說。一說認爲完稿於康熙二十三、二十四年間（陳祖武《中國學案史》，東方出版中心，2008 年，第 104～111 頁），一說認爲成書於康熙十

七、十八年間（吳光《黃宗羲遺著考：明儒學案考》，載《黃宗羲全集》第八冊附錄，浙江古籍出版社，1992年）。似皆不足爲定論，然本書當於本年後陸續撰成，應無疑問。

# 1678年　清聖祖康熙十七年　戊午

## 清廷詔舉博學鴻儒

《清聖祖實錄》卷七十一，康熙十七年春正月乙未：諭吏部：「自古一代之興，必有博學鴻儒，振起文運，闡發經史，潤色詞章，以備顧問著作之選。朕萬幾餘暇，遊心文翰，思得博學之士，用資典學。我朝定鼎以來，崇儒重道，培養人材，四海之廣，豈無奇才碩彥，學問淵通，文藻瑰麗，可以追蹤前喆者。凡有學行兼優，文詞卓越之人，不論已仕、未仕，令在京三品以上及科道官員，在外督撫布按，各舉所知，朕將親試錄用。其餘內外各官，果有眞知灼見，在內開送吏部，在外開報督撫，代爲題薦。務令虛公延訪，期得眞才，以副朕求賢右文之意。爾部即通行傳諭。」於是大學士李霨等，薦原任副使道曹溶等七十七人。

# 1679年　清聖祖康熙十八年　己未

## 清廷特開博學鴻儒科，取中五十人

《清聖祖實錄》卷八十，康熙十八年三月丙申朔：試內外諸臣薦舉博學鴻儒一百四十三人於體仁閣，賜宴，試題：《璿璣玉衡賦》、《省耕詩》五言排律二十韻。

《清聖祖實錄》卷八十，康熙十八年三月甲子：諭吏部：「薦舉到文學人員，已經親試，其取中一等：彭孫遹、倪燦、張烈、汪霦、喬萊、王頊齡、李因篤、秦松齡、周清原、陳維崧、徐嘉炎、陸葇、馮勖、錢中諧、汪楫、袁祐、朱彝尊、湯斌、汪琬、邱象隨；二等：李來泰、潘耒、沈珩、施閏章、米漢雯、黃與堅、李鎧、徐釚、沈筠、周慶曾、尤侗、范必英、崔如岳、張鴻烈、方象瑛、李澄中、吳元龍、龐塏、毛奇齡、金甫、吳任臣、陳鴻績、曹宜溥、毛升芳、曹禾、黎騫、高詠、龍燮、邵吳遠、嚴繩孫。俱著纂修明史。其見任、候補，及已任、未仕各員，作何分別，授以職銜。其餘見任者，仍歸原任。候補者，仍令候補。未仕者，俱著回籍。內有年老者，作何量給職銜，以示恩榮。爾部一併詳議具奏。告病者，不必補試。」

### 清廷議定纂修《明史》

《清聖祖實錄》卷八一：（康熙十八年五月）己未，命內閣學士徐元文，爲《明史》監修總裁官。掌院學士葉方藹、右庶子張玉書爲總裁官。

### 九月，徐元文至京。十二月，纂修《明史》正式開館

徐元文《含經堂集》卷一八，《自陳辭監修明史疏》：臣聞命悚懼，隨即啓行，於九月二十八日到京。

徐元文《含經堂集》卷一八，《修史開館疏》：臣等恭承簡命，監總史局，念有明史書實關昭代大典，敢不竭力從事、仰副責成！昨於十一月間，內務府於東安門內撥有房屋，隨經欽天監選擇日期，擬於本月十七日開館。自此日爲始，即分曹編輯。

《清聖祖實錄》卷八七，康熙十八年十二月乙亥：內閣學士徐元文疏言：纂修《明史》，請以翰林院侍讀學士傅臘塔、內閣侍讀學士王國安爲《明史》館提調官，右春坊右庶子盧琦、翰林院侍讀王士正、侍講董訥、王鴻緒、右春坊右諭德孟亮揆、左春坊左中允李錄予、左春坊左贊善陳論、翰林院編修翁叔元、沈涵、李應廌、李濤、檢討李振裕、沈上墉、徐潮、王尹方、李楠等，爲纂修官，會同薦舉考授翰林院編修彭孫遹等五十員分纂。從之。

## 1680年　清聖祖康熙十九年　庚申

### 史官朱彝尊上書總裁，要求討論《明史》義例

朱彝尊《曝書亭集》卷三二，《史館上總裁第一書》：……今開局逾月矣，顧未見體例頒示。竊有所陳，造門者再未，值歸沐之暇，敢奏記於左右。歷代之史，時事不齊，體例因之有異。班固書無世家，而有后戚傳，已不同於司馬氏矣。范蔚宗書無表志，後人因取司馬彪續《漢書志》以爲志，又不同於班氏矣。蓋體例本乎時宜，不相沿襲……作史者必先定其例、發其凡，而後一代之事，可無紕謬。彝尊不敏，粗舉大綱，伏希閣下不遺葑菲之末，而垂採焉，示之體例，俾秉筆者有典式。譬諸大匠作室，必先誨以規矩，然後引繩運斤，經營揆度，崇庫修廣，始可無失尺寸也矣。惟閣下垂察，幸甚！幸甚！

按：朱彝尊爲博學鴻儒之一，任《明史》纂修官，此書信既言「今開局逾月矣」，則應於本年一月間寫成。書信內容強調修史必先定例發凡，隨後朝野共同興起討論修史義例的問題，即與此有關，對《明史》纂修的影響頗大。

朱彝尊此後接連上書總裁，第二書進言廣採各種史籍問題，第三書除重申先定《明史》義例的重要外，還反對修史急於求成。第四書對「靖難之變」前後史事予以考辯，第五書繼續討論體例問題，反對設立「道學傳」。第六書評析了東林黨問題，第七書認爲明末史事應當參閱《清實錄》予以核定。這些上疏，理據甚辯，推動了《明史》纂修工作的深化。

## 清廷因纂修《明史》徵召遺獻

《清聖祖實錄》卷八八，康熙十九年二月乙亥：吏部遵旨議覆：內閣學士兼修明史徐元文疏言：纂修《明史》，宜舉遺獻，請將揚州府前明科臣李清、紹興府名儒黃宗羲延致來京。如果老疾不能就道，令該有司就家錄所著書送館。至監生薑宸英、貢生萬言，應速行文該督撫移送。其候補主事汪懋麟，丁憂服滿到部，應以原銜食俸，入館修史。原任副使道曹溶、布衣黃虞稷，現在丁憂，俟服闋後，咨送到館。告成日一併甄敘。從之。

# 1682 年　清聖祖康熙二十一年　壬戌

## 重修《清太宗實錄》成

康熙帝《太宗文皇帝實錄序》（見中華書局影印《清實錄》第二冊卷首）：朕惟天生聖人，經綸草昧，以光前而啓後，其神謀睿慮，度越百王，非簡策所能悉載，而創業重統之規，致治戡亂之略，見諸設施而傳諸信史，固可爲世世子孫法也。我國家開基東土，太祖高皇帝誕膺天眷，肇造有邦。我皇祖太宗應天興國，弘德彰武、寬溫仁聖睿孝隆道顯功文皇帝，以聖神文武之資，纉承令緒，式廓弘圖。……洪惟皇祖勳德隆盛，應有紀載，昭示來茲。舊編《實錄》六十有五卷，皇考世祖章皇帝嘗命和碩鄭親王等重加校閱，未及蕆事。朕嗣服丕基，仰承遺志，特令儒臣蒐討訂正，纂輯成編，卷帙如舊。於戲！構大廈者非一日之基，建弘業者一非一朝之積。《書》不云乎：「鑒於先王成憲，其永無愆。」凡我後人思櫛風沐雨之維艱，知保泰持盈之不易，則敬展斯錄，以率祖攸行，庶克享萬年有道之長也已。是爲序。康熙二十一年九月二十二日。

## 顧炎武（1613～1682）卒

《清史列傳》卷六十八，《儒林傳下一·顧炎武傳》：顧炎武，初名絳，字寧人，江蘇崑山人。……炎武之學，大抵主於斂華就實，凡國家典制、郡

邑掌故、天文儀象、河槽兵農之屬，莫不窮原究委，考正得失。撰《天下郡國利病書》百二十卷，遍覽諸史、圖經、文編、諸部之類，取其關於民生利病者，且周遊西北歷二十年，其書始成。別有《肇域志》一編，則考索之錄和圖經而成書。……又撰《金石文字記》、《求古錄》，與經史相證。而《日知錄》三十卷尤爲精詣之考，蓋積三十年而後成。……康熙十八年詔舉博學鴻儒科，次年修《明史》，大臣爭薦之，並力辭不赴。二十一年卒，年七十。

顧炎武《日知錄序》：愚自少讀書，有所得輒記之，其有不合時，復改定，或古人先載而有者則遂削之。積三十餘年乃成一編，取子夏之言名曰《日知錄》，以正後之君子。東吳顧炎武。

## 清廷重修太祖實錄

《康熙朝議修實錄、聖訓等事題稿》（載《文獻叢編》1937 年第五輯）：康熙二十一年八月，大學士勒德洪等奏曰：「臣等查得崇德元年十一月內，國史院大學士剛林等將修完太祖高皇帝滿、漢、蒙古字實錄進呈訖。今臣等恭閱太祖高皇帝實錄，（按：此時清太祖已改謚爲『高皇帝』，故作此稱）未有御製序文及進呈表文、凡例、目錄，至文字等項，俱與實錄體式不符。茲太宗實錄告成，進呈御覽一部已經繕完，應俟收貯皇史宬及臣衙門庫內二部繕寫完日，將太祖高皇帝錄照太宗實錄體式，恭加重修。臣等未敢擅便，謹題請旨。奉旨：是，應行事宜，該部議奏」。

## 清廷纂修太祖、太宗、世祖三朝聖訓及《平定三逆方略》

《清聖祖實錄》卷一〇四：（康熙二十一年八月）乙酉，福建道御史戴王縉疏言、太祖高皇帝太宗文皇帝世祖章皇帝聖訓、應行纂修。及比年以來、凡係用兵詔命、密上□日征剿機宜、并應編輯成書、以垂不朽。內閣、翰林院、會議准行。得上□日、太祖太宗世祖聖訓、垂法萬世、關係重大、理應纂修。至朕所行之事、編纂成書、古人雖有其例、尚於朕心有歉。爾等可將此意、述與九卿確詢再奏。

《清聖祖實錄》卷一〇四：（康熙二十一年八月）戊子，大學士明珠等奏：臣等奉旨傳集九卿，將前戴王縉疏奏逐一與閱。九卿等言：祖宗聖訓固應編輯，至逆賊變亂以來，皇上宵旰憂勤，運籌決勝，八年之間，殲滅賊寇，克奏膚功，復見昇平，皆皇上神明獨運，指授方略所致。若不纂輯成書，恐鴻功偉績，或有遺漏。況古來帝王武功告成，無不將所行之事逐一紀載。今宜

如御史所請，勒成一書，以垂永久。得旨：眾議如此，可著編纂成書。

《清聖祖實錄》卷一○五：（康熙二十一年十月辛卯）重修太祖高皇帝實錄，以武英殿大學士勒德洪爲監修總裁官，大學士明珠、李霨、王熙、黃機、吳正治爲總裁官，內閣學士薩海、喇巴克、侍讀學士胡簡敬爲副總裁官。

纂修三朝聖訓，以大學士勒德洪、明珠、李霨、王熙、黃機、吳正治、爲總裁官，內閣學士席柱、王守才、翰林院掌院學士陳廷敬爲副總裁官。

纂修皇上《平定三逆神武方略》，以大學士勒德洪、明珠、李霨、王熙、黃機、吳正治爲總裁官，內閣學士阿蘭泰、達岱、張玉書、翰林院掌院學士牛紐爲副總裁官。

# 1683 年　清聖祖康熙二十二年　癸亥

## 《南北史合注》作者李清（1602～1683）卒

《清史稿》卷五百《遺逸一》：李清，字心水，號映碧，興化人。天啓辛酉舉人，崇禎辛未進士，授寧波府推官。……國亡後，守其硜硜，有死無二……晚著書自娛，尤潛心史學，爲《史論》若干卷，又刪注南北二史，編次《南渡錄》等書，藏於家。

《四庫撤毀書提要》：《南北史合注》一百九十一卷，明李清撰。清字心水，號映碧，揚州興化人，禮部尚書思誠之孫、大學士春芳之玄孫。崇禎辛未進士，官至吏科給事中。事跡附見《明史・李春芳傳》。清以南北朝諸史並存，冗雜特甚，李延壽雖並爲一書，而諸說兼行，仍多矛盾。嘗與張溥議欲倣裴松之《三國志注》例，合宋、齊、梁、陳四史爲《南史》，魏、齊、周、隋四史爲北史，未就而溥歿。後清簡閱佛藏，見《三寶記》載有北魏文帝大統中遺事，《感通錄》載有齊文宣、隋文帝遺事，《高僧傳》載有宋孝武帝、梁武帝遺事，因思卒前業。乃博采諸書，以成此注，參訂異同，考訂極爲精審。……清既不能如郝經之《三國志》改正重編，又不肯如顏師古之注《漢書》，循文綴解，遂使南、北二史不可謂之清作，又不可謂之李延壽作。進退無據，未睹其安。至於八史之中，四史無志，南北二史亦無志。故其事實、散入紀傳之中。不知《隋志》本名《五代史志》，故奉詔編入《隋書》。清既合注南、北史，自應用《續漢》十志補《後漢書》之例、移綴編入，而以劉昭之例，詳考諸書以注之。於制度典章，豈不明備。乃屑屑刪改紀傳，置此不言，亦爲避難而趨易。今特以八代之書，牴牾冗雜，清能會通參考，以歸

一是，故特錄而存之。其瑕瑜並見，則終不可相掩也。

## 清廷開始纂修《大清會典》

《清聖祖實錄》卷一一五，康熙二十三年五月己巳：纂修《大清會典》。命大學士勒德洪、明珠、李霨、王熙、吳正治爲總裁官。內閣學士麻爾圖、阿哈達、金汝祥、王鴻緒、湯斌、爲副總裁官。諭大學士等：朕聞一代之興，必有一代之治法，著爲道揆，佈在方策，用以昭示臣民，垂憲萬世，至弘遠也。我太祖高皇帝大業開基，規模肇造；太宗文皇帝膚功耆定，軌物聿興；暨我世祖章皇帝，統一寰區，創垂兼裕，諸凡命官定制，靡不准今酌古，綱舉目張，郁郁彬彬，無以尚矣。逮朕御極以來，恪遵成憲，率由弗渝，間有損益，亦皆因時制宜，期臻盡善。俾中外群工，知所稟承，勿致隕越。顧其條例事宜，多散見於卷牘，在百司既艱於考稽，而兆姓亦無由通曉。今命部院大小等衙門，各委屬員，詳加察輯，用成會典一書。時命卿等爲總裁官，其董率各員，恪勤乃事，務使文質適中，事理咸備，行諸今而無弊，傳諸後而可徵，悉心考訂，克成一代之典。俾子孫臣庶，遵守罔愆，以副朕法祖圖治之意。卿等其勉之，欽哉！

## 呂留良（1629～1683）卒

呂留良，字莊生，又字用晦，號晚村，別號恥翁，暮年爲僧，名耐可，字不昧，號何求老人。浙江崇德縣（今浙江省桐鄉市崇福鎮）人。順治十年應試爲諸生，後隱居不出，築風雨庵著書、講學，所著詩詞、文章多有「華夷之分」思想及攻擊清朝內容。康熙間拒應鴻博之征，後削髮爲僧。呂留良著述多毀，現存《呂晚邨先生文集》、《東莊詩存》。（據包賚：《呂留良年譜》、《呂晚邨先生文集》附錄呂葆中：《行略》）

# 1686 年　清聖祖康熙二十五年　丙寅

## 《清太祖實錄》、《清太祖聖訓》告成

《清聖祖實錄》卷一二五，康熙二十五年二月甲辰：以纂修太祖高皇帝實錄、聖訓告成。上御太和門，立視捧送實錄、聖訓進宮畢，升座。監修總裁等官、上表行禮。次王以下、文武各官、行慶賀禮。鴻臚寺官宣讀上諭。諭曰、太祖高皇帝。聖德神功。編輯成書。朕心忻悅。與卿等同。是日、賜監修總裁、總裁、副總裁、纂修各官、宴於禮部。

### 清廷纂修《大清一統志》

《清聖祖實錄》卷一二五：（康熙二十五年三月己未）命纂修一統志。以大學士勒德洪、明珠、王熙、吳正治、宋德宜、戶部尚書余國柱、左都御史陳廷敬爲總裁官。原任左都御史徐元文、內閣學士徐乾學、翰林院學士張英、詹事府詹事郭棻、翰林院侍讀學士高士奇、庶子曹禾爲副總裁官。

按：《大清一統志》纂修議定已久，遭「三藩之亂」停止，平定其亂後有幾次醞釀，原由禮部掌管，權限小而實際未能進行。此次由內閣組成專館，方得這是啓動。

### 《平定三逆方略》撰成表進

《四庫全書總目》卷四九，史部紀事本末類：《平定三逆方略》六十卷，康熙二十一年大學士勒德洪奉敕撰，紀平定逆藩吳三桂、尚之信、耿精忠事。……我聖祖時在沖齡，乃從容鎮定而掃蕩之。自茲以後，大定永清，豈非亙古所未有歟。伏讀實錄，載康熙二十五年十一月，大學士勒德洪以此書進呈。

## 1687 年　清聖祖康熙二十六年　丁卯

### 朱彝尊著成《日下舊聞》

朱彝尊《曝書亭集》卷三十五，《日下舊聞序》：今之京師，范鎮以爲地博大以爽塏，繩直砥平；梁襄則謂北倚山險，南壓區夏，王業根本，京都之首選。粵自軒轅氏邑於涿鹿之阿，周以薊封，其後北燕都之，慕容燕又都之，迨至遼曰南京，金曰中都，元曰大都，明曰北京，皇朝因之，以統萬國。宮殿井邑之繁麗，倉廩府庫之充實，《詩》所云「四方之極」者也。……蓋宮室城市，基凡數易，至琳宮梵舍之建置，延其舊者十一，更額者十九。故老淪亡，遺書散佚，歷年愈久，陳跡愈不可得而尋矣。彝尊謫居無事，捃拾載籍及金石遺文，會粹之，分一十三門：曰星土；曰世紀；曰形勝；曰宮室；曰城市；曰郊坰；曰京畿；曰僑治；曰邊障；曰戶版；曰風俗；曰物產；曰雜綴，而以《石鼓考》終焉。合四十有二卷。……計草創於丙寅之夏，錄成於丁卯之秋，開雕於冬，迄戊辰九月而竣。中間滲漏，隨覽隨悔，覆命兒子昆田以剩義補其闕遺，附於各卷之末。所抄群書凡千四百餘種，慮觀者莫究其始，必分注於下，非以侈摭採之博也。昔衛正叔嘗纂《禮記集說》矣，其言病世儒剿取前人之說以爲己出，而曰：「他人著書，惟恐不出於己，予此編惟

恐不出於人。」彝尊不敏，竊取正叔之義。至旁及稗官小說、百家二氏之書，或有未足盡信者，世之君子毋以擇焉不精罪我，斯幸矣！

## 1688年　清聖祖康熙二十七年　戊辰

### 葉夢珠輯成《續編綏寇紀略》

《續修四庫全書提要》（臺灣商務印書館發行）史部雜史類：《續編綏寇紀略》五卷，清葉夢珠輯。夢珠事實不詳。吳偉業《綏寇紀略》……夢珠欲續偉業之遺，乃雜採《滇蜀餘聞》、《楚中遺事》、《也是錄》、《甲申傳信錄》等書。錄其有關之文，纂輯而成。是書全書用綱目體，記張獻忠、孫可望以及永曆奔竄緬甸諸事，計有蜀川沸、滇黔竄、爭挾王、緬甸散諸目，末附《附錄紀聞》。前有康熙二十七自序，雖採自他書，無裨異聞，然桑海稗野，從未引及，實亦罕覯之笈，惜其於弘隆監國三朝事跡，仍缺如也。書中訛奪甚多，傅以禮曾爲校正多處，見華延年題跋。

## 1689年　清聖祖康熙二十八年　己巳

### 《十國春秋》作者、史家吳任臣（1628～1689）卒

《清史列傳》卷六十八，《吳任臣傳》：吳任臣，字志伊，浙江仁和人。……康熙十八年應博學鴻儒科，試列二等，授翰林院檢討，充纂修明史官。《曆志》一篇出任臣手，未幾卒。著有《十國春秋》一百十四卷，搜羅廣博，爲時所稱。

（光緒）《杭州府志》卷一四五，《文苑二》載：吳任臣，字志伊，其先莆田人，從父至杭，遂補仁和學弟子員。……康熙十八年舉鴻博試，入翰林與修明史。……在翰林十年未遷。會聖祖以秘書命辭臣檢校，令分陰陽、句讀、地理、名氏。諸臣校上多誤，上怒，皆惶恐拜闕下，乞以書付任臣。奉命復校，竭四十晝夜，終卷遇疾驟發，僵僕車中卒。

丁申《武林藏書錄》卷下，「吳托園先生」條：會詞臣奉命校書，多謬誤，每奉詰責，眾懼，競以書致，乞代校。迫於情，竭四十晝夜乃終卷，而心疾作，迨中允之命下，而托園已先一日死，年六十二。

### 徐乾學解職歸鄉，「書局自隨」

《清聖祖實錄》卷一四三：（康熙二十八年十一月己未）管理修書總裁事務、原任刑部尚書徐乾學，請假省墓，並請以奉旨校讎之《御選古文》、《會

典》、《明史》、《一統志》諸書，帶歸編輯。允之。

《皇朝文獻通考》卷二二三，《經籍考》十三，史部地理類：臣等謹按：康熙間刑部尚書徐乾學，奉敕總裁《一統志》，罷歸之頃，奏請設局於蘇州之洞庭山，一時稱地理之學如顧祖禹、閻若璩、黃儀、胡渭等，皆與其役。

# 1690 年　清聖祖康熙二十九年　庚午

## 徐元文等在萬斯同佐助下完成《明史》初稿

《明史例案》卷七，楊椿《再上明鑒綱目總裁書》：監修徐公發凡起例，歷十二年而史稿粗就，凡四百一十六卷。

《清聖祖實錄》卷一四四，康熙二十九年二月乙丑：諭大學士等：爾等所進《明史》，朕已詳閱，遠過宋、元諸史矣。凡纂核史書，務宜考核精詳，不可疏漏。朕於明代《實錄》，詳悉披覽，宣德以前尚覺可觀，至宣德後，頗多訛謬，不可不察。

## 清廷開國史館纂修「三朝國史」

《清聖祖實錄》卷一四五：（康熙二十九年三月乙未）禮部等衙門議覆：山東道御史徐樹谷疏請纂修三朝國史。應如所請。

《清聖祖實錄》卷一四五：（康熙二十九年四月乙丑）以大學士王熙為三朝國史監修總裁官，大學士伊桑阿、阿蘭泰、梁清標、徐元文為總裁官。尚書張玉書、張英、左都御史陳廷敬、侍郎李振裕、庫勒納、內閣學士朱都納、星安、博際、布彥圖、郭世隆、彭孫遹、副都御史王士正、詹事尹泰為副總裁官。敕曰：朕惟帝王肇基垂統，綏御萬方，駿業弘謨，必勒諸簡冊，傳示無窮，所以炳耀豐功，宣揚至治，甚盛典也。……爰命儒臣，恭修三朝國史，茲特命爾等為總裁官。爾其督率在館諸臣，薈萃琅函，博搜掌故，折衷至當，裁訂成書，毋尚浮誇而乖情實，毋徇偏見而失公平，毋過質略而意不周該，毋務鋪張而詞多繁縟，務期事歸確核，文極雅馴，勤以董成，敏而竣事。庶幾垂型萬世，傳信千秋，以覘耿光，以揚大烈，稱朕意焉。爾其勉之無忽，欽哉！

## 纂修《大清會典》告成

《清聖祖實錄》卷一四五，康熙二十九年四月丁亥：《大清會典》告成。御製序文曰：朕惟自古帝憲天出治，經世宜民，莫不立之章程，允釐庶績。……

夫朝廷之規制損益，無一不關於黎庶。大中之軌立，則易而可循，畫一之法行，則簡而守。制治保邦之道，惟成憲是稽，不慕重歟！用是特命儒臣纂輯《會典》，綱維條格，甄錄無遺，終始本末，犁然共貫。庶幾大經大法，炳燿日星，而遵道路者，咸得有所據依矣。《詩》不云乎，「不愆不忘，率由舊章」；《書》有之：「其爾典常作之師」。我國家典章弘備，視前代加詳，悉皆本之實心，以相推準，而非緣飾虛文、鋪張治具。惟茲良法美意，相與世世恪遵無斁，官治民察，以躋斯世於隆平。萬年無疆之休，將於是乎在矣，可不念哉！

# 1691年　清聖祖康熙三十年　辛未

## 尤侗《明史擬稿》編輯刊行

　　尤侗《明史擬稿序》：康熙十八年，詔徵博學鴻儒纂修《明史》，與選者五十人，分為五班，自洪武至正德，編次亦如之。予班第五，則所纂者弘、正時事也。凡本紀、列傳，總裁與諸君子酌定鬮派，雖有名卿鉅儒，心所慕好者不敢越俎而問焉，故所傳者寥寥數人而已。將卒業，又分嘉、隆、萬為一編，泰、啓、禎為一編，則錯綜其姓氏，而鬮派亦如前。予纂未及半，以病假歸。故所述僅止於此。今予歸九載而此書尚未告成，蓋緣總裁屢易，而前五十人者或歿或歸，半為烏有，昔人所以有頭白汗青之歎也。間居偶檢篋衍閱之，雖比事屬詞不及古人萬一，而四五年間麋祿食、耗膏油，竭力於茲，不忍捐棄，姑擇其文之稍雅馴者刪而存之。原稿雖呈，主者計點竄塗抹必多，俟史成之日，覽者得參考焉。又纂修但著本傳，其總論則私自增撰，非敢云獨斷也，知我罪我，聽之而已。康熙辛未史官尤侗識。

## 徐元文（1634～1691）卒

　　《國朝耆獻類徵初編》卷之八《宰輔八》，韓菼《徐元文行狀》：公諱元文，字公肅，別號立齋。其先常熟人。九世祖諱良，始遷崑山。……公自少端重，有大志。……順治順治甲午，舉於鄉，己亥，成進士第一人。……己未二月，召監修《明史》，時服未禫除，而監修例命勳臣、閣臣，公獨以學士充，識者知將大用矣。九月，赴闕自陳，且辭新命，不允。疏請購遺書、徵遺獻，舉故明給事中李清、主事黃宗羲及副使曹溶、主事汪楙麟、布衣黃虞稷、諸生姜宸英、萬言等，部議不許，上特從公言，召之。……史局置已五年而書未成，公既不與政，專意史事；考據國史，參用諸家之說，年經月緯，

手自編輯。客有熟於前朝典故者，公奉書幣延致賓館，遇有疑誤，輒通懷商権，常至夜分。積年成「紀傳」十之六、七，尋繕呈紀七卷、傳十五卷。公疏請如唐太宗序晉史例，稱制論斷，並出三朝實錄以便參稽。明祚訖於愍皇，福、唐、桂三王大命已傾，覆亡之跡不可以不著，請從「宋史」益衛二王、「遼史」耶律大石之例，以愍帝終「本紀」之篇，三王從附傳之列。至明末之臣盡忠所事者，考之史例，均當採摭。皆報可。……

# 1692年　清聖祖康熙三十一年　壬申

## 康熙帝批評《明史》已成之稿

《清聖祖實錄》卷一五四，康熙三十一年正月丁丑：諭大學士等：前者纂修《明史》諸臣所撰本紀、列傳，曾以數捲進呈。朕詳晰披閱，並命熊賜履校讎。熊賜履寫簽呈奏，於洪武、宣德《本紀》，訾議甚多。朕思洪武係開基之主，功德隆盛，宣德乃守成賢辟，雖運會不同，事跡攸殊，然皆勵精著於一時，謨烈垂諸奕世……倘深求刻論，非朕意所忍為也。至開創時佐運文武諸臣，各著勳績列傳之中，若撰文臣事實優於武臣，則議論失平，難為信史。纂修史書，雖史臣職也，適際朕時撰成明史，苟稍有未協，咎歸於朕矣。明代實錄及紀載事跡諸書，皆當搜羅藏弆，異日《明史》告成之後，新史與諸書俾得並觀，以俟天下後世之公論焉。前曾以此旨面諭徐元文。爾等當共知之。

## 王夫之（1619～1692）卒

《清史列傳》卷六十六（《儒林傳》上一）王夫之傳：王夫之，字而農，湖南衡陽人。……著有……《讀通鑑論》、《宋論》、《永曆實錄》……等等，凡三萬餘卷，後人彙刊之為《船山遺書》。……〔康熙〕三十一年卒，年七十四。

《讀通鑑論》卷末《敘論四》：……編中所論，推本得失之原，勉自竭以求合於聖治之本；而就事論法，因其時而酌其宜，即一代而各有弛張，均一事而互有伸詘，寧為無定之言，不敢執一以賊道。有自相距藐者矣，無強天下以必從其獨見者也。若井田、封建、鄉舉、里選、寓兵於農、捨笞杖而行肉刑諸法，先儒有欲必行之者矣。襲周官之名跡，而適以成乎狄道者，宇文氏也；據禹貢以導河，而適以益其潰決者，李仲昌也。盡破天下之成規，駮萬物而從其記誦之所得，浸使為之，吾惡知其所終哉！……

……引而伸之，是以有論；濬而求之，是以有論；博而證之，是以有論；協而一之，是以有論；心得而可以資人之通，是以有論。道無方，以位物於有方；道無體，以成事之有體。鑒之者明，通之也廣，資之也深，人自取之，而治身治世、肆應而不窮。抑豈曰此所論者，立一成之例，而終古不易也哉！

### 顧祖禹（1631～1692）卒

江藩《國朝漢學師承記》卷一：顧祖禹，無錫人。……家父柔謙，字剛中，精於史學，著《山居贅論》一書。祖禹少承家訓，不事帖括，經史皆能背誦如流水。性好遠遊，足跡遍天下。無所遇，歸而閉戶著書。撰《歷代州域形勢》九卷、《南北直隸十三省》一百十四卷、《川瀆異同》六卷、《天文分野》一卷，又用開方法繪地圖□卷，名曰《讀史方輿紀要》。凡職方廣輿，諸書承偽襲謬，皆一一駁正。詳於山川險要及古今戰守之跡，而景物名勝皆在所略。讀其書可以不出戶牖而周知天下之形勝，爲地理之學者莫之或先焉。世所稱三大奇書，此其一也。

## 1693年　清聖祖康熙三十二年　癸酉

### 黃宗羲編成《明文海》

黃百家《明文授讀序》：先夫子自戊申歲，取家所藏有明文集，約五六千本，擷其精華，至乙卯歲，成《明文案》二百一十七卷。……逮後，先夫子究以有明作者林林，歉於未盡，親至玉峰，搜假司寇健菴先生傳是樓明集，得《文案》以外所未有者，又如我家藏之數，汗數牛而歸。綴以紅楮，第其甲乙，復還玉峰。宮詹果亭先生命諸佐史繭指錄出，親正豕魚，以寄先夫子，於是復合《文案》而廣之，又有《明文海》之選，爲卷凡四百八十，爲本百有二十，而後明文始備。先夫子嘗謂不孝曰：「唐《文苑英華》百本，有明作者軼於有唐，非此不足存一代之書。顧讀本不須如許，我爲擇其尤者若干篇，授汝讀之。」於是更有《授讀》一書。……萬子貞一曰：「……合有明數千家之集而成《文海》，平情而談，捨夫子而外，孰有緣再能聚數千家之集於一家，而又得勤力巨眼如夫子者，而爲之遴拔乎？則此《文海》，夫子目光心血之所存，有明三百年文士英靈之所寄託也。……」……於是遂撤讀禮之功，另詮一目，並搜先夫子所書各集評語，掇載篇後，間附注以不孝私記，以爲讀書知人之助云。康熙戊寅年，男百家拜謹述。

按：康熙七年（1668），黃氏始選編《明文案》，至十四年（1675）成，凡二百十七卷。晚年續作增益，編成《明文海》四百八十二卷。復選一部分教授其子百家，後由黃百家和張錫琨編定《明文授讀》，凡六十二卷，於康熙三十八年刊刻。此書收入《四庫全書》時，爲館臣大加刪改，已失原貌。現存諸鈔本中，以浙江圖書館藏清初抄本、天一閣藏原稿殘本價值最高。相關研究，可參見駱兆平《〈明文案〉〈明文海〉稿本述略》（《文獻》1987 年第 2 期）。

# 1694 年　清聖祖康熙三十三年　甲戌

## 徐乾學（1631～1694）卒

《清史列傳》卷十《徐乾學傳》：徐乾學，江南崑山人。康熙九年，一甲三名進士，授編修。……二十一年，充明史總裁官。……三十三年……於四月疾卒，年六十有四。

《四庫全書總目》卷四七，史部編年類：《資治通鑑後編》一百八十四卷，國朝徐乾學撰。乾學有《讀禮通考》，已著錄。是編以元明人續《通鑑》者陳桱、王宗沐諸本，大都年月參差，事跡脫落。薛應旂所輯雖稍見詳備，而如改《宋史》周義成軍爲周義，以胡瑗爲朱子門人，疏謬殊甚，皆不足繼司馬光之後。乃與鄞縣萬斯同、太原閻若璩、德清胡渭等排比正史，參考諸書，作爲是編。草創甫畢，欲進於朝，未果而歿。今原稿僅存，惟闕第十一卷，書中多塗乙刪改之處，相傳猶若璩手跡也。其書起宋太祖建隆元年，迄元順帝至正二十七年。凡事跡之詳略先後有應參訂者，皆依司馬光例，作考異以折衷之。其諸家議論足資闡發者，並採繫各條之下。間附己意，亦依光書之例，標臣『乾學曰』以別之。其時《永樂大典》尚庋藏秘府，故熊克、李心傳諸書皆未得窺，所輯北宋事跡，大都以李燾殘帙爲稿本，援據不能賅博……然其裒輯審勘，用力頗深，故訂誤補遺，時有前人所未及。……又是時乾學方領一統志局，多見宋元以來郡縣舊志，而若璩諸人復長於地理之學，故所載輿地，尤爲精覈。……年經月緯，犁然可觀，雖不能遽稱定本，而以視陳、王、薛三書，則過之遠矣。

# 1695 年　清聖祖康熙三十四年　乙亥

## 黃宗羲（1610～1695）卒

《清史列傳》卷六十八《黃宗羲傳》：黃宗羲，字太沖，浙江餘姚人。……

史學則欲輯宋史而未就，僅存《叢目補遺》三卷；又輯《明史案》二百四十四卷。其《明史》有三例：一、國史取詳年月，二、野史取當是非，三、家史備官爵世系。《明史稿》出於萬斯同，斯同之學出於宗羲也。……又著《明儒學案》六十二卷，敘述明代講學諸儒流派分合得失甚詳。後又輯《宋儒學案》、《元儒學案》，以誌七百年儒學源流。……又《深衣考》一卷、《今文經》一卷、《四明山志》九卷、《歷代甲子考》一卷、《二程學案》二卷。……〔康熙〕三十四年卒，年八十六。

　　《清史稿》卷四八〇，《儒林傳一·黃宗羲傳》：黃宗羲，字太沖，餘姚人。……嘗論《宋史》別立《道學傳》，爲元儒之陋，《明史》不當仍其例。朱彝尊適有此議，得宗羲書，示眾，遂去之。卒年八十六。……又著《明儒學案》六十二卷，敘述明代講學諸儒流派分合得失頗詳。《明文海》四百八十二卷，閱明人文集二千餘家，自言與《十朝國史》相首尾。又《深衣考》一卷，《今水經》一卷，《四明山志》九卷，《歷代甲子考》一卷，《二程學案》二卷，輯《明史案》二百四十四卷，又《明夷待訪錄》一卷，皆經世大政。顧炎武見而歎曰：「三代之治可復也！」天文則有《大統法辨》四卷，《時憲書法解新推交食法》一卷，《圓解》一卷，《割圓八線解》一卷，《授時法假如》一卷，《西洋法假如》一卷，《回回法假如》一卷。其後梅文鼎本《周髀》言天文，世驚爲不傳之秘，而不知宗羲實開之。晚年又輯《宋元學案》，合之《明儒學案》，以誌七百年儒苑門戶。

# 1696 年　清聖祖康熙三十五年　丙子

## 朱璘著《歷朝通鑒輯略》、《明紀全載》

　　謝國楨《晚明史籍考》卷一：《歷朝通鑒輯略》五十六卷，《明紀輯略》卷四十一至五十六共十五卷，清婺原朱璘青岩撰。青岩任武昌同知，仁廉愛民。康熙二十七年署湖北驛鹽道，以平夏逢龍功擢南陽府知府，以貢監筮仕而好學不倦，著有《明紀全載》等書。……復手定《綱鑒輯略》一書，追蹤綱目，芟繁就簡，學者稱便。

　　按：《歷朝綱鑒輯略》亦名《歷朝通鑒輯略》，《明紀全載》一名《明紀輯略》，另有《明紀全載紀略》、《明綱鑒補》、《明史全載輯略》、《明史類編》、《明紀綱鑒補》、《續綱鑒》等異名。朱璘之書，乾隆二十二年明令禁燬，而乾隆四十年又予以解禁，稱其「非不尊崇本朝」。

# 1697 年　清聖祖康熙三十六年　丁丑

## 胡渭著《禹貢錐指》二十卷成

　　胡渭《禹貢錐指例略》：昔大司寇徐公奉敕纂修《大清一統志》，館閣之英、山林之彥咸給筆箚以從事。己巳冬，公請假歸里，上許之，且令以書局自隨。公於是僦舍洞庭，肆志搜討。湖山間曠，風景宜人，時則有無錫顧祖禹景范、常熟黃儀子鴻、太原閻若璩百詩，皆精於地理之學。以渭之固陋，相去什伯，公亦命翻閱圖史，參訂異同。二三素志，晨夕群處，所謂奇文共欣賞，疑義相與析者，受益宏多，不可勝道。渭因悟《禹貢》一書，先儒所錯解者，今猶可得而是正。其以為舊跡湮沒，無從考究者，今猶得補其罅漏。而牽率應酬，未遑排纂。歲甲戌家居，嬰子春之疾，偃息在床，一切人事謝絕，因取向所手記者循環展玩，撮其機要，依經立解，章別句從，歷三期乃成，釐為二十卷，名曰《禹貢錐指》。案《莊子・秋水》云：「用管窺天，用錐指地」，言所見者小也。禹身歷九州島，目營四海，地平天成，府修事和之烈，具載於此篇。彼方跐黃泉而登太皇，始於玄冥，反於大通，而吾乃規規然求之以察，索之以辯，是亦井蛙之見也。夫其不曰「管窺」而曰「錐指」者，《禹貢》為地理之書，其義較切故也。……

## 清廷纂修《平定朔漠方略》

　　《清聖祖實錄》卷一八四：（康熙三十六年六月）丁丑，命大學士伊桑阿、阿蘭泰、王熙、張玉書、李天馥、尚書熊賜履、張英，為纂修《平定朔漠方略》總裁官。內閣學士覺羅三寶、羅察、喀拜、韓菼、顧藻、禮部侍郎翰林院掌院學士阿山、刑部右侍郎管詹事府事尹泰，為副總裁官。

# 1702 年　清聖祖康熙四十一年　壬午

## 萬斯同（1638～1702）卒

　　《清史列傳》卷六十八，《萬斯大傳附弟斯同傳》：斯同，字季野，（浙江鄞孫人）……博通諸史，尤熟於明代掌故。嘗作明開國以後至唐桂功臣將相內外諸大臣年表，以備采擇。康熙七十年，薦博學鴻儒科，辭不就。令詔修《明史》，大學士徐元文為總裁，欲薦斯同入館局，斯同復辭。乃延主其家，以刊修委之。元文罷，繼之者大學士張玉書、陳廷敬、尚書王鴻緒皆延之。……康熙四十一年卒，年六十。所著有《歷代史表》六十卷，《儒林宗派》八卷，……

《石經考》二卷,《周正彙考》八卷,《紀元彙考》四卷,《歷代宰輔彙考》八卷,《宋季忠義錄》十六卷,《南宋六陵遺事》一卷,《庚申君遺事》一卷,《群書疑辨》十二卷,⋯⋯《崑崙河源考》二卷,《河渠考》十二卷。⋯⋯其《歷代史表》稽考列朝掌故,端緒釐然,有助史學。又創《宦者侯表》、《大事年表》二例,爲列史所無。

## 1703年　清聖祖康熙四十二年　癸未

### 溫睿臨於本年後著成《南疆逸史》

（同治）《湖州府志》卷七十六:溫睿臨,字鄰翼,號哂園,烏程人。康熙四十四年舉人,以詩古文雄於時,性伉直,好面折人過。遊京師,卿相皆敬禮之。移書禮部侍郎嚴我斯,以爲國學不可無人才,因上其議,適回籍,議遂寢。雅意著述,與四明萬斯同交善。⋯⋯在京邸,放廢無事,因錄得野史數十種,薈萃成書,題曰《南疆逸史》。

溫睿臨《南疆逸史序》:《南疆逸史》者何?紀弘光、隆武、永曆三朝遺事也。何以不言朝?不成朝也。何以謂之南疆?皆南土也,勢不及乎北也。若曰僅此南疆也云爾,然則何紀爾?曰土宇反覆,攻守紛錯,政令互易,興亡成敗得失之跡,不可泯也。忠佞雜陳,賢奸各出,奇才策士之謀略,武夫猛帥之攻伐,老成正直之持論,饞諂斯罔之詭辯,與夫忠義奮發,凌霜犯雪之操,叛逆肆毒、狐媚虎噬之狀,不可略也。⋯⋯嗟乎!故國舊都,望之悵然,況乎姓氏與開業並垂,爵命與末流俱隕,其始其末,先臣實式憑之。俯仰今昔,迴環感慕,不知涕泗之何從,自附於西臺之紀云爾。其缺略荒謬之譏,所不辭也。吳興哂園居士溫睿臨,上元日書於炳燭齋。

溫睿臨《南疆逸史凡例》:昔吾友四明萬子季野方輯《明史》,語余曰:「鼎革之際,事變繁多,金陵、閩、粵,播遷三所,歷年二十,遺事零落,子盍輯而志之,成一書乎!」余曰:「是《明史》之所貶也,余何事焉?」萬子曰:「不然。《明史》以福、唐、桂、魯附入懷宗,紀載寥寥,遺缺者多。倘專取三朝,成一外史,及今時故老猶存,遺文尚在,可網羅也。逡巡數十年,遺老盡矣,野史無刊本,日就零落,後之人舉隆、永之號而茫然者矣,吾儕可聽之乎?」余曰:「是則然矣。其間固有抗逆顏行,伏屍都市,非令甲之罪人乎!取之似涉忌諱也,刪之則曷以成是書。」萬子曰:「不然。國家興廢,何代無之。人各爲其主,凡在興朝,必不怒也,不得已而遂其志爾,故封阡表

容，贈通祀闕，歷代相沿，著爲美談。本朝初定鼎，首褒殉國諸臣，以示激揚。其在外者，不暇及爾。褒與誅，可並行也。且方開史局時，已奉有『各種野史悉行送部，不必以忌諱而嫌』之令矣，採而輯之，何傷？」余因曰：「諾。」然世事拘牽，因循未果也。其後錄得野史數十種，方欲咨訪，發凡起例，而萬子溘然先逝，《明史列傳》甫脫稿，尚未訂正。念亡友惓惓之言，不忍違其雅意，閒居京邸，放廢無事，薈蕞諸書，以銷永日，顏曰《南疆逸史》。非敢附名山之藏，亦賢於博弈者云爾。野史中有兼紀三朝事者……合而訂之，正其紕繆，刪其繁蕪，補其所缺，撰其未備，以成是編。其它未見之書，尚俟再考，然大略具是矣。

楊鳳苞《秋室集》卷二，《南疆逸史跋一》：《南疆逸史》，吾鄉溫孝廉睿臨撰。蓋述明季福、唐、桂三藩之遺事，終以魯藩附之。紀略四，列傳五十二，計五十六卷。首列《自序》，及《凡例》二十則，簡而有法，是非未大悖於《春秋》之義，世稱信史。不特網羅散佚，備勝國之舊聞而已。然微嫌其失之太簡，要必爲之注，以補其闕遺，若裴松之注《三國志》之例，而後文獻足徵焉。

# 1704 年　清聖祖康熙四十三年　甲申

## 閻若璩（1636～1704）卒

《清史列傳》卷六十八《閻若璩傳》：閻若璩，字百詩，山西太原人。……年二十，讀《尚書》至古文二十五篇即疑其僞，沉潛三十餘年，乃盡得其癥結所在，作《古文尚書疏證》八卷，引經據古，一一陳其矛盾之故，古文之僞大明。所列一百二十八條，毛奇齡《尚書古文冤詞》百計相軋，終不能以強辭奪正理，則有據之言，先立於不可敗也。其《疏證》之最精者，謂《漢藝文志》言魯共王壞孔子宅，得《古文尚書》，孔安國以考二十九篇得多十六篇。《楚元王傳》亦云逸書十六篇，天漢之後孔安國獻之。古文篇數之見於西漢者爲此，而梅頤所上乃增多二十五篇，此篇數之不合也。……又據《孟子》七篇參以史記諸書作《孟子生卒年月考》一卷。……康熙四十三年卒，年六十九。

胡渭《尚書古文疏證序》：晚出《古文尚書》，自東晉立於學官，家傳戶誦，下逮今千四百年。信者比比皆是，疑者千不得一焉。間有疑之者，類皆以文辭格制辨其眞贋，即朱子之所以疑古文，其說亦無過於此。是猶未能盡

發其藏，使天下後世之人灼然共見其僞也。徵君閻百詩先生以博聞強記之資，爲理明義精之學。謂壁中眞古文亡於永嘉之亂，而梅氏所獻，乃魏晉間人所假託。其二十五篇，經與序傳如出一手。因著《古文尙書疏證》以辟之。首列今古之篇題名數，馬、鄭逸十六篇如彼，梅氏增多二十五篇如此，孰僞孰眞，判如黑白。由是證之以逸《書》，參之以諸子，稽之以曆法，驗之以正朔，析之以典禮，核之以事跡，校之以文字，考之以句讀，種種紕繆，具有明徵。九原可作，僞撰者將何辭以對？然此猶其小者耳。……先生每豎一義，必博考精思，故遲之又久而未成。近年多病，嘗歎息謂余曰：「恐溘焉朝露，《疏證》不及成，奈何？」余爲之惻然。甲申六月，先生疾作而終，《疏證》果不及成矣。嗚呼！惜哉！後二歲，長君舍人詠以其書來，屬余校定，且爲序。余受而讀之，凡八卷，卷各若干目。有通卷全闕者，有卷中闕數篇或僅成一篇者。余用太史公、文中子有錄無書之例，悉仍其舊，而序以還之，俾壽之梨棗，嘉惠來學。是書所辨者古文，而實與今文相表裏；所論者《尙書》，而實貫穿諸經、史、百家語。剖析群疑，別裁眾僞，使學者優柔厭飫，有左右逢源之獲。後之君子，其必有樂乎此也。康熙四十五年丙戌嘉平之月，同學弟德清胡渭撰。

## 1707 年　清聖祖康熙四十六年　丁亥

### 康熙帝《御批資治通鑑綱目全書》成書

　　康熙帝《御批資治通鑑綱目全書序》（載《四庫全書》本《御批資治通鑑綱目前編》卷首）：朕惟自古帝王言動必記，而史事以興……紫陽朱子特起而振舉之，綱以提要，目以備詳……朕幾務之暇，留神披閱，博稽詳考，纖悉靡遺。取義必抉其精，徵辭必搜其奧。析疑正陋，螯異闡幽，務期法戒昭彰，質文融貫。前後所著論斷凡百有餘首。茲允諸臣請並以付梓，頒佈宇內，俾士子流傳誦習，開卷瞭然。不特天人理欲之微、古今治忽之故，一一臚如指掌，即子朱子祖述宣尼維持世教之苦衷，並可潛孚默契於數千載之下。是則朕敦崇古學，作新烝民之至意也。爰敘述以冠篇端，用昭示於無窮焉。康熙四十六年正月十七日。

## 1708 年　清聖祖康熙四十七年　戊子

### 《親征平定朔漠方略》成書

　　《四庫全書總目》卷四九，史部紀事本末類：《親征朔漠方略》四十卷，

康熙四十七年，大學士溫達等撰進。聖祖仁皇帝御製序文，深著不得已而用兵之意。蓋噶爾丹凶頑爽誓，浸爲邊患，因於康熙三十五年二月，親統六師往征。……書中所紀，始於康熙十六年六月厄魯特噶爾丹奉表入貢及賜敕諭，令與喀爾喀修好，以爲緣起，迄於三十七年十月策妄阿拉布坦獻噶爾丹之屍而止。其間簡練將卒，經畫糧餉，剪除黨惡，曲赦脅從，以及設奇制勝之方，師行緩急之度，凡稟之睿算者，咸據事直書，語無增飾。首載御製《紀略》一篇，後載告成太學及勒銘察罕七羅拖諾、昭木多、狼胥山諸碑文。恭誦之餘，仰見大聖人不恃崇高，不懷燕逸，櫛風沐雨，與士卒同甘苦，用能於浹歲之中，建非常之業，竹冊昭垂，非獨比隆訓誓矣。

### 潘耒（1646～1708）卒

《清史稿》卷四八四，《文苑一》：潘耒，字次耕，吳江人。生而奇慧，讀書十行並下，自經史、音韻、算數及宗乘之學，無不通貫。康熙時，以布衣試鴻博，授檢討，纂修《明史》。上書總裁，言要義八端：「宜搜採博而考證精，職任分而義例一，秉筆直而持論平，歲月寬而卷帙簡。」總裁善其說，令撰《食貨志》，兼他紀傳。尋充日講起居注官，修《實錄》、《聖訓》。……當時詞科以史才稱者，朱彝尊、汪琬、吳任臣及耒爲最著。

### 康熙帝《御批資治通鑑綱目》等付校刊刻

《四庫全書總目》卷八八《史部・史評類》：《御批通鑑綱目》五十九卷，《通鑑綱目前編》十八卷，《外紀》一卷、《舉要》三卷、《通鑑綱目續編》二十七卷，康熙四十七年吏部侍郎宋犖校刊，皆聖祖仁皇帝御批也。

## 1709 年　清聖祖康熙四十八年　己丑

### 王鴻緒休致還鄉，自將《明史稿》攜去

《清聖祖實錄》卷二三六：（康熙四十八年春正月乙未）諭文武諸臣曰：朕向待大臣不分滿漢，體恤包容，是以獲罪者甚少……凡人既讀書知義理，即當以其所學見之於事，非僅作文已也。平時讀書，至臨大事，竟歸無用，則所讀何書？所學何事耶？王鴻緒、李振裕向來早應罷斥，朕姑爲容忍，今不可再容矣。蔡升元輕浮無實，楊瑄知交雜濫，其人品亦皆不端，俱著原品休致。

《清史稿》卷二七一，《王鴻緒傳》：王鴻緒，初名度心，字季友，江南

婁縣人。康熙十二年一甲二名進士，授編修。十四年，主順天鄉試，充日講起居注官，累遷翰林院侍講。十九年，聖祖論獎講官勤勞，加鴻緒侍讀學士銜。……三十三年，以薦召來京修書。尋授工部尙書，充經筵講官。四十七年，調戶部。其年多，皇太子允礽既廢，詔大臣保奏儲貳，鴻緒與內大臣阿、靈阿侍郎揆敍等謀，舉皇子允禩，詔切責，以原品休致。

五十三年，疏言：「臣舊居館職，奉命爲明史總裁官，與湯斌、徐乾學、葉方藹互相參訂，僅成數卷。及臣回籍多年，恩詔重領史局，而前此纂輯諸臣，罕有存者。惟大學士張玉書爲監修，尙書陳廷敬爲總裁，各專一類，玉書任志，廷敬任本紀，臣任列傳。因臣原銜食俸，比二臣得有餘暇，刪繁就簡，正謬訂訛。如是數年，彙分成帙，而大學士熊賜履續奉監修之命，檄取傳稿以進，玉書、廷敬暨臣皆未參閱。臣恐傳稿尙多舛誤，自蒙恩歸田，欲圖報稱，因重理舊編，搜殘補闕，復經五載，成列傳二百八卷。其間是非邪正，悉據公論，不敢稍逞私臆。但年代久遠，傳聞異辭，未敢自信爲是。謹繕寫全稿，齎呈御鑒，請宣付史館，以備參考。」詔俞之。五十四年，復召來京修書，充《省方盛典》總載官。雍正元年，卒於京。

## 朱彝尊（1629～1709）卒

《清史稿》卷四八四，《文苑一》：朱彝尊，字錫鬯，秀水人，明大學士國祚曾孫。生有異秉，書經目不遺。家貧客遊，南逾嶺，北出雲朔，東泛滄海，登之罘，經甌越。所至叢祠荒冢、破爐殘碣之文，莫不搜剔考證，與史傳參校同異。歸里，約李良年、周篁、繆泳輩爲詩課，文名益噪。康熙十八年，試鴻博，除檢討。時富平李因篤、吳江潘耒、無錫嚴繩孫及彝尊皆以布衣入選，同修《明史》。建議訪遺書、寬期限，毋效《元史》之迫時日。辨方孝孺之友宋仲珩、王孟縕、鄭叔度、林公輔諸人咸不及於難，則知《從亡》、《致身錄》謂誅九族，並戮其弟子朋友爲一族不足據，所謂九族者，本宗一族也。又言東林不皆君子，異乎東林者，亦不皆小人。作史者未可存門戶之見，以同異分邪正。二十年，充日講起居注官。……當時王士禎工詩，汪琬工文，毛奇齡工考據，獨彝尊兼有眾長。著《經義考》、《日下舊聞》、《曝書亭集》。又嘗選《明詞綜》，或因人錄詩，或因詩存人，銓次爲最當。卒，年八十一。

《清史列傳》卷七一，《文苑傳二》：朱彝尊，字錫鬯，浙江秀水人，明大學士國祚曾孫。康熙十八年，詔舉博學鴻儒科，以布衣試入選者，富平李

因篤、吳江潘耒、無錫嚴繩孫及彝尊四人，皆除翰林院檢討，與所擢五十人同纂修《明史》……二十三年……私以小胥錄四方經進書，為學士牛紐所劾，降一級……彝尊之在史館也，凡七上總裁書，論定凡例，訪遺書，請寬其期……

# 1711 年　清聖祖康熙五十年　辛卯

## 吳乘權《綱鑑易知錄》著成

吳乘權《綱鑑易知錄序》：予童年有志讀史，然至老究未嘗一卒讀者，何也？蓋性最拙，讀時不能遽解，待解移時輒忘。又識字甚少，時須考證。且少以足疾廢，六經、諸子無心涉獵，都邑山川不一遊覽，縱有志讀史，亦猶聾者之無聞，盲者之無見，故讀未終篇，輒生厭倦。此予所以究未嘗一卒讀也。雖然，予既有志讀史矣，而欲待博群書以悉其所聞，歷名山大川以窮其所見，度必不能。然則予將作如何讀法而後可邪？常觀世之樂於讀史者，類多穎悟絕人之士，一目數行俱下，一覽終身不忘，讀時不求甚解，會心在牝牡驪黃之外。故觀史務求其詳，論史必歸於雅，而若予之拙者，欲求讀史之法，寧簡毋詳，寧陋毋雅，庶乎其得之邪。

周子靜專、星若，予忘年友也，弱冠工舉子業而尤邃史學，乙酉歲輯其手輯《綱目全編》以示予讀史之法。予遂與二子復相編輯，不間祁寒暑雨者，殆六載。苦簡之汗漫，為之摘要而刪繁；慮大義之不明為之提綱而挈領。……予曰：是書未可遽以問世也，姑以私便檢閱、自備遺忘，藏之家塾以課弟子已耳。適予友朱子聖懷亦寄予《明紀鈔略》一編，遂續輯而並付之梓，再閱歲工始竣。二子復謂予曰：若得大人先生序引，則是書可行且能及遠。予謂既無卓絕千古之識論定百代之興亡，復鮮著作辯論之才品騭人事之得失，而徒沾沾於句櫛字比，審言訓義之末，是殆兔園學究之所為，行且不能，向望及遠！顏曰『易知錄』。同予之拙者幾人？鮮不病予之簡而笑予之陋也。康熙五十年秋七月十五日山陰吳乘權楚材題於尺木堂。

按：是書為乘權與周之炯（字靜專）、周之燦（字星若）兄弟合編，包括《綱鑑易知錄》九十五卷，《明鑑易知錄》十二卷，共一百七卷。

## 戴名世案件始起

《清聖祖實錄》卷二四八，康熙五十年十月丁卯：都察院左都御史趙申喬，疏參翰林院編修戴名世妄竊文名、恃才放蕩。前為諸生時，私刻文集，

肆口遊談，倒置是非，語多狂悖。今身膺恩遇，叨列巍科，猶不追悔前非，焚削書板。似此狂誕之徒，豈容濫廁清華，祈敕部嚴加議處，以爲狂妄不謹之戒。得旨：這所參事情，該部嚴察審明具奏。

## 1712 年　清聖祖康熙五十一年　壬辰

### 戴名世案情惡化

　　《清聖祖實錄》卷二四九，康熙五十一年正月丙午：刑部等衙門題察審戴名世所著《南山集》、《孑遺錄》，內有大逆等語，應即行淩遲。已故方孝標所著《滇黔紀聞》內，亦有大逆等語，應銼其屍骸。戴名世、方孝標之祖父子孫兄弟，及伯叔父兄弟之子年十六歲以上者，俱查出解部，即行立斬。其母女妻妾姊妹、子之妻妾、十五歲以下子孫、伯叔父兄弟之子，亦俱查出，給功臣家爲奴。方孝標歸順吳逆，身受僞官，迨其投誠，又蒙恩免罪，仍不改悖逆之心，書大逆之言。今該撫將方孝標同族人，不論服之已盡未盡，逐一嚴查，有職銜者盡皆革退。除已嫁女外，子女一併即解到部，發與烏喇、寧古塔、白都納等處安插。汪灝、方苞爲戴名世悖逆書作序，俱應立斬。方正玉、尤雲鶚聞拏自首，應將伊等妻子一併發寧古塔安插。編修劉巖雖不曾作序，然不將書出首，亦應革職，僉妻流三千里。上曰：此事著問九卿具奏。案內方姓人，俱係惡亂之輩。方光琛投順吳三桂，曾爲僞相，方孝標亦曾爲吳三桂大吏。伊等族人，不可留本處也。

### 清官修《歷代紀事年表》

　　《四庫全書總目》卷五〇，別史類：《欽定歷代紀事年表》一百卷，康熙五十一年聖祖仁皇帝御定。初，康熙四十六年聖駕南巡，布衣龔士炯獻《歷代年表》，所載至隋而止，乃詔工部侍郎周清源重修；未蕆事而清源歿，復詔內閣學士王之樞賡修，而以清源子嘉禎佐之，乃相續成編。所載事跡，上起帝堯元載甲辰，下迄元順帝至正二十八年戊申，首末凡三千七百二十五年。其表以年爲經，以國爲緯，維以正統居第一格，爲全書之通例。其餘時殊世異，不可限以一法，則每代變例，而各以例說繫表首。

## 1713 年　清聖祖康熙五十二年　癸巳

### 戴名世「史獄」結案

　　《清聖祖實錄》卷二五三，康熙五十二年二月乙卯：大學士等以刑部等

衙門審擬戴名世私造《南山集》，照大逆例淩遲一案，請旨。上諭曰：戴名世從寬免淩遲，著即處斬。方登嶧、方雲旅、方世樵俱從寬免死，並伊妻子充發黑龍江。此案內干連人犯，俱從寬免治罪，著入旗。

蕭穆《敬孚類稿》卷十，《戴憂庵先生事略》：康熙五十二年，歲在癸巳二月初十日，戴憂庵先生伏法於京師，其從弟輔世扶梓歸葬桐城南山岡硯莊之陽。當時以先生觸忌諱得罪，傳狀銘幽之文闕焉。迄今百四十餘年，墓道荒蕪，父老過客且有不識為誰氏之冢，特其文名尚為四方學者所稱道。然其淺者，但知先生舉業之文，稍深者亦僅知先生之古文而已。至其生平留心先朝文獻，嘗以有明一代之史事為己任，與其遺事，概未嘗聞，且多附會謬妄失實之說。……先生姓戴氏，諱名世，字田有，一字褐夫，號藥身，又自號憂庵。身後，鄉先輩及四方學者皆稱之曰「宋潛虛先生「，以宋為戴族所自出也。……蓋先生少即以《明史》自任，嘗遍訪遺書，網羅故老傳聞，欲以成一家之言。……先生於經，持論平允多類此，而生平最精者尤為史學。

# 1714年 清聖祖康熙五十三年 甲午

## 王鴻緒進上所纂《明史列傳》

《清聖祖實錄》卷二五八，康熙五十三年三月丁巳：原任戶部尚書王鴻緒，進所撰《明史列傳》二百八卷，命交明史館。

王鴻緒進《明史列傳》奏疏（載《橫雲山人明史稿》卷首）：原任經筵講官、戶部尚書加七級臣王鴻緒謹奏：為恭呈《明史列傳》全稿、仰祈聖鑒事。竊惟臣一介賢儒，毫無學識，荷蒙聖恩拔擢，濫列詞林。恭遇我皇上稽古右文，特徵宏博之才，爰輯有明之史。臣以現居館職，遴預分編。旋蒙特命臣湯斌、臣徐乾學、臣鴻緒同充總裁官，偕先總裁臣葉方藹、臣張玉書互相參訂，朝夕編摩，不敢懈逸。祇因明代傳國既久，朝野記載實繁，蒐討難周，刪潤不易，間成數卷，未獲全書。及臣回籍多載，仰荷恩名，垂領史局，而前此纂輯諸臣已罕存者，惟大學士臣張玉書為監修，尚書臣陳廷敬為總裁。臣以淺學，參預其間，方懼不克勝任，難以上副主知。乃復荷特賜敕諭，勉勵有加，益增愧悚。時公議臣玉書任志書，臣廷敬任本紀，臣任列傳，各書一類，然後會校。臣以食俸居京，比二臣得有餘暇，刪繁就簡，正謬訂訛。為是數年，彙分卷次。而大學士臣熊賜履續奉監修之命，徵臣列傳諸稿，即備錄以往，仍具陳缺略者尚須撰補，成篇者尚待校讎。後臣賜履具摺進呈，

臣玉書、臣廷敬及臣皆未參閱，夙夜循思，惟恐臣稿尚多舛誤，賜履未及釐正，有負皇上任使至意，咎何可辭！自蒙恩歸田，欲圖報稱，稍盡臣職，因重理舊編，搜殘補闕，薈萃其全，復經五載，始得告竣，共大小列傳二百五卷。其間是非邪正，悉據已成之論，不敢稍任私心臆見。但年代久遠，傳聞異辭，臣未敢自信爲是。伏惟我皇上文武聖神，聰明睿知，建千古未有之豐功峻德，煥千古未有之製作文章，比年內府諸書刊行天下，無不欽爲瑰寶，而史紀勝國之興亡，尤爲世所欲覩者，《明史》之成，端在今日。臣本乏文采，第以祗承簡命，前後編纂三十餘年，幸邁昌期，不辭蕪陋，謹繕寫列傳全稿，裝成六套，令臣子現任戶部四川司員外郎臣王圖煒恭齋進呈御覽，伏冀萬幾餘暇，特賜省觀，並宣付史館，以備參考。倘百謬之中或有一是可採，則於史書不無小補，而臣之寸心亦獲稍安，感戴弘仁永永無極矣。至於卷帙浩繁，鈔錄不能無誤，雖屢經校改，恐難淨盡，仰祈聖慈寬宥，臣不勝惶悚待命之至。謹奏。康熙五十三年三月十一日。

### 胡渭（1633～1714）卒

《清史列傳》卷六八，《胡渭傳》：胡渭，初名渭生，字朏明，浙江德清人。……渭著《禹貢錐指》二十卷，圖二十七篇。謂漢唐二孔氏、宋蔡氏於地理多疏舛，……及博稽載籍，考其同異，而折衷之，山川形勢，郡國分合同異，道里遠近平險，討論詳明。宋以來傅寅、程大昌、毛晃而下注《禹貢》者數十家，精覈典贍，此爲之冠。……康熙四十三年，聖祖仁皇帝南巡，渭以《禹貢錐指》獻行在，御覽嘉獎。……五十三年卒，年八十二。

## 1717年　清聖祖康熙五十六年　丁酉

### 楊陸榮撰成《三藩紀事本末》

楊陸榮《三藩紀事本末敘》：闖成肆逆，禍及君后，明之子孫臣庶不能討，聖朝今萬古君臣之義，不可不正。赫怒興師，逆成西竄，勝朝不共之仇，藉以復焉。眞人出而大難平，乾坤之位定矣。有明諸藩，誠思復仇之大德，痛餘氛之未除，憑藉威靈，共剪殘孽，迨乎罪人斯得，藉土來歸，庶几上順天心、下從民願，度德量力，計無逾此。昔殷辛失德，微子抱器歸周，夫子刪《書》，不以微子不正位號爲罪，而亟稱之曰「仁」。當是時，取殷之天下者，周也，視聖朝之取天下於闖，而且爲明之子孫臣庶復不共之仇者，彼此相衡，判若天壤，乃微子可以歸周，諸藩顧思僭號自立，仁者固如是乎？秦人失鹿，

楚人攫之，與楚人爭之可也，與攫楚之人爭之不可也，何也？義不可也。且向也以全盛之天下授之群盜，今也以破殘之疆土衡抗天朝，天既厭明德，尚思鋌而走險，豈惟違乎仁、悖乎義云爾哉，抑亦不智甚矣。然猶藩之者何也？曰：不沒其實，正所以不予其僭也。其實藩也，則明之祖宗未嘗以統授之也，明之百姓未嘗以統歸之也。上不以統授，下不以統歸，而妄干大號，是僭而已矣。僭竊之人，王法之所不宥，然則諸藩之隨起隨滅，身膏斧鑕，亦其自取焉爾。若夫擁立諸臣，獨無罪乎？夫伊尹五就、管仲一匡，苟審所憂負而為之，君子且不以為過。不然，則首陽餓夫，不聞佐武庚以倡亂也。審此而諸臣之為功為罪，瞭如指掌矣。酉春多暇，檢閱遺編，凜大命之莫干，悼王行之自絕，因類次其事而書之卷首。時康熙五十六年歲次丁酉仲春下浣青浦楊陸榮採南氏書。

## 孫鋐主筆編纂《孔宅志》成書

王昶《青浦詩傳》卷二一：孫鋐，字思九，號雪窗。由華亭縣附生入貢。……一字思遠。豪於貲，修孔宅，輯志書以誌之。……又出徐建庵尚書、汪堯峰編修之門。……同黃奕藻輯《皇清詩選》，雅鄭雜成，頗嫌蕪穢。……

光緒《青浦縣志》卷十九，《人物三‧文苑‧孫鋐傳》：孫鋐，字思九。由華亭附生入太學，有名春藻、大雅兩社中。稍長，從汪琬、徐乾學、宋實穎遊。性好客，一時名士無不與文酒交。嘗輯《皇清詩選》兩集，至千有餘家。琉球國購得之，其國王及臣以詩寄鋐，乞選入集，蓋行遠若此。孔宅久廢不修，康熙中，聖祖巡幸松江至青浦，鋐偕諸生敬請宸藻表揚，得旨。於是外建碑亭，中建御書樓，殿閣廊廡煥然鼎新，並輯《孔宅志》。衍聖公孔某題授國子監典籍，不赴。年六十八，卒。

按：《青浦縣志》稱孫鋐「題授國子監典籍，不赴」，非也，據《孔宅志》內記載，應是授國子監典籍銜，仍在原籍主筆纂修《孔宅志》，非實授官職。

孔毓圻《孔宅志‧序》（載本書卷首）：欽惟我皇上化洽寰宇，治超隆古，危微精一，衍十六字之心傳；宿寐羹牆，接五千年之道統。敷政先之敷教，博采諸儒，作君兼以作師，尤崇至聖。……惟茲孔宅，昉自隋朝，由先太傅因避地而卜居，暨家長史奉遺珍而設家，衣冠儼在，如披麟紱。譜牒昭垂，爰紀象環之珮；講筵具舉，何異絲竹之堂；寢廟不衰，依然洙水松楸之地。乃勝蹟久留僻壤，而闡揚猶待熙朝。歲維乙酉，駕幸三江，紫蓋東來，

轉龍鯿於歇浦；翠華南指，移風艦於茸城。子衿拜手，以陳詞敢邀睿藻，羽衛停橈，而清問丕煥。龍章體勢，莊嚴垂露懸鍼之筆；規模宏整，編珠綴玉之文。區列四言，璿題璀璨，聯成廿字繡礎輝煌。識化育之均施，瞻依備切；念蒸嘗之永守，睠顧偏隆。在韋布欲行之志，遇聖主而畢張，舉東周莫殫之功，入本朝而大備。臣毓圻忝屬苗裔，尤深感激。惟茲臣庶，悉效歡呼，從此九峰增翠，遠連文檜以寵縱；三泖流芳，長接智源之溢湧。豈止一隅之巨典，實為九有之鴻庥。臣毓圻世守東家，常瞻南服，芹香藻采，恍遊大雅之林，乾象坤儀，用志盛時之事，爰徵博文之彥，修成傳信之書。仰頌皇仁，敷颺祖澤。惟是群黎百姓，如七十子之歸誠，侯甸要荒，等三千賢之秉教。讚頌無由，稱揚莫罄，編年紀月，訖聲教於南朔東西，頌德歌功，綿寶曆於百千萬億。謹序。　孔子六十七代孫太子少師襲封衍聖公孔毓圻拜手稽首撰。

孫鉉等諸生《呈文》（載本書卷首）：具呈：江南松江府青浦縣貢監生員孫鉉、張元灝、黃宗琬、諸宏謙、朱枚吉、孫德溥、陸思恃、李棟等，呈為恭呈《孔志》、具復改祠以廣皇仁、以弘聖澤事。恭照青浦縣北郊九里，地名孔宅，悉至聖先師孔子三十四代孫諱禎，奉至聖衣冠環璧築墓建祠，春秋奉祀。宋元以來，子孫悉已東歸，合邑士子相沿修茸祭祀。康熙四十四年春，聖祖仁皇帝南巡幸松，特賜匾額對聯，表彰聖蹟。衍聖公感頌聖恩，纂修《孔宅志書》恭記聖德。康熙五十六年告成，六十一年剞劂工竣。雍正元年，欽奉皇上恩旨，追封聖祖五代王爵，敕諭國學、闕里以及直省府州衛學，啟聖祠俱改建為崇聖祠。……先將《孔宅志書》恭呈憲覽。今奉聖恩追封聖祖及改建崇聖祠，俟續纂志書刻竣，備文起送。有此連名上呈。　雍正二年二月初二日　具。

按：青浦縣（今歸上海市）自宋元以來傳說有孔子衣冠墓，雖鄉紳間或修茸祭祀，但從未得歷代朝廷認可。康熙四十四年，康熙帝南巡，當地儒生孫鉉組織30多人聯名上書，遞送資料，恭請康熙帝表彰孔宅。康熙帝手書「聖蹟遺徵」匾額和對聯「澤衍魯邦，四海人均化育；裔分吳會，千秋世永烝嘗」。於是孔宅藉此大興土木，並且纂修《孔宅志》一書。該書由孫鉉為第一執筆人，實為規格極高的官修史志，衍聖公孔毓圻及省級官員若干為總裁，府縣官員為提調。康熙末刻竣，而雍正初又補添部分內容。但乾隆年間纂修《四庫全書》，考據學興盛，四庫館臣認為青浦縣孔子衣冠墓乃無稽之談，此應得

到乾隆帝認可，但難以明糾康熙帝之失誤，故極可能暗中收繳和毀棄了《孔宅志》，觀《四庫全書總目》（存目）對《孔宅志》所作提要之荒謬錯誤，有故意製造混亂之嫌。日本國會圖書館尚藏有此書全本，該書裝訂爲六冊，分卷首、卷一至卷八、卷末。卷首在全書六冊獨佔二冊，內容豐富，有特殊史料價值。

# 1718 年　清聖祖康熙五十七年　戊戌

## 康熙帝下令裁撤起居注館

《康熙起居注》五十七年三月初三日壬子（康熙帝諭旨）：自古以來，設立起居注，立數月而廢者有之，立一二年而廢者有之，未有如朕設立久者，今觀記注官內年少微員甚多，皆非經歷事體之人。伊等自顧不暇，豈能詳悉記朕之言？或有關大臣之事央求於彼，即行任意粉飾，將朕之旨愈致錯誤，不能詳記者甚多。記注之事關係甚重，一言失實，即啓後世之疑，即如趙熊詔，亦曾私自抄錄。若朕設立起居注閱一二年即行裁革，或疑朕畏他人議論是非。朕御極已五十七年，與自古在位未久者不同，是非無煩爾等記注，此衙門甚屬無益。爾等會同九卿，將作何裁革之處，詳議具奏。

# 1722 年　清聖祖康熙六十一年　壬寅

## 康熙帝令重新議定歷代帝王祀典

《清聖祖實錄》卷二九二，康熙六十年四月丙申：諭大學士等：朕披覽史冊，於前代帝王每加留意。書生輩但知譏評往事，前代帝王雖無過失，亦必刻意指謫，論列短長，全無公是公非。朕觀歷代帝王廟所崇祀者，每廟不過一二位，或廟享其子而不及其父，或配享其臣而不及其君，皆因書生妄論而定，甚未允當。況前代帝王曾爲天下主，後世之人俱分屬臣子，而可輕肆議論、定其崇祀與不崇祀乎！今宋明諸儒，人尚以其宜附孔廟奏請，前代帝王既無後裔，後之君天下繼其統緒，即當崇其祀典。朕君臨宇內，不得不爲前人言也。朕意以爲凡曾登位，除無道、被弒、亡國之主外，應盡入廟崇祀。爾等將朕此旨錄出，公同從容詳議具奏。

## 清廷設實錄館編纂《清聖祖實錄》

《清世宗實錄》卷二，康熙六十一年十二月乙亥：命大學士二等伯馬齊，爲聖祖實錄館監修總裁官。吏部尙書一等公舅舅隆科多、大學士嵩祝、白潢、

吏部尙書張鵬翮爲總裁官。禮部尙書張廷玉、都察院左都御史朱軾、兵部侍郎勵廷儀、阿克敦、內閣學士額黑納、登德爲副總裁官。又諭：承修皇考實錄之事，所關甚屬緊要，所派大臣官員內有陞轉者，著仍兼理行走。若有陞轉外省者，其員缺著即奏聞。

# 1723 年　清世宗雍正元年　癸卯

## 王鴻緒再進《明史稿》

王鴻緒《明史稿》卷首，《進呈明史稿疏》：省方盛典總裁、尙書加七級，臣王鴻緒謹奏：爲欽奉先帝敕書，總裁明史，今已告竣，恭呈御覽，仰祈睿鑒事……迨四十八年春，奉旨以原官解任回籍，遂發列傳史稿細加刪潤，於五十三年進呈先帝，蒙俞旨宣付史館。隨於五十四年春特召來京，修《御纂詩經》告竣，又蒙先帝點充《省方盛典》總裁。今書編成多卷，俟公閱後啓奏外，惟《明史》止存臣一人，而本紀、志、表具未有成稿。臣夙夜纂輯，彙成全史，以仰副先帝之明命。計自簡任總裁，閱歷四十二年，或筆削乎舊文，或輔綴其未備，或就正於明季之老儒，或咨訪於當代之博雅，要以恪遵敕者，務出至公，不敢無據而作。今合訂紀、志、表、傳共三百零十卷，謹錄呈御覽。伏惟皇上學貫天人，博極經史，以臣之見識短淺，文詞無陋，自愧難以行遠。異日弘開館局，重定信史，臣專或可備參考之萬一而已。但卷帙浩繁，繕寫多人，雖經較閱，不無謬誤。伏祈聖明涵宥。又臣筋力衰頹，耳漸重聽，恐啓奏時失儀，故循例齎本與書投通政司轉送內閣，合併奏明。

按：王氏此奏疏之末注明：「雍正元年六月十七日具本並全史八套，投通政司轉送內閣。內閣將本翻譯於二十日送進御前。七月十七日紅本房將本發出內閣，十八日，內閣將本並全史八套交《明史》館收儲。」王氏注明如此情節，意在顯示其得到朝廷認可與重視。

## 四月，恢復起居注館

《清世宗實錄》卷六，雍正元年四月乙丑：諭翰林院：自古帝王臨朝施政右史記言、左史記動，蓋欲使一舉動、一出言之微，無不可著爲法則，垂範百世也。皇考聖祖仁皇帝英年踐阼，即設日講起居注官……皇考聖祖仁皇帝謙德彌光、聖不自聖，惟恐史官或多溢美之詞，故康熙五十六年以後，裁省記注。……朕纘承大統，夙夜兢業，日昃不遑，思所以上繼皇考功德之隆，

下致四海晏安之治。顧惟涼德，深懼負荷之難，今御門聽政之初，益當寅畏小心，綜理庶事，咸期舉措允宜。簪筆侍臣，何可闕歟，當酌復舊章。於朕視朝臨御，祭祀壇廟之時，今滿漢講官各二人侍班，不獨記載諭旨政務，或朕有一言之過、一事之失，皆必據實書諸簡策，朕用以自警，冀寡悔尤，庶幾凜淵冰之懷，以致久安，慎樞機之動，以圖長治。其仍復日講起居注官，如康熙五十六年以前故事，爾衙門即遵旨行。

### 七月，恢復《明史》之纂修

《清世宗實錄》卷九，雍正七月壬寅：以舅舅公隆科多、大學士王頊齡爲《明史》監修官，署理大學士事務工部尙書徐元夢、禮部尙書張廷玉、左都御史朱軾、翰林院侍講學士覺羅逢泰爲總裁官。

### 恢復國史館編纂國史

《清世宗實錄》卷一一，雍正元年九月丙午，諭內閣：朕惟我太祖高皇帝天錫智勇，肇造鴻基。太宗文皇帝纘業恢圖，布昭聖武。世祖章皇帝統一寰區，功成治定。其時內外文武、勳舊臣工，戡亂效力，茂著厥功。皇考聖祖仁皇帝特敕內閣、翰林院諸臣，纂修三朝國史，用揚列聖之鴻謨，並及諸臣之勞績。迄今尙未編輯，矧惟聖祖仁皇帝垂統六十餘年，以守兼創，恩澤聲教，遠及海外絕域，德業之盛。超於百世。凡於指授所及，能顯立功勳，誠敬任事之大臣，與夫軼群出眾有才之人，若不及今博采聞見，薈萃成編，恐閱世久遠，或致闕略。著將國初以來文武諸臣內，立功行間，誠敬任事，卓越之才，有應傳述者，行文八旗將諸王、貝勒、貝子、公、以及文武大臣之冊文、誥敕、碑記、功牌、家傳等項，詳加查核，暨有顯績可紀者，亦著詳察，逐一按次彙成文冊，悉付史館，刪去無稽浮誇之詞，務採確切事實，編成列傳。如此可以垂之萬世，庶爲國家宣力有功之大臣不致泯沒矣。

《清世宗實錄》卷一三，雍正元年十一月戊子：大學士等遵旨議奏：國史紀載，傳信萬世。應將太祖、太宗、世祖、聖祖四朝有功任事之臣，博采見聞，查核一切檔冊，陸續作傳。其滿漢監修副總裁等官，恭候欽定。得旨：著修《聖祖仁皇帝實錄》之大臣等兼修，翰林纂修官著另派。

## 1724年　清世宗雍正二年　甲辰

### 續修《大清會典》

《清世宗實錄》卷一九，雍正二年閏四月丁丑：總理事務王大臣等議覆。

禮部侍郎蔣廷錫奏請纂修《大清會典》。按本朝會典自崇德元年起，至康熙二十五年止，已刊刻成書。其後四十年來所定章程，未經編輯，應如所請。自康熙二十六年至雍正二年，各部院衙門所定禮儀條例，俟開館後造冊送館編輯。其總裁、纂修官員並開館事宜，請俟命下遵行。從之。

《清世宗實錄》卷二〇，雍正二年五月丙寅：命吏部尚書舅舅隆科多、戶部尚書張廷玉、左都御史尹泰、朱軾，爲纂輯《大清會典》總裁官。吏部侍郎史貽直、禮部侍郎蔣廷錫、兵部侍郎伊都立、內閣學士福敏、翰林院掌院學士阿克敦，爲副總裁官。

### 建昭忠祠且編輯《功臣傳》（又稱《昭忠列傳》）

《清史稿》卷八七，《禮志六》：雍正二年諭曰：「《周禮》有司勳之官，凡有功者，書名太常，祭於大蒸。《祭法》：『以死勤事則祀之』。於以崇德報功，風屬忠節。自太祖創業後，將帥之臣，守土之官，沒身捍國，良可嘉憫。允宜立祠京邑，世世血食，其偏裨士卒殉難者，亦附祀左右。褒崇表闡，俾遠近觀聽，勃然可生忠義之心，並爲立傳，垂永久。」

《皇朝文獻通考》卷一二一，《群廟考三·諸臣祠》：雍正二年十月癸未，敕建昭忠祠。是日，世宗憲皇帝諭九卿、翰詹、科道，朕惟《周禮》有司勳之官，凡有功者書名太常，祭於大蒸。《祭法》曰：以死勤事，則祀之。凡以崇德報功，風勵忠節也。

《欽定大清會典事例》卷八六五，《工部·群祠》：雍正二年，建昭忠祠於崇文門內、就日坊之西，南向，圍垣一重，大門五間，中三門三階……

《國朝宮史》卷二八，《書籍七》：世宗憲皇帝命建昭忠祠，凡國家抒忠效命之臣。自王、公、大臣至兵丁，皆得入祀。纂輯其事跡始末爲《功臣傳》。

## 1726年　清世宗雍正四年　丙午

### 雍正帝親自發起查嗣庭文字獄案

《清世宗實錄》卷四八，雍正四年九月乙卯：諭內閣、九卿、翰詹科道等：查嗣庭向來趨附隆科多，隆科多曾經薦舉，朕令在內廷行走，授爲內閣學士。後見其語言虛詐，兼有狼顧之相，料其心術不端，從未信任。及禮部侍郎員缺需人，蔡珽又復將伊薦舉。今歲各省鄉試屆期，朕以江西大省，需得大員以典試事，故用伊爲正考官。今閱江西試錄所出題目，顯露心懷怨

望、譏刺時事之意，料其居心澆薄乖張，必有平日紀載。遣人查其寓所及行李中，則有日記二本，悖亂荒唐，怨誹捏造之語甚多。又於聖祖仁皇帝之用人行政，大肆訕謗，以翰林改授科道為可恥，以裁汰冗員為當厄，以欽賜進士為濫舉，以戴名世獲罪、為文字之禍……今若但就科場題目加以處分，則天下之人，必有以查嗣庭為出於無心，偶因文字獲罪，為伊稱屈者。今種種實蹟現在，尚有何辭以為之解免乎？……臣下有負朕恩者，往往自行敗露，蓋普天率土，皆受朝廷恩澤，咸當知君臣之大義，一心感戴。若稍萌異志，即為逆天，逆天之人，豈能逃於誅戮？報應昭彰，纖毫不爽，諸臣勉之戒之。查嗣庭，讀書之人，受朕格外擢用之恩，而伊逆天負恩，譏刺咒詛，大幹法紀。著將查嗣庭革職拏問，交三法司嚴審定擬。

# 1727 年　清世宗雍正五年　丁未

## 查嗣庭獄案定讞

《清世宗實錄》卷五七，雍正五年五月壬戌：內閣等衙門議奏：查嗣庭蒙恩擢用，歷官至禮部侍郎，陰懷二心，忍行橫議。臣等謹將查嗣庭所著日記悖逆不道大罪，並夤緣請託關節私書，逐款究審。嗣庭亦俯首甘誅，無能置喙。除各輕罪不議外，應照大逆律凌遲處死。今已在監病故，應戮屍梟示。查嗣庭之兄查慎行、查嗣瑮、子查澐、侄查克念、查基，應斬立決。查嗣庭之子查克上，在監病故。次子查長椿、查大梁、查克纘、侄查開、查學，俱年十五以下，應給功臣之家為奴。所有財產查明入官。得旨：查嗣庭著戮屍梟示，伊子查澐改為應斬監候。查慎行年已老邁，且家居日久，南北相隔路遠，查嗣庭所為惡亂之事，伊實無由得知。著將查慎行父子俱從寬免，釋放回籍。查嗣庭之胞兄查嗣瑮、胞侄查基，俱免死流三千里。案內擬給功臣之家為奴各犯，亦著流三千里。其應行拏解之犯，該撫查明，一併發遣。查嗣庭名下應追家產，著變價留於浙江，以充海塘工程之用。

## 命編纂《八旗通志》

《清世宗實錄》卷六三，雍正五年十一月庚申，又諭：朕惟……今各省皆有志書，惟八旗未經紀載。我朝立制，滿洲、蒙古、漢軍，俱隸八旗，每旗自都統、副都統、參領、佐領，下逮領催、閒散人，體統則尊卑相承，形勢則臂指相使，規模宏遠，條理精密，超越前古，豈可無以紀述其盛？況其間偉人輩出，樹宏勳而建茂績，與夫忠臣、孝子、義夫、節婦，潛德幽光，

足爲人倫之表範者不可勝數。若不爲之探撅薈萃，何以昭示無窮！朕意欲論述編次，彙成八旗志書。年來恭修《聖祖仁皇帝實錄》，今已漸次告成，即著諸總裁官領其事，選滿漢翰林分纂。其滿洲、漢軍內有通曉漢文而學問優長、堪備纂修之任者，無論進士、舉人、貢監、生員以至閒散人等，俱著該旗都統、副都統保送，但勿徇情濫舉，以副朕慎重著述之至意。

# 1728 年　清世宗雍正六年　戊申

## 曾靜投書案發

《清代文字獄檔》（上海書店 1986 年版下冊）第九輯：陝西總督臣岳鍾琪謹奏：爲冒昧密陳，懇祈恩鑒事。竊臣於九月二十六日巳刻拜回署，署前西街有人持書趨向臣輿，被從人呵止。臣見其形貌不似投書官役，令接書入輿。閱封面題籤，稱臣係天吏元帥。臣甚爲驚訝，當將其人交巡捕看守，隨入署密拆，內寫南海無主游民夏靚，遣徒張倬上書，其中皆詆毀天朝，言極悖亂。且謂臣係宋武穆王岳飛後裔，今握重兵，居要地，當乘時反叛，爲宋、明復仇等語。臣不敢卒讀，亦不忍詳閱，惟有心摧目裂，髮上衝冠，恨不立取逆獸夏靚，烹食其肉……爲此密懇聖恩，准將張倬解送到京，請敕親信大臣設法細訊，務得其實，以便就近請旨，緝拿同黨，庶事機可密，完結亦速，不至久羈時日矣。……謹會同撫臣西琳，冒昧據實繕摺密奏，伏乞皇上睿鑒施行。爲此謹奏請旨。雍正六年九月二十八日。

《清代文字獄檔》（上海書店 1986 年版下冊）第九輯載《上諭（繳回朱批檔）和碩怡親王、大學士張、蔣，字寄浙江總督李》：雍正六年十月初九日奉上諭：岳鍾琪處有投書之奸民，始初不肯供出夥黨之姓名，後被岳鍾琪設計發誓引誘，始陸續供出十餘人。其在楚省者，已差人前往查拿，可將供出浙江之人開出，令李衛密行緝捕，明白究問。並將所供別省之人亦開單內，令李衛知之。總之查拿匪類，以速愼爲要，正犯勿使漏網，無辜不可拖累。又奸民口中供出浙江呂留良等，可將岳鍾琪奏摺抄寄李衛，一一研究，並查其書籍。倘夥賊既獲之後，再當詰問黨羽，其應行拘緝者，即著李衛一面辦理，一面奏聞。欽此遵旨，寄信前來。並將岳總督奏摺及名單抄錄，馳寄總督。可遵旨愼寄，速行辦理，切切！十月初十日。

# 1729 年　清世宗雍正七年　己酉

## 陸生楠《通鑑論》獄案

　　《清世宗實錄》卷八三，雍正七年七月丙午：諭內閣：據順承郡王錫保奏稱，在軍前效力之陸生楠，細書《通鑑論》十七篇，抗憤不平之語甚多，其論封建之利，言詞更屬狂悖，顯係誹議時政。……此真逆性由於夙成，狡惡因之紛起，誠不知天命而不畏，小人中之尤無忌憚者也。陸生楠罪大惡極。情無可逭。朕意欲將陸生楠於軍前正法。以為人臣懷怨誣訕者之戒。著九卿翰詹科道、秉公定擬具奏。

　　《清世宗實錄》卷八九，雍正七年十二月壬戌，刑部等衙門議奏：陸生楠借論《通鑑》，妄抒譏訕；謝濟世批點《大學》，肆行詆謗，悖逆已極。經臣等審明定罪，奉旨交與振武將軍順承郡王錫保，將陸生楠、謝濟世逐一嚴訊……得旨：陸生楠、著交與該將軍，於軍前即行正法。其父母祖孫兄弟，俱從寬免其流徙。謝濟世從寬免死，交與順承郡王錫保，令當苦差效力贖罪。其妻子家產免其入官。餘依議。

## 曾靜投書案轉為呂留良文字獄

　　《清世宗實錄》卷八一，雍正七年五月乙丑：……據曾靜供稱：前因輕信呂留良邪說，被其蠱惑。……搜查呂留良、嚴鴻逵、沈在寬家藏書籍，所獲日記等逆書並案內人犯，一併拏解赴部，命內閣九卿等先將曾靜反覆研訊，並發看呂留良日記等書。據曾靜供稱，前因輕信呂留良邪說，被其蠱惑，兼聞道路浮言，愈生疑罔，致犯彌天重罪。今蒙一一訊問，並發看呂留良日記等書，極其狂悖，又知聖朝深恩厚澤，皇上大孝至仁，心悅誠服，自悔從前執迷不悟，萬死莫贖，今乃如夢初覺等語。因俯首認罪，甘服上刑。內閣九卿等備錄供詞，進呈御覽。上諭內閣九卿等：「……詎意逆賊呂留良者悍戾凶頑，好亂樂禍，自附明代王府儀賓之孫，追思舊國，憤懣詆譏。夫儀賓之後裔，於親屬至為疎賤，何足比數。且生於明之末季，當流寇陷北京時，呂留良年方孩童。本朝定鼎之後，伊親被教澤，始獲讀書成立，於順治年間應試，得為諸生。嗣經歲科屢試，以其浮薄之才，每居高等，盜竊虛名，誇榮鄉里。是呂留良於明，毫無痛癢之關其本心，何曾有高尚之節也。乃於康熙六年，因考試劣等，憤棄青衿，忽追思明代，深怨本朝。後以博學鴻詞薦，則詭云必死以山林隱逸，薦則薙髮為僧。按其歲月，呂留良身為本朝諸生十餘年之

久，乃始幡然易慮，忽號為明之遺民，千古悖逆反覆之人，有如是之怪誕無恥、可嗤可鄙者乎！自是著邪書、立逆說，喪心病狂，肆無忌憚……呂留良生於浙省人文之鄉，讀書學問，初非曾靜山野窮僻、冥頑無知者比。且曾靜止譏及於朕躬，而呂留良則上誣聖祖皇考之盛德，曾靜之謗訕，由於誤聽流言。而呂留良則自出胸臆，造作妖妄。是呂留良之罪大惡極，誠有較曾靜為倍甚者也。……曾靜逆書，朕已洞悉，知外間逆黨頗眾，竟有散佈訛言，希圖構亂者。然其所詆惟朕之一身，朕可以己意自為判定歸結。若如呂留良之罪大惡極，獲罪於聖祖在天之靈者，至深至重，即凡天下庸夫、孺子，少有一線之良，亦無不切齒而豎髮，不欲與之戴履天地。此亦朕為臣子者，情理之所必然。應將已故逆賊呂留良及現在子孫、嫡親弟兄子姪，照何定律治罪之處，著九卿、翰詹、科道會議，直省督撫、提督兩司，秉公各抒己見，詳覈定議具奏。」

## 雍正帝因曾靜、呂留良案暢論「帝王大一統」

《清世宗實錄》卷八六，雍正七年九月癸未論諸王文武大臣等：自古帝王之有天下，莫不由懷保萬民，恩加四海，膺上天之眷命，協億兆之歡心，用能統一寰區，垂麻奕世。蓋生民之道，惟有德者可為天下君，此天下一家，萬物一體，自古迄今，萬世不易之常經，非尋常之類聚群分，鄉曲疆域之私衷淺見所可妄為同異者也。《書》曰：「皇天無親，惟德是輔」，蓋德足以君天下，則天錫祐之以為天下君，未聞不以德為感孚，而第擇其為何地之人而輔之之理。又曰：「撫我則后，虐我則仇」，此民心向背之至情，未聞億兆之歸心，有不論德而但擇地之理。又曰：「順天者昌，逆天者亡」，惟有德者乃能順天之所與，又豈因何地之人而有所區別乎！我國家肇基東土，列聖相承，保乂萬邦，天心篤祐，德教宏敷，恩施遐暢，登生民於袵席，遍中外而尊親者，百年於茲矣。夫我朝既仰承天命，為中外臣民之主，則所以蒙撫綏愛育者，何得以華夷而有殊視！而中外臣民，既共奉我朝以為君，則所以歸誠效順，盡臣民之道者，尤不得以華夷而有異心。此揆之天道，驗之人理，海隅日出之鄉，普天率土之眾，莫不知大一統之在我朝，悉子悉臣，罔敢越志者也。……今逆賊等，於天下一統、華夷一家之時，而妄判中外，謬生忿戾，豈非逆天悖理，無父無君，蜂蟻不若之異類乎！且以天地之氣數言之，明代自嘉靖以來君臣失德，盜賊四起，生民塗炭，疆圉靡寧。其時之天地，可不謂之閉塞乎！本朝定鼎以來，掃除群寇，寰宇乂安，政教興修，文明日盛，

萬民樂業，中外恬熙。黃童白叟，一生不見兵革。今日之天地清寧，萬姓沾恩，超越明代者，三尺之童，亦皆洞曉，而尚可謂之昏暗乎！夫天地以仁愛為心，以覆載無私為量，是以德在內近者，則大統集於內近，德在外遠者，則大統集於外遠。孔子曰：「故大德者必受命」，自有帝王以來，其揆一也。……且聖人之在諸夏，猶謂夷狄為有君，況為我朝之人親被教澤，食德服疇，而可為無父無君之論乎。韓愈有言：「中國而夷狄也，則夷狄之；夷狄而中國也，則中國之。」歷代以來，如有元之混一區宇，有國百年，幅員極廣，其政治規模頗多美德，而後世稱述者寥寥。其時之名臣學士，著作頌揚，紀當時之休美者，載在史冊，亦復燦然具備，而後人則故為貶詞，概謂無人物之可紀、無事功之足錄。此特懷挾私心，識見卑鄙之人，不欲歸美於外來之君，欲貶抑淹沒之耳。不知文章著述之事，所以信今傳後，著勸誡於簡編，當平心執正而論。於外國入承大統之君，其善惡尤當秉公書錄，細大不遺，庶俾中國之君見之，以為外國之主且明哲仁愛如此，自必生奮勵之心。而外國之君，見是非之不爽，信直道之常存，亦必愈勇於為善，而深戒為惡。此文藝之功，有補於治道者當何如也。……夫人之所以為人而異於禽獸者，以有此倫常之理也，故五倫謂之人倫，是闕一則不可謂之人矣。君臣居五倫之首，天下有無君之人而尚可謂之人乎！人而懷無君之心，而尚不謂之禽獸乎！盡人倫則謂人，滅天理則謂禽獸，且天命之以為君，而乃懷逆天之意，焉有不遭天之誅殛者乎！朕思秉彝好德，人心所同，天下億萬臣民，共具天良，自切尊君親上之念，無庸再為剖示宣諭。但憫邪昏亂之小人如呂留良等，胸懷悖逆者，普天之下不可言止此數賊也，用頒此旨，特加訓諭。若平日稍有存此心者，當問天捫心，各發天良，詳細自思之。朕之詳悉剖示者，非好辯也。古昔人心淳樸，是以堯舜之時，都俞籲咈，其詞甚簡。逮至殷周之世，人心漸不如前，故殷《盤》、周《誥》，所以誥誡臣民者往復周詳，肫誠剴切，始能去其蔽錮，覺其愚蒙，此古今時勢之不得不然者。若呂留良、嚴鴻逵、曾靜等，逆天背理，惑世誣民之賊，而曉以天經地義、綱常倫紀之大道，使愚昧無知，平日為邪說陷溺之人，豁然醒悟，不致遭天譴而罹國法，此乃為世道人心計也。著將朕諭旨，通行頒佈天下各府、州、縣遠鄉僻壤，俾讀書士子及鄉曲小民共知之。

# 1731 年　清世宗雍正九年　辛亥

## 《清聖祖實錄》、《清聖祖聖訓》修成

　　《清世宗實錄》卷一一三，雍正九年十二月己酉，恭纂聖祖仁皇帝實錄、聖訓告成，禮部具儀注，監修總裁大學士等奏請呈送大內尊藏。上御太和殿，設鹵簿，奏樂。監修總裁、副總裁、纂修等官，奉表恭進實錄、聖訓。行禮畢，諸王、貝勒、貝子、公、及文武各官等奏言：恭惟聖祖仁皇帝深仁厚澤，盛業隆猷，纂輯成書，慶流萬葉，臣等不勝歡忭，禮當慶賀……

# 1732 年　清世宗雍正十年　壬子

## 藍鼎元《平臺紀略》付刻

　　藍鼎元《平臺紀略序》：藍子自東寧歸，見有市《靖臺實錄》者，喜之甚，讀不終篇，而愀然起，喟然歎也。曰：嗟乎！此有志著述，惜未經身歷目睹，徒得之道路之傳聞者。其地、其人、其時、其事，多謬誤舛錯，將天下後世以為實然，而史氏據以徵信，為害可勝言哉！……臺灣雄踞海外，直關內地東南半壁。沿海六七省，門戶相通。其亂其平，非於國家渺無輕重者。致亂之由，定亂之略，殉難喪節，運籌折衝，皆將權衡其袞鉞，以為千秋之龜鑒。言焉而不求其實，習焉而不知其訛，鄙人所為懼也。……則《平臺紀略》之作，惡可已也。據事直書，功無遺漏，罪無掩諱，自謂可見天日，質鬼神。……雍正元年癸卯夏五月端午日，閩漳浦藍鼎元玉霖氏自題於鹿洲草廬。

　　《四庫全書總目》卷四九，《史部・紀事本末類》：《平臺紀略》十一卷，附《東征集》六卷。國朝藍鼎元撰。鼎元字玉霖，號鹿洲，漳浦人。由貢生官至廣州府知府。是編紀康熙辛丑平定臺灣逆寇朱一貴始末。始於是年四月，迄於雍正元年四月，凡二年之事。前有《自序》，稱有市《靖臺實錄》者，惜其未經身歷目睹，得之傳聞，其地、其人、其時、其事，多謬誤舛錯，乃詳述其實為此編。……《東征集》六卷，皆進討時公牘書檄，雖廷珍署名，而其文則皆鼎元作。……雍正壬子，鼎元旅於廣州，始鋟版。

　　按：藍鼎元此書，撰成與雍正元年，卷首其自序明確標示為雍正元年端午日。

## 呂留良文字獄結案

《清世宗實錄》卷一二六，雍正十年十二月乙丑：諭內閣：呂留良治罪之案，前經法司、廷臣、翰、詹、科、道及督、撫、學政、藩、臬、提、鎮等合詞陳奏，請照大逆之例，以昭國憲。朕思天下讀書之人甚多，或者千萬人中，尚有其人謂呂留良之罪，不至於極典者，又降旨令各省學臣遍行詢問各學生監等，將應否照大逆治罪之處，取具該生結狀具奏。其有獨抒己見者，令自行具呈，學臣為之轉奏，不得阻撓隱匿。今據各省學臣奏稱，所屬讀書生監，各具結狀，咸謂呂留良父子之罪罄竹難書，律以大逆不道，實為至當，並無一人有異詞者。普天率土之公論如此，則國法豈容寬貸。呂留良、呂葆中，俱著戮屍梟示，呂毅中著改斬立決。其孫輩俱應即正典刑，朕以人數眾多，心有不忍，著從寬免死，發遣寧古塔，給與披甲人為奴。倘有頂替隱匿等弊，一經發覺，將浙省辦理此案之官員，與該犯一體治罪。呂留良之詩文書籍，不必銷毀，其財產令浙江地方官變價，充本省工程之用。

# 1733年　清世宗雍正十一年　癸丑

## 續修《大清會典》告成

《清世宗實錄》卷一三一，雍正十一年五月丁酉，《大清會典》告成。總裁纂修各官及效力人員、分別議敘有差

## 顧棟高初成《司馬溫公年譜》

顧棟高《司馬溫公年譜序》：……溫國文正公距今七百餘載，而年譜獨闕。凡公敷陳之章奏，往來之書牘，無由合諸正史，考其本末，讀者病焉。幸賴公集中篇目之下，題所撰年月；而其要者，或反闕遺，間不能無差誤。竊不自揣量，輒因公篇目之散見者，合諸《行狀》、《神道碑》及《宋史》本傳、《通鑒綱目》，而諸家文集、《名臣言行錄》、百家小說及公書集中有自注者，俱採入焉。條貫離析，鉤稽同異，鱗次櫛比，凡排纘八閱月而始成。既成，而自公髫齡以及沒齒，粲然大備，覽者如執几杖於公之旁，而親公之謦欬談笑也。……譜凡分八卷，其事跡散在書冊而無年可附者，另為《遺事》一卷，以附其後云。雍正癸丑仲冬下浣，後學棟高謹書。

## 1734 年　清世宗雍正十二年　甲寅

### 重新校訂「三朝實錄」字句

　　《清世宗實錄》卷一四九，雍正十二年十一月庚子：大學士鄂爾泰等奏言：「三朝實錄」內人名、地名、字句，與《聖祖仁皇帝實錄》未曾畫一。請派滿漢大臣，率同簡選翰林官員，重加校對，敬謹繕錄，用垂萬世。得旨：大學士鄂爾泰、張廷玉、協辦大學士工部尚書徐本，著爲總裁官。理藩院右侍郎班第、內閣學士索柱、岱奇、勵宗萬，著爲副總裁官。

## 1735 年　清世宗雍正十三年　乙卯

### 顧棟高《王荊公年譜》成書

　　顧棟高《王荊公年譜序》：余編次《溫公年譜》既成，家玉亭謂余汴宋之局，溫公與荊公二人爲乘除，盍將荊公事敘次之，則於熙寧及元祐之故益瞭然。余然其言，因就公集，參以史氏記及他書舊聞，得熟觀公前後本末。……既因家玉亭之言而敘公生平，編以年月先後，爲上、中、下三卷，並論其所以然者，附於《溫公年譜》之後。雍正乙卯九月中浣書。

### 諭令纂修《清世宗實錄》

　　《清高宗實錄》卷四，雍正十三年十月戊辰：諭總理事務王大臣：大學士鄂爾泰等奏請纂修皇考《世宗憲皇帝實錄》。朕思記事之文，務期確實，方可信今傳後。我皇考臨御以來，敬天法祖，勤政愛民，立極陳常，德洋恩溥。一切顯謨彝訓，皆出實心實政，不尚虛文。茲當編纂之時，惟在敬謹繹思，據實紀載，不必沿襲史氏繁詞，徒作鋪張揚厲之體。至於皇考十三年中整綱飭紀，事事極其周詳，覺世牖民，言言可爲典則。爲臣子者，自當愼重考核，編述詳明，期於聖德神功，廣大悉備，庶可昭垂簡冊，傳示萬年。其條例款項，及監修總裁等應用人員，並一切開館事宜，總理事務王大臣詳議具奏。

## 1736 年　清高宗乾隆元年　丙辰

### 開博學鴻詞特科，策試《史論問》

　　《清高宗實錄》卷二七，乾隆元年九月己未，御試博學鴻詞一百七十六員於保和殿。命大學士鄂爾泰、張廷玉、吏部侍郎邵基閱卷。

《史論問》：儒者學術之要，先經次史，凡具淵通之學，必擅著作之才，然非熟於掌故，周知上下數千載之事理，而剖決其是非者，不足以語此，則史學尚矣！今之稱正史者，皆曰「廿一史」，豈廿一史之外，別無正史歟？抑廿一史之名遂定而不可移易歟？又豈正史之外別無他史歟？考之漢、唐、宋《藝文志》及隋《經籍志》所載諸史，其名類甚多，而稱史學者，惟以馬班諸人為宗，何歟？……（乾隆帝《御製文初集》卷十四）

**顧棟稿修訂《司馬文公年譜》完成**

顧棟高《司馬溫公年譜凡例》：……余編是譜，蓋在癸丑之秋冬。嗣後凡遇藏書家，輒訪求溫公事跡，殘編隱牒，靡不搜探，暨就正四方有道君子，增易改竄，易稿凡六七矣。……閱四年丙辰，為今上龍飛之首年，余應鴻博試入京師，而吳君大年亦以是年春成進士，授工部虞衡司主事。洎相見，出一帙授余曰：「頃得一秘牒，當以相贈。」視之，則明萬曆中涑水馬君巒所輯公《年譜》也。余得之狂喜。馬君為公鄉人，又經公十八世孫露校定，宜可信不誣。……謹詳加參校，凡余所未備者補入之，馬書之訛漏者訂正之，就兩書參稽，益精覈，而是編可以盡先生之生平而無憾矣。……乾隆元年九月中浣，棟高又書。

# 1738 年　清高宗乾隆三年　戊午

## 《八旗通志》（初集）成書

《清高宗實錄》卷八三，乾隆三年十二月甲午，《八旗通志》書成，總裁大學士伯鄂爾泰等恭進。得旨：志書留覽，該館各員著交部分別議敘。

# 1739 年　清高宗乾隆四年　己未

## 清官修《明史》刊行

張廷玉等《進〈明史〉表》：經筵日講官、太保兼太子太保、保和殿大學士兼授吏部尚書、翰林院掌院學士事、世襲三等伯臣張廷玉等上言：臣等奉勅纂修《明史》告竣，恭呈睿鑒……謹將纂成本紀二十四卷、志七十五卷、表十三卷、列傳二百二十卷、目錄四卷，共三百三十六卷，刊刻告成，裝成一十二函。謹奉表隨進以聞。乾隆四年七月二十五日……

**《明史》即將刊刻完成，命纂修《明紀綱目》**

　　《清高宗實錄》卷九八，乾隆四年八月辛巳：命編纂《明紀綱目》。諭曰：編年紀事之體，昉自春秋，宋司馬光彙前代諸史，為《資治通鑑》，年經月緯，事實詳明。朱子因之，成《通鑑綱目》，書法謹嚴，得聖人褒貶是非之義。後人續修《宋元綱目》，上繼紫陽，與正史紀傳相為表裏，便於檢閱，洵不可少之書也。今武英殿刊刻《明史》，將次告竣，應仿朱子義例，編纂《明紀綱目》，傳示來茲。著開列滿漢大臣職名，候朕酌派總裁官董率其事。其慎簡儒臣，以任分修，及開館編輯事宜，大學士詳議具奏。

## 1740年　清高宗乾隆五年　庚申

**《大清一統志》修成**

　　《清高宗實錄》卷一三一，乾隆五年十一月甲午：新修《大清一統志》書成，議敘總裁、纂修、等官有差。御製序文曰：惟上天眷顧我大清，全付所覆，海隅出日，罔不率俾。列祖列宗，德豐澤溥，威鑠惠滂，禹跡所奄，蕃息殷阜，瀛壖炎島，大漠蠻陬，咸隸版圖。……聖祖仁皇帝特合纂輯全書。以昭大一統之盛，卷帙繁重，久而未成。世宗憲皇帝御極之初，重加編纂，閱今十有餘載，次第告竣。自京畿達於四裔，為省十有八，統府州縣千六百有寄。外藩屬國，五十有七，朝貢之國，三十有一。星野所佔，坤輿所載，方策所紀，憲古證今，眉列掌示，圖以臚之，表以識之。書成，凡三百五十餘卷。夫肇十有二州見於虞典，《禹貢》一篇，備列九州、疆域、山川、土田、貢賦、物產，實為方志之權輿。《周禮·大司徒》以天下土地之圖，周知地域廣輪之數，辨其山林、川澤、邱陵、墳衍、原濕之名物，土訓道地圖，誦訓道方志。職方氏掌天下之圖，辨其邦國、都鄙、四夷、八蠻、七閩、九貉、五戎、六狄之人，與其財用、九穀、六畜之數。漢郡國、地志，與計書俱上太史，厥後寰宇，志記列於正史者，代數十家。蓋將以觀民設教，體國經野，表皇威之有載，明王道之無外，匪徒備掌故、徵博洽已也。

## 1741年　清高宗乾隆六年　辛酉

**《朱子年譜》著者王懋竑卒**

　　《四庫全書總目》卷五七，史部傳記類一：《朱子年譜》四卷、《考異》四卷、《附錄》二卷，國朝王懋竑撰。懋竑字予中，寶應人，康熙戊戌進士，

授安慶府教授。雍正癸卯特召入直內廷，改翰林院編修。初，李方子作《朱子年譜》三卷，其本不傳。明洪武甲戌，朱子裔孫境別刊一本，汪仲魯爲之序，已非方子之舊。正德丙寅，婺源戴銑又刊《朱子實紀》十二卷，惟主於鋪張襃贈，以誇講學之榮，殊不足道。至嘉靖壬子，建陽李默重編《年譜》五卷，《自序》謂猥冗虛謬不合載者，悉以法削之。視舊本存者十七。然默之學源出姚江，陰主朱、陸始異終同之說，多所竄亂，彌失其眞。國朝康熙庚辰，有婺源洪氏續本，又有建寧朱氏新本，及武進鄒氏正訛本，或詳或略，均未爲精確。懋竑於朱子遺書，研思最久，因取李本、洪本互相參考，根據《語錄》、《文集》，訂補舛漏，勒爲四卷。又備列其去取之故，仿朱子校正韓集之例，爲《考異》四卷。並採掇論學要語，爲《附錄》二卷，綴之於末。其大旨在辨別爲學次序，以攻姚江晚年定論之說，故於學問特詳，於政事頗略。如淳熙元年劾奏知台州唐仲友事，後人頗有異論，乃置之不言。又如編類小學，既據《文集》定爲劉子澄，而編類《綱目》乃不著出趙師淵。《楚辭集注》本爲趙汝愚放逐而作，乃不著其名。至於生平著述，皆一一縷述年月，獨於《陰符經考異》、《參同契考異》兩書不載其名，亦似有意諱之。然於朱子平生，求端致力之方，考異審同之辨，元元本本，條理分明，無程瞳、陳建之浮囂，而金谿、紫陽之門徑，開卷了然。是於年譜體例雖未盡合，以作朱子之學譜，則勝諸家所輯多矣。

### 《清世宗實錄》、《清世宗聖訓》修成

《清高宗實錄》卷一五六，乾隆六年十二月壬寅：《世宗憲皇帝實錄》、《聖訓》告成。上於保和殿恭受行禮，御中和殿，內大臣、侍衛及內閣、翰林院、詹事府、禮部、都察院各官行慶賀禮。御太和殿，諸王大臣進表、行慶賀禮。制曰：皇考世宗憲皇帝，盛德大業。至治光昭訓諭周詳。經綸明備。普天率土。涵濡聖澤。莫不尊親。朕嗣紹丕基。仰體皇考之心。監於成憲。夙夜祗承。爰命大學士等、恭輯實錄聖訓。茲者纂修告竣。得敬謹率由。用資化理。亦俾子孫臣庶。世世欽遵。以臻郅治。朕心欣慰。與卿等同之。

## 1742 年　清高宗乾隆七年　壬戌

### 定《明史綱目》以《前紀》載元末事

《清高宗實錄》卷一七〇，乾隆七年七月庚申：大學士、《明史綱目》館

總裁官鄂爾泰議覆侍郎、《明史綱目》館副總裁周學健奏稱：明祖起兵濠梁，定鼎江東，頒定官制，設科取士，詳考律令諸政，皆在未即位以前。而《續綱目》所修元順帝紀，與明興諸事，不核不白。今《明紀綱目》即始自洪武元年，若於分注下補敘前事，不特累幅難盡，且目之所載，與綱不符，於編年之體未協。若竟略而不敘，則故明開國創垂之制缺然，而自洪武元年以後，一切治政事跡，皆突出無根，亦大非《春秋》先事起例之義。應如所奏，當亟爲議定，以便纂輯成書。……謹按綱目之體，原仿《春秋左傳》，左氏有先經發傳之例，故於隱公之首先敘惠公。又元儒金履祥，因周威烈王二十二年以前事《綱目》未載，補作《前編》。有此二例，庶可引據。應請皇上勑下史館，將元至正十五年，明祖起兵以後，迄至正二十八年，元順帝未奔沙漠以前，另爲《前紀》，仍以至正編年，至二十八年閏七月止，列於今所修《綱目》明太祖洪武元年八月之前。其稱名、稱吳國公、稱吳王，悉仿朱子書漢高例，隨時遞書。則一代開基之事實既詳，千古君臣之名義亦正，似於傳世立教之意，更爲愼重。奏入，報可。

### 命纂修《國朝宮史》

《國朝宮史》卷首：乾隆七年十一月二十二日奉上諭：朕近閱宮中陳編，得明朝《宮史》一書，凡五卷……夫祖宗立綱陳紀、垂之典則者若此，朕之防微杜漸、謹其操柄者又若此，不有成書，奚以行遠！朕意欲輯本朝宮史一編，首載敕諭、誥誡，諸如宮殿、輿服、典禮、爵秩、經費，凡有關掌故者備識兼該。內廷大學士鄂爾泰、張廷玉、徐本，率南書房翰林等詳愼編纂。書成繕錄三冊，一貯乾清宮、一貯上書房、一貯南書房。我後嗣子孫，世世遵循，尙其知所則效，知所警戒，聰聽列聖之明訓，永永勿斁。特諭。

## 1743年　清高宗乾隆八年　癸亥

### 厲鶚《遼史拾遺》編成

厲鶚《遼史拾遺自序》：宋、遼、金三史修於元至正間，秉筆者多一時名儒碩彥。而《宋史》失之繁，《遼史》失之簡，惟《金史》繁簡得中爲善。明雲間王圻作《續文獻通考》，中所列遼事，條分件繫，不出正史，嘗病其陋，而歎遼之掌故淪亡也。蓋其開基溯漠，撫有燕雲，制度職官，兼採漢制。自聖宗與宋盟好後，文物漸開，科舉日盛，意當日必有記注典章，可裨國史

者。求之薄錄家，不少概見，即家集野乘，亦散佚無傳，豈以書有屬禁，不得入中朝乎？抑金源初年尚武，雖滅遼，未遑收及圖籍乎？間嘗取而核之⋯⋯遼之有國二百餘年，清泰、開運滅兩大國，則用兵宜詳；澶淵、關南和議再修，則信誓宜詳；星軺往來，俱極華選，則聘遊宜詳。至如負義侯黃龍安置之年，天祚帝海上夾攻之事，高麗臣事、西夏跳梁，非摭他書，何以知其顛末邪？暇日輒爲甄錄，自本紀外，志、表、列傳、外紀、國語，凡有援引，隨事補綴。猶以方域幽避，風尚寥邈，採篇詠於山川，述碑碣於塔廟，短書小說，過而存之，亦讀史者所宜考也。敢曰索隱，聊以拾遺，編次如干卷，宜待博雅君子之刪補焉。　乾隆八年歲在昭陽大淵獻陬月二十有七日錢塘厲鶚書。

## 1744 年　清高宗乾隆九年　甲子
### 命編纂《詞林典故》
　　《四庫全書總目》卷七九，史部職官類：《詞林典故》八卷，乾隆九年重修翰林院落成，聖駕臨幸，賜宴賦詩，因命掌院學士鄂爾泰、張廷玉等纂輯是書。乾隆十二年告成奏進，御製序文刊行。

## 1745 年　清高宗乾隆十年　乙丑
### 李鍇《尚史》編纂成書
　　《四庫全書總目》卷五〇，史部別史類：尚史一百七卷，國朝李鍇撰。鍇字鐵君，鑲白旗漢軍。卷首自署曰襄平，考襄平爲漢遼東郡治，今爲盛京遼陽州地，蓋其祖籍也。康熙中，鄒平馬驌作《繹史》，採摭百家雜說，上起鴻荒，下迄秦代，仿袁樞紀事本之體，各立標題，以類編次，凡取徵引，悉錄原文，雖若不相屬，而實有端緒。鍇是編以驌書爲稿本，而離析其文，爲之翦裁連絡，改爲紀傳之體，作世系圖一卷、本紀六卷、世家十五卷、列傳五十八卷、繫傳六卷、表六卷、志十四卷、序傳一卷，仍於每段之下，各注所出書名；其遺文瑣事，不入正文者，則以類附注於句下。蓋體例準諸《史記》，而排纂之法則仿《路史》而小變之。自序謂始事於雍正庚戌，卒業於乾陵乙丑，閱十六載而後就，其用力頗勤⋯⋯。

### 清廷纂成《皇清奏議》
　　（光緒）《欽定大清會典事例》卷一〇四九，《翰林院・纂修書史》：（乾

隆）十年，敕撰《欽定天祿琳琅書目》，敕編《皇清奏議》。

《國朝宮史續編》卷九〇，《書籍十六·史學三》：《欽定皇清奏議》一部，順治元年起至乾隆九年止，凡四十冊。

中國第一歷史檔案館藏《國史館檔案》編纂類第 522 號卷，國史館總裁慶桂等《辦書章程奏稿》：《皇清奏議》一書，從前國史館曾欽遵高宗純皇帝諭旨，纂輯自順治元年起至乾隆九年止，凡臣工章奏有裨時政者，均經採錄成書……。

按：據上引資料，乾隆朝纂輯《皇清奏議》，乃乾隆十年告成，內容是截止於乾隆九年的臣工奏議。

# 1746 年　清高宗乾隆十一年　丙寅

## 清廷修《明紀綱目》成書

《御製明史綱目序》曰：編年之書，奚啻數十百家，而必以朱子《通鑒綱目》為準。《通鑒綱目》蓋祖述《春秋》之義，雖取裁於司馬氏之書，而明天統、正人紀、昭監戒、著幾微，得《春秋》大居正之意，雖司馬氏有不能窺其藩籬者，其它蓋不必指數矣。嘗謂讀書立言之士，論世為難，非如朱子具格致誠正之功，明治亂興衰之故，其於筆削，鮮有不任予奪之私、失褒貶之公者。自《綱目》成而義指正大，條理精密，後儒有所依據。踵而續之，由宋迄元，釐然方策。至明代君臣事跡，編輯之難，更倍於諸書。蓋《明史》已成於百年之後，而世變風漓，記載失實，若復遲待，將何以繼續編而示來許？爰命儒臣法朱子《通鑒綱目》義例，增損編摩，大書以提要，分注以備言。每一卷成呈覽，朕於几暇，亦時御丹鉛，為之參定。雖於天人一貫之精微未之能盡，而惟是謹嚴之義，守而弗矣。簡正之旨，志而必勉。書既成，群臣舉唐太宗之事為言，勉從其請而為之序云。

按：此書初修是擬為書名《明紀綱目》，但成書後稱謂並不一致，有《明史綱目》之稱，有《明通鑒綱目》之稱，在《國朝宮史》卷二十八曾以《御撰通鑒綱目三編》著錄。《四庫全書》則將修改後的寫本，冠以《御定資治通鑒綱目三編》書名。這些稱謂，實質相同，表明其形式仿照朱熹《資治通鑒綱目》，內容為明代歷史，而又具有與朱熹《資治通鑒綱目》、商輅《續資治通鑒綱目》組成前後銜接一個系列的意念。

# 1747 年　乾隆十二年　丁卯

## 清廷再續修《大清會典》，史館規則增進

《清高宗實錄》卷二八二，乾隆十二年正月丙申：命續修《大清會典》諭：國家立綱陳紀，佈在方策，所以明昭代之章程，備諸司之職掌，以熙庶績，以示訓行，典至鉅也。《大清會典》，修於皇祖聖祖仁皇帝康熙二十三年。越我皇考世宗憲皇帝御極之初，即允禮臣之請，開館重修。九年告成，刊梓頒行，閱今又二十年矣。其間因時制宜，屢有損益，向來諸臣，每有以重修為請者。朕以國家定制，豈容數更，踵事增文，自有部冊，故概未准行。近以幾餘，時加披覽，間為討論，乃晰由來，有不得不重修者……是當博考朝章，詳稽故實，正舊編之紕繆，補紀載之闕遺，用藏成書，垂示法守。所有一切開館事宜，該部定議具奏。尋定議六條：一、朝章宜考本原。金匱石室之藏書，非編纂諸臣所得見，應照國史館之例，令纂修官親赴皇史宬，詳考有關會典者，敬錄以為全書綱領。一、書籍宜備參稽。《古今圖書集成》一書，博大精深，足資考證，從前曾賜翰林院一部，明《永樂大典》，亦見貯翰林院。如有應行稽考處，應令纂修官赴翰林院核對。又《三禮》及《律呂正義》二書已成，校對將竣，從前所取書籍，現存該館，並請俟會典開館後，行文咨取，全數交送。其它書籍，凡有資考據者，酌取以備參稽。一、卷案宜詳察。請敕下在京大小各衙門，令各該堂官選賢能司官，專管清釐案卷，協同各本司官員，將所隸應入會典事件，分類編年，備細造送毋漏。其年久黴爛遺失者，移詢各衙門及外省造送。一、纂修官務在得人。請令總裁官分派各衙門人數，行文咨取，該堂官分同簡選，務擇學問淹博，熟諳掌故之員，擬定正陪，保送到館，由總裁官列名具奏，恭候欽點。至典則之書，義取綜覈，經生之學，不乏專家，並請照《三禮》館例，聽該總裁於進士舉貢內確知經術湛深，長於編纂者，酌保數人具奏。一、考定更正之條，宜隨時請旨。按會典舊定條款，或文鮮參稽，舛訛未免，或事經臚列，援據無憑，以及古今異宜，諸儒異議，隨時折衷。均非臣下識見所能臆斷，應令該總裁官詳敍原委，聲明緣由，請旨裁奪。其近年續增條件，亦應按事類逐捲進呈欽定。一、在館辦事，宜有成規。總裁官督率纂修各官，每日必及辰而入，盡申而散，庶幾在館辦事，俱有成規。不獨勤惰易稽，年限便於核定，且互相討究，可以斟酌得宜。彼此觀摩，亦見智慧交奮。從之。

### 校刻《二十一史》成書

《清高宗實錄》卷二八六，乾隆十二年三月丙申：《十三經注疏》、《二十一史》刻成，議敘提調、編校、校錄、監造各官，加級紀錄有差。……御製《重刻二十一史序》曰：《七錄》之目，首列經史，四庫因之，史者輔經以垂訓者也。……朕既命校刊《十三經注疏》定本，復念史爲經翼，監本亦日漸殘闕，並敕校讐，以廣刊布。其辨訛別異，是正爲多，卷末考證，一視諸經之例。《明史》先經告竣，合之爲「二十二史」，煥乎冊府之大觀矣。夫史以示勸懲、昭法戒，上下數千年治亂安危之故，忠賢姦佞之實，是非得失，俱可考見。居今而知古，鑒往以察來，揚子雲曰：多聞則守之以約，多見則守之以卓，豈不在善讀者之能自得師也哉。

### 命編纂《續文獻通考》

《清高宗實錄》卷二九二，乾隆十二年六月甲戌，又諭：馬端臨《文獻通考》一書，綜貫歷代典章制度，由上古以迄唐宋，源委瞭然，學者資以考鏡。明王圻取遼、金、元、明事跡續之，煩蕪寡要，未足與《三通》並，且今又百五十餘年矣。我朝監古定制，憲章明備，是以蒐擇討論，以徵信從。其自乾隆十年以前，《會典》所載，令甲所部，金匱石室所儲，與夫近代因革損益之異，上溯宋嘉定以後，馬氏所未備者，悉著於編，爲《續文獻通考》。大學士張廷玉、尙書梁詩正、汪由敦經理其事，惟簡惟要。所有纂輯事宜，酌議以聞。

### 《詞林典故》修成

《四庫全書總目》卷七九，史部職官類：《詞林典故》八卷，乾隆九年重修翰林院落成，聖駕臨幸。賜宴賦詩。因命掌院學士鄂爾泰、張廷玉等纂輯是書，乾隆十二年告成奏進。御別序文刊行。凡八門：一曰《臨幸盛典》，二曰《官制》，三曰《職掌》，四曰《恩遇》，五曰《藝文》，六曰《儀式》，七曰《廨署》，八曰《題名》。《臨幸盛典》，即述乾隆甲子燕飲賡歌諸禮，以爲是書所緣起，故弁冕於前。……今仰稟聖裁，始成巨帙。元元本本，上下二千載，始末釐然。稽古崇儒之盛，洵前代之所未有矣。

## 1748年　清高宗乾隆十三年　戊辰

### 李天根著成《爝火錄》

李天根《爝火錄自序》：……彼中野史，實繁有徒，不審明曆之垂盡，大

統之有歸，猶是尊其君曰「主上」，稱我朝爲「與國」。苟法網稍密，寧不戮
其人而火其書，豈容惑世誣民，昭示來者？而興朝無文字之禁，且煌煌聖諭：
「雖有忌諱，概勿苛求」。……天根伏處山陬，無從得見本朝實錄，因於暇日
抽繹《明史》爲經，摭拾野史爲緯，訛者正之，僞者削之。始於順治甲申，
止於康熙壬寅，撰次《爝火錄》三十二卷。懸知讀是編者，睹孱王之庸懦，
奸權之貪鄙，丁弁之驕悍，與夫盜賊之橫暴，黎民之顚沛，自當切齒怒目。
間見二三精忠報國、闔門殉難之臣，足與文天祥、張世傑輩爭烈者，有不掩
卷咨嗟，撫几而長太歎者乎？然則是編也，雖不足爲《明史》羽翼，未必非
國史之嚆矢也矣。名「爝火」者，深慨夫三王臣庶，以明末餘生，竊不自照，
妄想西升東墜，速取滅亡，爲可哀也。大清乾隆十三年六月望前二日，雲墟
散人李天根書。

　　吳慶坻《蕉廊脞錄》卷五：《爝火錄》三十二卷，江陰雲墟散人李本天根
撰。記甲申以後福、潞、唐、桂、魯諸王事，起順治元年三月十九日莊烈帝
殉社稷，至康熙元年十一月二十三日魯王薨於金門止，凡十有九年。後有《附
記》一卷，則康熙二年至二十九年臺灣鄭氏始末、三藩叛後之事。……卷首
有《論略》一卷，持論極有識。又有《紀元續表》一卷。引用群書一百十七
種，又採各省通志及諸家文集、年譜三十七種。其書用編年體，排日紀事。
前數卷紀李自成破燕京，及南都立國事，最繁重；後數卷紀永明王事，稍簡
略。書中多載奏疏、文檄、書牘，爲他書所未見者。……

## 顧棟高著成《春秋大事表》

　　《春秋大事表》卷首《總敍》：憶棟高十一歲時，先君子靜學府君，手抄
《左傳》全本授讀，曰：「此二十一史權輿也，聖人經世之大典於是乎在，小
子他日當誌之。」年十八，受業紫超高先生。時先母舅霞峰華氏，方以經學
名世，數舉《春秋》疑義，與先生手書相辯難。竊從旁飫聞其論，而未必識
其所以然。……雍正癸卯歲，蒙恩歸田，謝絕勢利，乃悉發架上《春秋》諸
書讀之。……余之於此，泛濫者三十年，覃思者十年，執筆爲之者又十五
年，始知兩先生於此用心良苦。先母舅霞峰先生，博稽眾說，無美不收，高
先生獨出心裁，批卻導窾，要皆能操戈入室，洞徹閫奧。視宋儒之尋枝沿
葉，拘牽細碎者，蓋不啻什百遠矣。余小子鈍拙無似，得藉手以告其成，
以無負先君子提命之旨，與兩先生衣被沾漑，耳濡目染之益。謹述其緣起，
以識於首簡，命之曰《春秋大事表》云。乾隆十三年戊辰八月，錫山顧棟

高書。

## 浦起龍撰成《史通通釋》

浦起龍《史迪通釋序》：乾隆十有三年，三山儋父年七十，客將以其生之日爲言以壽。儋父謝曰：「壽孰如史？壽人以言，孰如壽言於史？」先是己未，代匭蘇郡校，坐春風亭，抽架上書，得《史通》，循覽粗過，旋捨去。乙丑歸老，諸知舊來起居，儋父方裒亂帙，咸笑以謂書生習氣，老殙故紙猶昔耶？儋父唯唯。……彭城劉子玄知幾氏作，奮筆爲書，原原委委。俾涉學家分朏參觀，得所爲通行之宗，改廢之部，館撰、山傳之殊制，記今、修注之殊時，與夫合分、全偏、連斷之宜，良穢、簡蕪、核直、誇浮之辨，觀若畫井疆，陳綿蕝，豈非一大快歟！矧夫衡史匹徑，比肩馬、鄭，而非蟲篆雕刻之纖纖者歟！顧其書矜體慎名，斥飾崇質，跡創而孤，其設防或褊以苛。甚者佹辭巇古以召鬧，臆評興而衷質蔽，莫能直也。……會年六十九，丁卯之歲除，脫然不自知其稿之集。明年，重自刊補。有以北平新本至者，互正又如千條。盡九月，寫再周，命曰《史通通釋》，無負彼名云爾。蓋七十叟之生，十月三日也，私喜簡再輒而期再會也。性不飲，至是舉觴焉，起而爲壽，祝曰：老子論交古製作，前乎誰醻後誰酢。書成生日對深酌，侑我靈龜謝紛若。於胥樂兮！南杼秋浦起龍二田氏，略事概弁其端。三山儋父者，晚自謂也。歲十日初吉。

## 汪有典於本年前著成《史外》

范允袋《忠義別傳凡例》：……是編創始雍正癸丑，告成乃在於今。殫十餘年之辛勤，搜羅廣備，考核精詳，敘事議論，閎博曉暢，足以廉頑立懦，振衰起靡，於世道人心不無裨益，讀者宜究心焉。先生於有明事跡，詳加輯訂。年三十時，曾著《有明人事類纂》一書，分門別類，部帙頗繁，無力授梓。茲編專取節烈，非故爲掛漏，緣各有體裁，不容遍贅也。是編託始之時，正史未頒。……迨正史頒佈學宮，先生乃攜是編，就尊經閣下重加校對，並無舛訛，益加自喜，曰：是可出而問世矣。……門人范允袋謹識。

謝國楨《增訂晚明史籍考》卷十七：《前明忠義列傳》三十二卷，清無爲汪有典訂頑纂。……按：是書彙輯有明一代忠烈事跡，起於方孝孺，終於明紀死難諸臣。後附《國變難臣鈔》。作者舉所見聞，書之於冊，至授梓時，始排次朝代，然間亦有不及排正者。……墨花齋聚珍本題曰《前明忠義列傳》

三十二卷，清光緒丁丑重刻本更易書名爲《史外》，凡八卷，附錄一卷，並改題爲濡須汪有典著。……是編采輯遺事，曲盡其詳，研究明季史事，《南疆逸史》等書而外，則當以是書最足參考。

　　按：是書謝國楨題爲《前明忠義列傳》，並謂後更名《史外》，茲説不確。據乾隆十四年淡豔亭刻本，是書題爲《史外》，目錄及各卷首《史外》下，又題《前明忠義別傳》，是乃爲其別名而已。

# 1749 年　清高宗乾隆十四年　己巳

## 清廷編纂《平定金川方略》

　　《清高宗實錄》卷三三八，乾隆十四年四月甲申：大學士等奏：請編輯《平定金川方略》，酌擬十有五條：一、請照《平定朔漠方略》例，編年按日，以次纂輯。一、上諭應載，其有重出與旁及他事，無關軍務者，或應刪節。應於進呈副本時聲明，恭候欽定。……書成日，請交武英殿刊刻。至總裁官，大學士公傅恒雖未便列名，而軍務機宜，皆所親歷，應令裁酌。得旨：依議。張廷玉、來保著充正總裁官，陳大受、舒赫德、汪由敦、納延泰，著充副總裁官。

## 李清馥著成《閩中理學淵源考》

　　《四庫全書總目》卷五八，史部傳記類二：《閩中理學淵源考》九十二卷，國朝李清馥撰。清馥字根侯，安溪人。大學士光地之孫，以光地蔭，授兵部員外郎，官至廣平府知府。是編本日《閩中師友淵源考》，故《序文》、《凡例》尚稱舊名。此本題《理學淵源考》，蓋後來所改。《序》作於草創之時，成編以後，復有增入也。宋儒講學，盛於二程，其門人游、楊、呂、謝，號爲高足。而楊時一派，由羅從彥、李侗而及朱子，輾轉授受，多在閩中。故清馥所述，斷自楊時，而分別支流，下迄明末。凡某派傳幾人，某人又分爲某派，四五百年之中，尋端竟委，若昭穆譜牒，秩然有序。其中家學相承，以及友而不師者，亦皆並列，以明其學所自來。其例每人各爲小傳，傳末各注所據之書，並以語錄、文集有關論學之語摘錄於後，考據頗爲詳覈。其例於敗名隳節、貽玷門牆者，則削除不載。間有純駁互見者，則棄短錄長。……是則門戶之見猶未盡融，白璧微瑕，分別觀之可也。

## 清廷纂修「五朝國史」告成

　　《清高宗實錄》卷三五五，乾隆十四年十二月壬辰：五朝國史告成。

按：此次僅撰成「五朝本紀」以及「十四志」初稿而已。言「五朝國史告成」，實有就此數衍塞責之嫌。隨後，國史館趨於萎縮，漸至關閉。至乾隆三十年方重開，而為常設。

# 1754年　清高宗乾隆十九年　甲戌

## 趙一清著成《水經注釋》

《四庫全書總目提要》卷六九，史部地理類二：《水經注釋》四十卷，《刊誤》十二卷，國朝趙一清撰。一清字誠夫，仁和人。酈道元《水經注》，傳寫舛訛，其來已久。……其考據訂補，亦極精覈。卷首列所據以校正者凡四十本。雖其中不免影附誇多，然旁引博徵，頗為淹貫。訂疑辨訛，是正良多。自官校宋本以外，外間諸刻固不能不以是為首矣。

# 1755年　清高宗乾隆二十年　乙亥

## 開始纂修《平定準噶爾方略》

《清高宗實錄》卷四九三，乾隆二十年七月戊子：以大學士公傅恒、大學士來保、兵部尚書定北將軍班第、工部尚書汪由敦，為《平定準噶爾方略》正總裁，刑部尚書劉統勳、理藩院尚書納延泰、西路參贊大臣鄂容安、戶部左侍郎兆惠、劉綸、兵部右侍郎雅爾哈善，為副總裁。

## 全祖望（1705～1755）病逝於寧波

《清史稿》卷四八一，《儒林二·全祖望傳》：全祖望，字紹衣，鄞縣人。十六歲能為古文，討論經史，證明掌故，補諸生。……乾隆元年，薦舉博學鴻詞，是春會試，先成進士，選翰林院庶吉士，不再與試。時張廷玉當國，與李紱不相能，並惡祖望，祖望又不往見。二年，散館，置之最下等，歸班以知縣用，遂不復出。方詞科諸人未集，紱以問祖望，祖望為記四十餘人，各列所長。性伉直，既歸，貧且病，饔飧不給，人有所饋，弗受。主蕺山、端溪書院講席，為士林仰重。二十年，卒於家，年五十有一。祖望為學，淵博無涯涘，於書無不貫串。在翰林，與紱共借《永樂大典》讀之，每日各盡二十卷。時開《明史》館，復為書六通移之，先論藝文，次論表，次論忠義、隱逸兩列傳，皆以其言為韙。生平服膺黃宗羲，宗羲表章明季忠節諸人，祖望益廣修枋社掌故、桑海遺聞以益之，詳盡而核實，可當續史。宗羲《宋元學案》甫創草稿，祖望博采諸書為之補輯，編成百卷。又七校《水經

注》，三箋《困學紀聞》，皆足見其汲古之深。又答弟子董秉純、張炳、蔣學鏞、盧鎬等所問經史疑義，錄爲《經史問答》十卷。儀徵阮元嘗謂經學、史才、詞科三者得一足傳，而祖望兼之。其《經史問答》，實足以繼古賢、啓後學，與顧炎武《日知錄》相埒。晚年定文稿，刪其十七，爲《鮚埼亭文集》五十卷。

# 1756 年　清高宗乾隆二十一年　丙子

## 敕撰《欽定皇輿西域圖志》

《欽定皇輿西域圖志》卷首，乾隆二十一年二月十三日《上諭》：……今已擒賊奏功，劉統勳在軍中無所職掌，當專辦此事。現命何國宗赴伊犁一帶測量，亦經面諭。著傳諭劉統勳會同何國宗前往。所有山川、地名，按其疆域、方隅，考古驗今，彙爲一集。咨詢睹記，得自身所親歷，自非沿襲故紙者可比。數千年來疑誤，悉爲是正，良稱快事，必當成於此時，亦千載會也。

《四庫全書總目》卷六八，史部地理類一：《欽定皇輿西域圖志》……乾隆二十一年奉敕撰。乾隆二十七年創成初稿。嗣以畈章日闢。規制益詳。進呈御覽之時。隨事訓示。復增定爲今本……

# 1757 年　清高宗乾隆二十二年　丁丑

## 彭家屏、段昌緒　私藏野史案定讞

《清高宗實錄》卷五四〇，乾隆二十二年六月丁卯：諭曰：軍機大臣會同九卿科道等，審擬段昌緒、彭家屏一案。段昌緒鈔錄僞檄，圈點評贊，悖逆已極，其罪自不容誅。至彭家屏，前因段昌緒家查出僞檄，彼時以該處人心惡劣，即彭家屏家，亦不能保其必無，因降旨嚴查。及到京後，召九卿科道面詢彭家屏，所問者僞檄及詆毀悖逆類於僞檄之書耳。而彭家屏果供出鈔存明末野史數種，蓋彼時彭家屏意中，以朕已查獲伊家中書籍，難以狡飾，是以據實供認，尚冀稍減萬一。而伊子不知，希圖滅跡，先已聞風燒毀，若使此數種書中，果無悖逆詆毀之言，亦何必作此鬼蜮伎倆耶？……在定鼎之初，野史所紀，好事之徒荒誕不經之談，無足深怪。乃迄今食毛踐土，百有餘年，海內搢紳之家自其祖父，世受國恩，何忍傳寫收藏，此實天地鬼神所不容，未有不終於敗露者。如段昌緒、彭家屏之敗露，豈由搜求而得者乎！

此後臣民中若仍不知悛改消滅，天道自必不容，令其敗露，亦惟隨時治以應得之罪耳。彭家屏本應斬決，但所藏之書既經燒毀，罪疑惟輕，著從寬改爲應斬監候，秋後處決。段昌緒從寬改爲斬決，其緣坐妻妾，並免其入官爲奴。司存存、司淑信，俱從寬改爲應斬，彭傳笏依擬應斬，俱著監候秋後處決。其彭家屏家產，原應入官，且伊擁有厚貲，田連阡陌，而爲富不仁，凌虐細民，鄉里側目。著派侍衛三泰、郎中蘇勒德前往查明，應入官者即行入官。其戶地著加恩酌量留給養贍家口外，所餘田畝，分賞該處貧民。交該撫胡寶瑔妥協辦理，並將此通行曉諭知之。

### 諭令銷毀朱璘《綱鑑輯略》

《清高宗實錄》卷五四六，乾隆二十二年九月癸卯：諭軍機大臣等：據楊廷璋、竇光乃，金華縣生員陳邦彥，手批《綱鑑輯略》一書，內有本朝初年，尚書明季僞號等語。此書既有逆跡，該生輒敢手加批閱，實屬狂悖，自應嚴懲示儆。至此書刻傳已久，其原輯之朱璘，諒已物故。所載序文，亦難辨真贗，姑免其逐一根究。著傳諭該撫等，只將該生從重辦理，其坊市印板，並民間所藏，遍行查出銷毀。所有刷印、發賣等人，俱不必查辦可也。

# 1758 年　清高宗乾隆二十三年　戊寅

### 惠棟（1691～1758）卒

《清史列傳》卷六十八，《惠周惕傳附孫棟傳》：棟，字定宇。元和學生員。自幼篤志向學，家多藏書，日夜講誦。……又撰《明堂大道錄》八卷……古文尚書考二卷，辨鄭康成所傳之二十四篇，爲孔壁真古文，東晉晚出之二十五篇爲僞。又撰後漢鋪注二十四卷……（乾隆）二十三年卒，年六十二。

惠棟《古文尚書考序》：孔安國《古文》五十八篇，漢世未嘗亡也。三十四篇與伏生同，二十四篇增多之數，篇名俱在。劉歆造《三統曆》、班固作《律曆志》，鄭康成注《尚書》序，皆得引之，特以當日未立於學官，故賈逵、馬融等雖傳孔學，不傳逸篇。……乃梅頤之書，非壁中之文也，頤採摭傳記，作僞《古文》以給後世，後世儒者靡然信從。於是東晉之《古文》出，而西漢之《古文》亡矣。孔氏之書不特文與梅氏絕異，而其篇次亦殊。愚既備著其目，復爲條其說於左方，以與識古君子共證焉。

# 1759 年　清高宗乾隆二十四年　己卯

## 敕命增修《國朝宮史》

《國朝宮史》（北京古籍出版社，1987 年版）卷首，《聖諭》：乾隆二十四年十一月十七日奉諭旨：從前所修《宮史》，閱時既久，且多草率缺略之處。著即將原書再加詳細校正，增修妥協，陸續進呈。令蔣溥、裘曰修、王際華、錢汝誠董其事，以專責成。欽此。

## 開始編纂《歷代通鑒輯覽》

《清史列傳》卷七十一，《楊椿附楊述曾傳》：（乾隆）二十四年，充《通鑒輯覽》館纂修官……三十二年，《通鑒輯覽》書成，將脫稿而卒，年七十。始編《輯覽》時，折衷體例、書法、本末條件，總裁一委之。又詳訂輿地謬訛，彙爲《箋釋》。與朱筠、蔣和寧、張霽、王昶諸人，同事發凡起例，斷斷不少假。及卒，大學士傅恒以述曾在事八載，實殫心力入告，奉旨賞給四品職銜。

《國朝耆獻類徵》（初編）卷一二四，劉綸《楊述曾墓誌銘》：君之於《輯覽》則直以官與身視成書爲始終，其可志也。

　　按：由楊述曾生平事，可知《歷代通鑒輯覽》始修於乾隆二十四年。

# 1761 年　清高宗乾隆二十六年　辛巳

## 齊召南著成《水道提綱》

《水道提綱》卷首，齊召南《自序》：臣齊召南學識愚淺，自乾隆丙辰蒙恩擢入翰林，纂修《一統志》，伏睹聖祖御製輿圖，東西爲地經度，以占節氣先後；南北爲地緯度，以測辰極高下。漠北直過和林，抵白哈海，西番遙窮拉藏，至岡底斯。凡金沙、瀾滄、潞江、崑崙、青海之近在邊陲，黑龍、盧朐、松花、嫩尼、按出虎水、烏蘇里江之本屬內地者，原委秩如，已迥非從前史志所能稍及。而我皇上聖神文武，善繼善述，天威暇震，克奏膚功。逾流沙而開四鎮，蕩平伊犁回部，拓地至二萬里，西域併入版圖。……臣初久在志館，考校圖籍，於直省外，又專輯外藩蒙古屬國諸部，道里翔實，是以事成之後，亦嘗條其水道，惟圖無可據者闕之。及蒙恩告歸臺山，杜門無事，養病餘暇，時檢篋中舊稿，次第編錄，共成二十八卷。……乾隆辛巳孟春，原任禮部右侍郎臣齊召南謹序。

## 1762 年　清高宗乾隆二十七年　壬午

### 《皇輿西域圖志》初修本告成

《四庫全書》本《皇輿西域圖志》卷首，《凡例》：……是書於乾隆二十一年丙子春，原任大學士劉統勳初奉諭旨纂輯，後歸方略館辦理，於壬午冬初稿告成。邇日新疆規度日詳，隨事增輯進御，仰荷睿裁欽定，蔚爲完書。

## 1764 年　清高宗乾隆二十九年　甲申

### 議定重修《大清一統志》

《清高宗實錄》卷七二二，乾隆二十九年十一月戊申朔：軍機大臣等議覆：御史曹學閔奏稱，從前纂修《大清一統志》，於乾隆八年告成，久已頒行海內。近年來平定準噶爾及回部，拓地二萬餘里，實爲振古未有之豐功。前命廷臣纂修《西域圖志》，並令欽天監臣前往測量各部經緯地度，增入輿圖。惟《一統志》尚未議及增修，請飭儒臣，查照體例，將西域新疆敬謹增入。再查《一統志》自成書以後，迄今又二十餘年，各省府廳州縣，添設裁併，多有不同，亦應查照新定之制，逐一刊改等語。查《一統志》自直隸各省而外，外藩屬國五十有七，朝貢之國三十有一，凡版圖所隸，無不載入。我皇上戡定西域，收準夷之疆索，輯回部之版章，特命將軍大臣分部駐守，一切制度章程，與內地省分無異。該御史所奏將西域新疆增入《一統志》，以昭聖朝一統無外之盛，自屬可行。至臣等奉飭所纂之《西域圖志》，分野、疆域、風俗、山川等類，無不備具，請即將《一統志》所應載者按類擇取，增入志末，以成全書。……應將西域新疆，另纂在甘肅之後，至哈薩克、布嚕特、巴達克山、愛烏罕等部，俱照外藩、屬國之例編輯，統俟《平定準噶爾方略》及《西域圖志》、《同文志》等書告成後，查照《一統志凡例》，詳悉考訂釐正，繕寫進呈。從之。

## 1765 年　清高宗乾隆三十年　乙酉

### 令將西洋傳教士所繪平定伊犁回部全圖十六幅，運往歐洲製成銅版印刷

法國伯希和撰、馮承鈞譯《乾隆西域武功圖考證》（《中國學報》1944 年2 卷 4 期）載：乾隆三十年五月二十六日諭：「前命供奉京師之西洋繪士郎士寧等，所繪準噶爾、回部等處得勝圖十六幅，今欲寄往歐羅巴洲，選擇良

師錢爲銅版，俾能與原圖不爽毫釐。所有錢版工資照發，不得延誤。郎士寧繪愛玉史硏營圖，王致誠繪阿爾楚爾戰圖，艾啓蒙繪伊犁人民投降圖，安德義繪呼爾滿戰圖，凡四幅，應先交，首先放洋海舶運往。刻工必須迅速錢成，印一百套，連同銅版寄還。餘十二圖分三道寄往歐羅巴洲，每道四圖。欽此。」

《國朝宮史續編》卷九七，《圖刻》載乾隆帝的《圖詠序》：西師定功於己卯，越七年丙戌，戰圖始成。因詳詢軍營征戰形勢以及結構丹青，有需時日也。夫我將士出百死一生，爲國宣力，賴以有成，爾使其泯滅無聞，朕豈忍爲哉！是以紫光閣既勒有功臣之像，而此則各就血戰之地繪其攻堅執銳、斬將搴旗實跡，以旌厥勞而表厥勇。爾時披露布已有成詠者，即書之幀間；其未經點筆者，茲特補詠，凡六事。《禮》不云乎：聽鼓鼙之聲，則思將帥之臣；撫是圖也，有不嗇若是之感……。

按：上引乾隆帝諭旨，不見漢文文件，乃法國國家檔案庫所存法文文本，馮承鈞據伯希和之文章回譯，譯文有不確之處。如「愛玉史硏營圖」，應爲「阿玉錫硏營圖」或依地名稱「格登鄂拉硏營圖」；「伊犁人民投降圖」，則應譯「平定伊犁受降圖」，等等。乾隆中清軍平定新疆地區，不僅纂修《皇輿西域圖志》，而且繪製相關戰圖 16 幅，乾隆帝逐一吟詠詩作，寫於圖上。乾隆三十年，繪圖尚未完全告竣，就諭令將已成戰圖 4 幅運往法國製作銅版，對方委任著名藝術家監製，且印製圖畫。乾隆三十二年，另外十二圖也運抵法國。圖畫銅板以及印製大量繪圖，於乾隆三十七年至四十年返回北京。詳見伯希和撰、馮承鈞譯長文《乾隆西域武功圖考證》，連載於《中國學報》2 卷 4 期（1944年）、3 卷 1～3 期（1945 年）。

## 命重開國史館以修纂國史列傳

《清高宗實錄》卷七三九，乾隆三十年六月丁卯諭：朕恭閱《世祖章皇帝實錄》內，載大學士寧完我劾奏陳名夏之疏，有與魏象樞結爲姻黨一款。朕向聞魏象樞。在漢大臣中尚有名望，乃與黨惡之陳名夏聯姻，藉其行私護庇，則亦不得謂之粹然無疵之名臣矣。因取國史館所撰列傳，袛稱以事降調，而不詳其參劾本末，則後之人，亦何由知其事爲何事而加之論定乎？向來國史館所輯列傳，原係擇滿漢大臣中功業政績素著者，列於史冊，以彰懲勸。其無所表見，及獲罪罷斥者，概屏弗與。第國史所以傳信，公是公非，所關原不容毫釐假借，而瑕瑜並列，益顯昭衡品之公。所爲據事直書，而其人之

賢否自見，若徒事鋪張誇美，甚或略其所短，暴其所長，則是有襃而無貶，又豈春秋華袞斧鉞之義乎！……因思大臣之賢否，均不可隱而弗彰，果其事功學行卓卓可紀，自應據實立傳，俾無溢美。若獲罪廢棄之人，其情罪允協者，固當直筆特書，垂爲炯戒。即當日彈章過於詆毀，史議或未盡持平，亦不妨因事並存，毋庸曲爲隱諱。從前國史編纂時，原係匯總進呈，未及詳加確核，其間秉筆之人，或不無徇一時意見之私，抑揚出入，難爲定評。今已停辦年久，自應開館重事輯修，著將國初已來滿漢大臣，已有列傳者通行檢閱，核實增刪考正。其未經列入之文武大臣，內而卿貳以上，外而將軍、督撫、提督以上，並宜綜其生平實跡，各爲列傳。均恭照實錄所載及內閣紅本所藏，據事排纂，庶幾淑慝昭然，傳示來茲，可存法戒。朕將特派公正大臣爲總裁，董司其事，以次陸續呈閱，朕親加核定，垂爲信史。並著該總裁官，將作何搜輯，酌定章程，不致久稽時日之處。詳議具奏。

《清高宗實錄》卷七四四，乾隆三十年九月戊子：諭：前以國史原撰列傳，止有襃善，惡者惟貶而不錄，其所以爲惡，人究不知，非所以昭傳信也。因降旨開館重修，特派大臣爲總裁董司其事，並令詳議條例以聞。今據該總裁等議奏開館事宜內稱：滿漢大臣，定以官階，分立表傳。旗員自副都統以上，文員自副都御史以上，及外官督、撫、提督等，果有功績學行，及獲罪廢棄原委，俱爲分別立傳等語。所議尚未詳備。列傳體例，以人不以官，大臣中如有事功學術足紀，及過跡罪狀之確可指據者，自當直書其事，以協公是公非。若內而部旗大員循分供職，外而都統、督撫之歷任未久，事實無所表見者，其人本無足重輕，復何必濫登簡策。使僅以爵秩崇卑爲斷，則京堂、科道中之或有封章建白，實裨國計民生者，轉置而不錄，豈非缺典？且如儒林亦史傳之所必及，果其經明學粹，雖韋布之士不遺，又豈可拘於品位，使近日如顧棟高輩終於淹沒無聞耶！舉一以例其餘，雖列女中之節烈卓然可稱者，亦當核實兼收，另爲列傳。諸臣其悉心參考，稽之諸史體例，折衷斟酌，定爲凡例，按次編纂，以備一代信史。至立表之式，固當如所定官階爲限制，仍應於各姓氏下，注明有傳無傳，使覽者於表傳並列者，即可知某某之媺惡瑕瑜；而有表無傳者，必其人無足置議；有傳無表者，必其人實可表章。則開卷了然，不煩言而其義自見。朕每覽歷代史冊，襃譏率無定評，即良史如司馬遷，尚不免逞其私意，非阿好而過於鋪張，即怨嫉而妄爲指謫，其它更可知矣。我朝百餘年來，於大小臣工，彰善癉惡，一秉至公，實可垂爲法戒。

今悉據事核實，立為表傳，總裁大臣公同商搉，朕復親為裁定，傳之萬世，使淑慝並昭，而衰鉞不爽，不更愈於自來秉史筆者之傳聞異辭、而任愛憎為毀譽者耶！將來成書時，即以朕前後所降諭旨弁之簡端，用示慎重修輯國史之意。

### 蔣良騏為國史館史官，私錄清實錄資料，後編纂《東華錄》

蔣良騏《東華錄》（齊魯書社，2005 年版）卷首，《自序》：乾隆三十年十月，重開國史館於東華門內稍北。騏以謭陋，濫竽纂修。天擬管窺，事憑珠記。謹按館例，凡私家著述但考爵里，不採事實，惟以實錄、紅本及各種官修之書為主，遇闕分列傳事跡及朝章國典兵禮大政，與列傳有關合者則以片紙錄之，以備遺忘。信筆摘鈔，逐年編載，祗期鱗次櫛比，遂覺縷析條分。積之既久，竟成卷軸，得若干卷云。

# 1766 年　清高宗乾隆三十一年　丙戌

### 諭將南明政權不必書「偽」

《清高宗實錄》卷七六一，乾隆三十一年五月甲午諭：今日國史館進呈新纂列傳內《洪承疇傳》，於故明唐王朱聿鍵加以「偽」字。於義未為允協。明至崇禎甲申，其統已亡，然福王之在江寧，尚與宋南渡相彷彿，即唐、桂諸王轉徙閩滇，苟延一線，亦與宋帝昰、帝昺之播遷海嶠無異。且唐王等皆明室子孫，其封號亦其先世相承，非若異姓僭竊、及草賊擁立一朱姓以為號召者可比，固不必概從貶斥也。當國家戡定之初，於不順命者自當斥之曰「偽」，以一耳目而齊心志。今承平百有餘年，纂輯一代國史，傳信天下萬世，一字所繫，予奪攸分必當衷於至是，以昭史法。昨批閱《通鑒輯覽》至宋末事，如元兵既入臨安，帝顯身為俘虜，宋社既屋，統系即亡。昰、昺二王，竄居窮海，殘喘僅存，並不得比於紹興偏安之局。乃《續綱目》尚以景炎、祥興大書紀年，曲徇不公，於史例亦未當，因特加釐正，批示大旨使名分秩然，用垂炯戒。若明之唐王、桂王，於昰、昺亦復何異？設竟以為「偽」，則又所謂矯枉過正，弗協事理之平。即明末諸臣，如黃道周、史可法等，在當時抗拒王師，固誅戮之所必及。今平情而論，諸臣各為其主，節義究不容掩。朕方嘉予之，又豈可概以「偽」臣目之乎！總裁等承修國史，於明季事皆從貶，固本朝臣子立言之體，但此書皆朕親加閱定，何必拘牽顧忌，漫無區別，不准於天理、人情之至當乎。朕權衡庶務，一秉至公，況國史筆削，事關法

戒，所繫於綱常名教者至重，比事固當征實，正名尤貴持平。特明降諭旨，俾史館諸臣，咸喻朕意，奉爲準繩，用彰大中至正之道。

按：南明唐王姓名應爲朱聿鍵，《清高宗實錄》作「朱聿釗」，乃爲筆誤。

### 乾隆《大清會典》成書

《清高宗實錄》卷七七五，乾隆三十一年十二月辛酉：刊刻《大清會典》告成。御製序曰：自郊廟朝廷，放之千百國，徹荒服屬之倫而莫之偝；自創業守文，繩之億萬葉，矩矱訓行之久而勿之渝。非會典奚由哉！顧維聖作明述，政府粲陳，其間有因者，即不能無損與益。而要之悉損益以善厥因，則方策所麗，乃一成不易之書，非閱世遞輯之書也……於是區會典、則例各爲之部，而輔以行，諸臣皆謂若網以綱，咸正無缺，而朕弗敢專也。蓋此日所輯之會典，猶是我皇祖、皇考所輯之會典，而俛焉從事於茲者，豈眞義取述而不作云爾哉，良以抱不得不述之深衷，更推明不容輕述之微指。稽典者，當了然知宰世馭物所由來，無自疑每朝迭修爲故事耳。……

## 1767年　清高宗乾隆三十二年　丁亥

### 命開「三通」館同時纂修《續文獻通考》、《續通典》、《續通志》

《清高宗實錄》卷七七七，乾隆三十二年二月丙申諭：前開館續纂《文獻通考》一書，並添輯本朝一切典制，分門進呈，朕親加披覽，隨時裁定。全書現在告竣，經該總裁等奏請將館務停止。因思馬端臨《通考》，原踵杜佑《通典》、鄭樵《通志》而作，三書實相輔而行，不可偏廢。曩因舊本多訛，曾命儒臣詳爲校勘，鐫刻流傳，嘉惠海內。今《續通考》，復因王圻舊本改訂增修。惟《通典》、《通志》，向未議及補輯，士林未免抱闕如之憾。著仍行開館，一體編輯。所有開館事宜，著大學士詳悉定議具奏。其修書義例，有應仍、應改之處，該總裁等務博稽前典，參酌時宜，而要之以紀實無訛，可垂久遠。至現輯《續通考》一書，從前所進各門，僅載至乾隆二十五年以前，而陸續呈進者，並纂入三十一年之事，先後體制，尚未畫一。著交新開書館，將所纂二十四考概行增輯，編載事實，悉以本年爲準。增添各卷，即速繕呈覽，以便刊版頒行。其《通典》、《通志》二書，亦以三十一年爲限，以期畫一。

# 1768 年　清高宗乾隆三十三年　戊子

## 《御批歷代通鑑輯覽》成書

　　《清高宗實錄》卷八〇二，乾隆三十三年正月己亥：《御批歷代通鑑輯覽》告成，御製序曰：編年之書，莫備於皇祖御批之《資治通鑑綱目》，蓋是書集三編爲一部，自三皇以至元末明初，振綱挈目，謹予嚴奪，足以昭萬世法戒。爲人君者，不可不日手其帙，而心其義也。然皇祖雖嘗抉精微、徵辭旨，著論百餘首，亦惟析疑正陋，垂教後世耳，於其書則一仍厥舊，無所筆削也。故全書篇幅雖多，而議論乃什倍於事實。即如前編之中總論、史論、音釋、辨疑、考證，紛不一家，正編之中，凡例、發明、書法、考異、集覽、考證、正誤、質實，濫觴益甚。至於續編之作，成於有明諸臣，其時周禮沿尹起莘例作發明，而廣義則出於張時泰，效劉友益書法而爲之者。夫發明、書法，其於歷朝興革、正統偏安之際，已不能得執中之論，而況效而爲之者哉。且以本朝之臣而紀其開國之事，自不能不右本朝而左勝國，此亦理之常也。況三編中，嬗代崛起之際，稱太祖而繫以我者不一而足，亦非體例也。故命儒臣纂《歷代通鑑輯覽》一書，盡去歷朝臣各私其君之習而歸之正。自隆古以至本朝四千五百五十九年事實，編爲一部全書，於凡正統、偏安、天命人心、繫屬存亡，必公必平，惟嚴惟謹，而無所容心曲徇於其間。觀是書者，凜天命之無常，知統系之應守，則所以教萬世之爲君者，即所以教萬世之爲臣者也書中批論，一依皇祖之例，自述所見、據事以書者十之三，儒臣擬批者十之七，而經筆削塗乙者七之五，即用其語弗點竄者，亦七之二云。

## 《國朝宮史》增纂告成

　　《國朝宮史》（北京古籍出版社，1987 年版）卷首，于敏中等進書奏摺：臣于敏中、臣王際華、臣裘曰修謹奏：臣等奉敕纂輯《國朝宮史》告成。……先於乾隆七年諭大學士率南書房翰林等，恭纂《國朝宮史》一書，所以彰列祖之鴻嫙，昭萬禩之燕貽……比效編摩，經成卷帙。嗣以史筆士言之紀載，歲月有加；況經武功慶典之光昭，儀章益備。續於乾隆二十四年申命臣等重加編輯者。……謹將纂成《國朝宮史》《訓諭》四卷、《典禮》六卷、《宮殿》六卷、《經費》三卷、《官制》二卷、《書籍》十五卷，統三十六卷。裝成四函，具摺恭進，伏候欽定。謹奏。乾隆三十四年十二月二十四日。

按：上引本書卷首之進書奏摺，簽署日期爲乾隆三十四年十二月，乃成書時間。《四庫全書總目》等記載此書成於乾隆二十六年，皆誤。蓋因本書記事下限，止於乾隆二十六年，被誤解爲成書時間，遂以訛傳訛。

## 1770 年　清高宗乾隆三十五年　庚寅

### 《平定準噶爾方略》修成

《清高宗實錄》卷八五一，乾隆三十五年正月丙午：平定準噶爾方略告成。御製序曰：《平定準噶爾方略》書成，纂言者以序請。夫序者，所以敘其事之本末，而因文以悉其肯綮也。事之本末，則《方略》三編盡之矣，太學之碑、磨崖之銘、西師之詩、開惑之論，亦既悉其肯綮矣，如是則可以不煩重序，雖然，五年之間，大勳兩集，又十年而後書成，是不可以無序，且朔漠、金川，前例具在也，乃允其請而爲之序，曰：功不可以虛成，名不可以僞立，幸不可以屢徼，志不可以少侈。夫用兵中國，自古爲難，而況踰沙漠、天山，萬里而遙乎。旰斯宵斯，劼劬以至有成，功非虛而名非僞，是僅可免後人之指謫耳。若夫揚揚自詡，以爲誠若能操必勝之券，則不准致物議而貽口實，於心亦誠惡若也。藉眾之力，幸底於績，然我士卒之攖鋒鏑者，不爲少矣。故此書之輯，率因忠魂義魄，不忍令其泯沒無聞，具載以志之，而猶不在於擴土開疆之爲也。既平準噶爾，延及回部，悉主悉臣，耕作賦役興焉。此亦一再徼倖矣，而猶不知自足，欲屢試我銳而別有圖，是志侈也。志侈者不祥，故近日撤征緬之旨甫降，而彼適投誠，我兵振旅以還，告成事焉，此非盈虛消息之理，捷若響應乎？是則此序之作。不惟回思而若有驚，亦且永圖而懷有戒也。

## 1771 年　清高宗乾隆三十六年　辛卯

### 《御製評鑑闡要》纂輯成書

《四庫全書總目》卷八八，史部史評類：《御製評鑑闡要》十二卷，乾隆三十六年大學士劉統勳等編次恭進，皆《通鑑輯覽》中所奉御批也。始館臣恭纂《輯覽》時分卷屬稿，排日進呈，皇上乙夜親披，丹毫評隲，隨條發論，燦若日星。其有勅館臣撰擬黏籤同進者，亦皆蒙睿裁改定，塗乙增損十存二三。全書既成，其間體例事實，奉有宸翰者幾及數千餘條。既已，刊刻簡端。……故論世知人，無不抉微而發隱，所爲斥前代矯誣之行，闢史家誕

妄之詞，辨核舛訛，折衷同異，其義皆古人所未發，而敷言是訓，適協乎人心、天理所同然。至乃特筆所昭，嚴於袞鉞，如賈充、褚淵等之書「死」，狄仁傑之書「周」，正南北稱「侵」、稱「寇」之文，訂遼金元人名、官名、地名之誤，而紀年系統，再三申誡，尤兢兢於保邦凝命之原，洵足覺聵震聾，垂教萬世。蓋千古之是非，繫於史氏之褒貶，史氏之是非，則待於聖人之折衷。臣等編輯史評，敬錄是編，不特唐宋以來偏私曲袒之徒，無所容其喙，即千古帝王致治之大法，實已包括無餘。尊讀史之玉衡，並以闡傳心之寶典矣。

## 敕令改修《遼金元三史國語解》，並據以校定《遼》、《金》、《元》三史

《清高宗實錄》卷八九八：乾隆三十六年十二月戊寅諭：前以批閱《通鑑輯覽》，見前史所載遼、金、元人地官名，率多承訛襲謬，展轉失真，又復詮解附會，支離無當，甚於對音中曲寓褒貶，尤為鄙陋可笑。蓋由章句迂生，既不能深通譯語，兼且逞其私智，高下其手，訛以傳訛，從未有能正其失者。我國家當一統同文之盛，凡索倫蒙古之隸臣僕、供宿衛者，朕皆得親為咨訪，於其言語音聲，俱能一一稽考，無纖微之誤。是以每因摘文評史，推闡及之，並命館臣，就《遼》、《金》、《元》史《國語解》內，人地、職官、氏族，及一切名物象數，詳晰釐正，每條兼繫以國書，證以《三合切韻》，俾一字一音，咸歸吻合，並為分類箋釋，各從本來意義。以次進呈，朕為親加裁定，期於折衷至是，一訂舊史之踳駁。今《金國語解》業已訂正藏事，而諸史原文尚未改定。若俟遼、元國語續成彙訂，未免多需時日，著交方略館，即將《金史》原本先行校勘，除史中事實，久布方策，無庸復有增損外，其人地、職官、氏族等，俱依新定字音確核改正。其《遼》、《元》二史，俟《國語解》告竣後，亦即視《金史》之例，次第釐訂畫一。仍添派纂修官，分司其事，總裁等綜理考核。分帙進覽候定，用昭闡疑傳信之至意。一切事宜，著總裁等即行議奏，不可濡滯。

《四庫全書總目》卷四六，史部正史類二：《欽定遼金元三史國語解》四十六卷，乾隆四十六年奉敕撰。考譯語對音，自古已然……元托克托等修宋、遼、金三《史》，多襲舊文，不加刊正。考其編輯成書已當元末。是時如臺哈布哈號為文士，今所傳納新《金臺集》首，有所題篆字，亦自署曰「泰不華」，居然訛異。蓋舊俗已漓，並色目諸人亦不甚通其國語，宜諸史之訛謬百出矣。迨及明初，宋濂等纂修《元史》，以八月告成，事跡掛漏，尚難殫

數。前代譯語，更非所譜。三《史》所附《國語解》，顚舛支離，如出一轍，固其宜也。我皇上聖明天縱，邁古涵今，洞悉諸國之文，灼見舊編之誤，特命館臣，詳加釐定，並一一親加指示，務得其眞。以索倫語正《遼史》，凡十卷。首君名，附以后妃、皇子、公主；次宮衛，附以軍名；次部族，附以屬國；次地理；次職官；次人名；次名物。共七門。以滿洲語正《金史》，凡十二卷。首君名，附以后妃皇子；次部族；次地理；次職官，附以軍名；次姓氏；次人名，附以名物。共六門。以蒙古語正《元史》，凡二十四卷。首帝名，附以后妃、皇子、公主；次宮衛，附以軍名；次部族，附以國名；次地理；次職官；次人名；次名物。共七門。各一一著其名義，詳其字音。字音爲漢文所無者，則兩合三合以取之。分析微茫，窮極要眇。即不諳翻譯之人，繹訓釋之明，悟語聲之轉，亦覺釐然有當於心，而恍然於舊史之誤也。蓋自《欽定三合切音》、《清文鑑》出，而國語之精奧明。至此書出，而前史之異同得失亦明。不但宋、明二《史》可據此以刊其訛，即四庫之書，凡人名、地名、官名、物名涉於三朝者，均得援以改正，使音訓皆得其眞。聖朝考文之典，迥超軼乎萬禩矣。

　　按：是書敕撰時間，《四庫提要》記作「乾隆四十六年」，四庫本書前提要記作「乾隆四十七年」，均不確。乾隆十二年，已有校改《金史・國語解》之諭旨，是爲此書之嚆矢。至乾隆三十六年，始決定全面修改遼、金、元三史《國語解》，並據以校訂三史正文中人名、地名、官名、物名翻譯用字。至乾隆五十年《遼金元三史國語解》改修告成，五十四年正式錄入《四庫全書》。惟乾隆三十六年敕修此書之一年剛過，即啓動《四庫全書》編纂，則納入《四庫全書》統一工程中安排，輕重緩急之間，不免濡滯。故《四庫提要》等敘次敕撰時間有所差誤。而尤須明悉者：乾隆朝改修的是《遼金元三史國語解》，而不是遼、金、元三史，對三史僅校訂其譯音用字。近人多有含混、淆亂的說法，不足爲訓。

# 1773 年　清高宗乾隆三十八年　癸巳

## 正式開辦《四庫全書》之編纂

　　《清高宗實錄》卷九二六，乾隆三十八年二月庚午諭：昨據軍機大臣議覆朱筠條奏，校核《永樂大典》一摺，已降旨派軍機大臣爲總裁，揀選翰林等官，詳定規條，酌量辦理。茲檢閱原書卷首序文，其言採掇蒐羅，頗稱

浩博，謂足津逮四庫。及覈之書中，別部區函，編韻分字，意在貪多務得，不出類書窠臼，是以踳駁乖離，與體制未爲允協。……朕意從來四庫書目，以經、史、子、集爲綱領，裒輯分儲，實古今不易之法。是書既遺變淵海，若準此以採擷所登，用廣石渠金匱之藏，較爲有益。著再添派王際華、裘曰修爲總裁官，即會同遴簡分校各員，悉心酌定條例，將《永樂大典》分晰校核。除本係現在通行，及雖屬古書而詞義無關典要者，不必再行採錄外，其有實在流傳已少，其書足資啓牖後學，廣益多聞者，即將書名摘出，撮取著書大旨，敘列目錄進呈，候朕裁定，彙付剞劂。其中有書無可採，而其名未可盡沒者，只須注出簡明略節，以佐流傳考訂之用，不必將全部付梓，副朕裨補闕遺，嘉惠士林至意。再是書卷帙如此繁重，而明代蕆役，僅閱六年。今諸臣從事釐輯，更係棄多去少，自可尅期告竣，不得任意稽延，徒詒汗青無日。仍將應定條例，即行詳議，繕摺具奏。尋議：查《永樂大典》一書，但誇繁博，殊無體例，蒐羅古籍，採錄固在無遺，別擇尤宜加審。今欲徵完冊，以副秘書，則部分去取，不可不確加校核。謹遵旨將應行條例共同悉心酌議。……得旨：依議。將來辦理成編時，著名《四庫全書》。

### 始纂修《皇清開國方略》

《四庫全書總目》卷四七，史部編年類：《皇清開國方略》三十二卷，乾隆三十八年奉敕撰。洪惟我國家世德綿延，篤承眷顧。白山天作，朱果靈彰。……自太祖高皇帝癸未年夏五月起兵，討尼堪外蘭克圖倫城始，至天命十一年秋七月訓戒群臣，編爲八卷。自太宗文皇帝御極始，至順治元年世祖章皇帝入關定鼎以前，編爲二十四卷。蓋神功聖德，史不勝書。惟恭述勳業之最顯著、政事之最重大、謨猷之最宏遠者，已累牘連篇，積爲三十二卷矣。唐、虞之治，具於典、謨；文、武之政，佈在方策。臣等繕校之餘，循環跪讀。創業之艱難，貽謀之遠大，尚可一一仰窺也，豈非萬世所宜聰聽者哉。

### 命編纂《日下舊聞考》

《清高宗實錄》卷九三七，乾隆三十八年六月甲辰諭曰：本朝朱彝尊《日下舊聞》一書，博采史乘，旁及稗官雜說，薈萃而成，視《帝京景物略》、《燕都遊覽志》諸編，較爲該備，數典者多資之。第其書詳於考古，而略於核實，

每有所稽，率難徵據，非所以示傳信也。朕久欲詳加考證，別爲定本。方今彙輯《四庫全書》，典籍大備，訂訛衷是之作，正當其時。京畿爲順天府所隸，而九門內外並轄於步軍統領衙門，按籍訪咨，無難得實。著福隆安、英廉、蔣賜棨、劉純煒，選派所屬人員，將朱彝尊原書所載各條，逐一確核。凡方隅不符，記載失實及承襲訛舛，遺漏未登者，悉行分類臚載，編爲《日下舊聞考》。並著于敏中總其成，每輯一門，以次進呈，候朕親加鑒定。使天下萬世，知皇都閎麗，信而有徵，用以廣見聞而供研煉。書成後，並即錄入《四庫全書》，以垂永久。

### 杭世駿（1696～1773）卒

《清史列傳》卷七十一《杭世駿傳》：杭世駿，字大宗，浙江仁和人。……雍正二年舉人。乾隆元年，召試博學鴻詞，授翰林院編修，校勘武英殿《十三經》、《二十四史》，纂修《三禮義疏》……晚主講揚州、粤東書院，以實學課士子。……三十八年卒，年七十六。所著《續禮記集說》一百卷、《石經考異》二卷、《史記考證》、《三國志補注》、《補晉書傳贊》、《北齊書疏證》、《續方言》、《經史質疑》、《續經籍考》、《兩浙經籍志》、《詞科掌錄》、《詞科餘話》、《兩漢書蒙拾》、《文選課虛》、《道古堂集》、《鴻詞所業》、《榕城詩話》、《兀宗錄》。晚年欲補《金史》，特構補史廳，成書百餘卷。

# 1774年　清高宗乾隆三十九年　甲午

### 反覆下令查繳明季野史

《清高宗實錄》卷九六四，乾隆三十九年八月丙戌諭軍機大臣等：……朕辦事光明正大，。各督撫皆所深知，豈尚不能見信於天下？該督撫等接奉前旨，自應將可備采擇之書，開單送館，其或字義觸礙者，亦當分別查出奏明，或封固進呈，請旨銷毀。或在外焚棄，將書名奏聞，方爲實力辦理。乃各省進到書籍，不下萬餘種，並不見奏及稍有忌諱之書。豈有裒集如許遺書，竟無一違礙字跡之理？況明季末造野史甚多，其間毀譽任意，傳聞異詞，必有觝觸本朝之語，正當及此一番查辦，盡行銷毀，杜遏邪言，以正人心而厚風俗。……著傳諭該督撫等，於已繳藏書之家，再令誠妥之員前往明白傳諭，如有不應存留之書，即速交出，與收藏之人並無干礙。朕凡事開載布公，既經明白宣諭，豈肯復事吹求。若此次傳諭之後，復有隱諱存留，則是有心藏匿偽妄之書，日後別經發覺，其罪轉不能逭，承辦之督撫等亦難辭咎。但各

督撫必須選派妥員善爲經理，毋得照常通行交地方官辦理不善，致不肖吏役，藉端滋擾。將此一併諭令知之。

《清高宗實錄》卷九七〇，乾隆三十九年十一月戊午諭：前以各省購訪遺書，進到者不下萬餘種，並未見有稍涉違礙字跡。恐收藏之家，懼干罪戾，隱匿不呈。因傳諭各督撫，令其明白宣示，如有不應留存之書，即速交出，與收藏之人並無干礙……朕辦事光明正大，斷不肯因訪求遺籍，罪及收藏之人。所有粵東查出屈大均悖逆詩文，止須銷毀，毋庸查辦。其收藏之屈稔禛、屈昭泗，亦俱不必治罪。並著各督撫再行明切曉諭，現在各省如有收藏明末國初悖謬之書，急宜及早交出，概置不究，並不追問其前此存留隱匿之罪。今屈稔禛、屈昭泗係經官查出之人，尚且不治其罪，況自行呈獻者乎。若經此番誠諭，仍不呈繳，則是有心藏匿僞妄之書，日後別經發覺，即不能復爲輕宥矣。朕開載布公，海內人民咸所深喻，各宜仰體朕意，早知猛省，毋自貽悔。將此通諭中外知之。

### 始繕錄滿洲舊檔冊

中國第一歷史檔案館存《國史館檔案》編纂類第 47 號卷：本月二十一日奉舒、於中堂諭：所有天命、天聰、崇德年間無圈點老檔，派滿纂修官明善、麟喜二員悉心校核畫一，並派滿謄錄等上緊繕錄一分，逐本送閱，毋得草率。奉此，相應移付貴堂將大庫內存貯老檔，先付十本過館，並將無圈點十二字頭查出，以便詳校畫一可也。右移付滿本堂。乾隆三十九年十一月二十二日。

中國第一歷史檔案館存《國史館檔案》編纂類第 47 號卷：乾隆三十九年十一月二十二日奉提調圖老爺諭：現在交查天命、天聰、崇德年間無圈點老檔，派凡以官書文、景明以供查考。滿謄錄無量保、佛喜等上緊繕錄，毋得草率。奉此。

# 1775 年　清高宗乾隆四十年　乙未

### 嚴令重纂《明紀綱目》並查改《明史》

《清高宗實錄》卷九八二，乾隆四十年五月辛酉諭：前曾命仿朱子《通鑑綱目》體例纂爲《明紀綱目》，刊行已久。茲批閱《葉向高集》，見《論福藩田土疏》所敘，當日旨意之養贍地土原給四萬頃，卿等屢奏地土難以湊處，王亦具辭令減去二萬頃云云，則福王當日所得之田僅二萬頃。今《綱目》載

『福王常洵之國』條云：賜莊田四萬頃，中州腴土不足，取山東、湖廣田益之，與向高言不合。又所載青海朵顏等人名對音，沿用鄙字，與今所定《同文韻統》音字及改正《遼金元國語解》未爲畫一。是張廷玉等原辦《綱目》，惟務書法謹嚴而未暇考核精當，尚不足以昭傳信。著交軍機大臣即交方略館將原書改纂，以次進呈，候朕親閱鑒定。其原書著查繳。

《清高宗實錄》卷九八三，乾隆四十年五月甲子諭：昨因《明紀綱目》考核未爲精當，命軍機大臣將原書另行改輯，候朕鑒定。因思《明紀綱目三編》雖曾經批覽，但從前進呈之書，朕鑒閱尙不及近時之詳審。若《通鑒輯覽》一書，其中體例書法皆朕親加折衷，一本大公至正，可爲法則。此次改編《綱目》自當仿照辦理。又《明史》內於元時人地名，對音訛舛、譯字鄙俚，尚沿舊時陋習，如『圖』作『兔』之類，旣於字義無當，而垂之史冊，殊不雅訓。今遼、金、元史已命軍機大臣改正另刊，《明史》乃本朝撰定之書，豈可轉聽其訛謬？現在改辦《明紀綱目》，著將《明史》一併查改，以昭傳信。……所有原頒《明史》及《綱目三編》俟改正時並著查繳。

## 命《御批通鑒輯覽》附錄明唐、桂二王事跡，解禁朱璘《明紀輯略》

《清高宗實錄》卷九九五，乾隆四十年閏十月己巳：命《通鑒輯覽》附紀明唐桂二王事跡。諭：甲申歲，我國家旣定鼎京師，而明福王朱由崧，爲南京諸臣迎立，改元首尾一載。其後，唐王朱聿鍵、桂王朱由榔，相繼稱號者又十有餘年。當時以其事涉本朝開創之初，凡所紀年號，例從芟削。即朱璘之《明紀輯略》，亦以附三王紀年，爲浙江巡撫等所奏毀。茲以搜訪遺集，外省奏進此書，閱其體例，非不尊崇本朝，且無犯諱字跡。徒以附紀明末三王，自不宜在概禁之列。前命編纂《通鑑輯覽》，館臣請不錄福王事實。因念歷朝嬗代之際，進退予奪，繫乎萬世公論。若前代偏私袒徇之陋習，以曲筆妄爲高下，朕實鄙之。即如福王承其遺緒，江山半壁，疆域可憑，使能立國自強，未嘗不足比於宋高宗之建炎南渡。乃孱弱荒淫，自貽顚覆，而偏安之規模未失，不可遽以國亡書法絕之。特命於明崇禎末附紀福王年號，仍用雙行分注，而提綱則書明以爲別。至蕪湖被執，始大書明亡，蓋所以折衷至是，務合乎人情天理之公也。至於唐王、桂王，遁迹閩滇，苟延殘喘，不復成其爲國，正與宋末昺、昰二王之流離海島者相類，是以《輯覽》內未經載入。今思二王究爲明室宗支，與異姓僭竊者不同，非僞託也。且其始末雖無足道，而奔竄事跡，亦多有可考。與其聽不知者私相傳述，或致失實無稽，不若爲

之約舉大凡，俾知二王窮蹙情形，不過如此，更可以正傳聞之訛舛。……則凡事涉二王者，不妨直以「彼」字稱之，用存偏正之別。而其臣，則竟書為某王之某官某，概不必斥之為偽也。《明紀輯略》已命有司馳其禁。而《通鑑輯覽》校刊將竣，其令《四庫全書》館總裁，銓敘唐、桂二王本末，別為附錄卷尾。

# 1776 年　清高宗乾隆四十一年　丙申

## 清廷議定編纂《勝朝殉節諸臣錄》

《清高宗實錄》卷一○○二，乾隆四十一年二月庚戌，大學士九卿等議奏：遵旨酌擬明代殉難諸臣，分別予諡。伏考歷代易名，祇為飾終常制，而勝國遺忠，並膺茂典者，實曠古所未有。……諭曰：大學士九卿等將明季並建文時殉節諸臣，悉按史乘核查，擬予專諡、通諡及應入忠義祠者，分冊具奏，甚為允協。著照所議行，其進呈各冊，於姓名事實，摘具梗概，頗見詳備。著名為《勝朝殉節諸臣錄》，交武英殿刊刻頒行。即以原頒諭旨，錄冠卷首，仍附載廷臣所上議疏、朕特製詩篇，題識簡端，用以垂示久遠。

## 諭令在國史編纂中立《貳臣傳》

《清高宗實錄》卷一○二二，乾隆四十一年十二月庚子諭：……我朝開創之初，明末諸臣，望風歸附，如洪承疇以經略喪師，俘擒投順；祖大壽以鎮將懼禍，帶城來投。及定鼎時，若馮銓、王鐸、宋權、謝升、金之俊、黨崇雅等，在明俱曾躋顯秩，入本朝仍忝為閣臣。至若天戈所指，解甲乞降，如左夢庚、田雄等，不可勝數。蓋開創大一統之規模，自不得不加之錄用，以靖人心而明順逆。今事後平情而論，若而人者，皆以勝國臣僚，乃遭際時艱，不能為其主臨危授命，輒復畏死幸生，靦顏降附，豈得復謂之完人！即或稍有片長足錄，其瑕疵自不能掩。若既降復叛之李建泰、金聲桓，及降附後潛肆詆毀之錢謙益輩，尤反側僉邪，更不足比於人類矣。此輩在《明史》既不容闌入，若於我朝國史，因其略有事跡，列名敘傳，竟與開國時范文程、承平時李光地等之純一無疵者毫無辨別，亦非所以昭褒貶之公。若以其身事兩朝，概為削而不書，則其過跡轉得藉以揜蓋，又豈所以示傳信乎。朕思此等大節有虧之人，不能念其建有勳績，諒於生前；亦不因其尚有後人，原於既死。今為準情酌理，自應於國史內另立《貳臣傳》一門，將諸臣仕明及仕本朝各事跡，據實直書，使不能纖微隱飾。即所謂雖孝子慈孫，百世不能改

者。而其子若孫之生長本朝者，原在世臣之列，受恩無替也。此實朕大中至正之心，爲萬世臣子植綱常，即以是示彰癉。昨歲已加諡勝國死事諸臣，其幽光既爲闡發，而斧鉞之誅，不宜偏廢。此《貳臣傳》之不可不核定於此時，以補前世史傳所未及也。著國史館總裁查考姓名事實，逐一類推，編列成傳，陸續進呈，候朕裁定。並通諭中外知之。

# 1777 年　清高宗乾隆四十二年　丁酉

## 重修《皇輿西域圖志》

《皇輿西域圖志》（《四庫全書》本）卷首，《諭旨》：乾隆四十二年三月二十九日奉旨：《西域圖志》總裁，著派福康安、劉墉。欽此。　乾隆四十二年六月二十八日奉旨：《西域圖志》總裁，著派于敏中、英廉、錢汝誠。欽此。

## 命重修《明史本紀》

《清高宗實錄》卷一○三二，乾隆四十二年五月丁丑，又諭：前因《明史》內於蒙古人地名音譯未眞，特命館臣照遼金元三史例，查核改訂，並就原板扣算字數刊正。其間增損成文，不過數字而止，於原書體制，無多更易。茲閱所進簽之《英宗本紀》，如正統十四年巡按福建御史汪澄棄市，並殺前巡按御史柴文顯，同時殺兩御史，而未詳其獲罪之由，不足以資論定。又土木之敗，由於王振挾主親征，違眾輕出。及敵鋒既迫，猶以顧戀輜重，不即退軍，致英宗爲額森所乘，陷身漠北。乃紀中於王振事不及一語，尤爲疎略。雖本紀爲全史綱領。體尚謹嚴，而於帝王刑政、征伐之大端，關係國家隆替者，豈可拘泥書法，闕而不備，致讀者無以考鏡其得失。蓋緣當時紀事，每多諱飾，又往往偏徇不公。而《明史》修自本朝，屢淹歲月，直至朕御極以後，始克勒成一書。其時秉筆諸臣，因時代既遠，傳聞異辭，惟恐涉冗濫之嫌，遂爾意存簡括。於事跡要領，不能臚紀精細，於史法尙未允協。前因《明紀綱目》所載，本末未爲賅備，降旨另行改輯。所有《明史本紀》，並著英廉、程景伊、梁國治、和珅、劉墉等，將原本逐一考核添修，務令首尾詳明，辭義精當。仍以次繕進，候朕親閱鑒定，重刊頒行，用昭傳信。

## 命編纂《滿洲源流考》

《滿洲源流考》（《四庫全書》本）卷首：乾隆四十二年八月十九日內閣

奉上諭：頃閱《金史世紀》，云金始祖居完顏部，其地有白山、黑水，白山即長白山，黑水即黑龍江。本朝肇興東土，山川鍾毓，與大金正同，史又稱金之先出靺鞨部古肅慎地。我朝肇興時舊稱滿珠，所屬曰珠申，後改稱滿珠，而漢字相沿訛爲滿洲，其實即古肅慎，爲珠申之轉音，更足徵疆域之相同矣……他如建州之沿革，滿洲之始基，與夫古今地名同異，並當詳加稽考，勒爲一書，垂示天下萬世。著派大學士阿桂、于敏中、侍郎和珅、董誥，悉心檢核，分條編輯，以次呈覽，候朕親加鼇定。用昭傳信而闢群惑，並將此通諭知之。欽此。

《國朝宮史續編》卷九一，《書籍十七·志乘》：《欽定滿洲源流考》一部。乾隆四十二年敕撰。分四門：曰部族，附金史姓氏考；曰疆域，附明衛所城站考；曰山川；曰國俗，附官制、文字及金史舊國語解考。凡二十卷。

按：本書爲乾隆四十二年奉敕撰，《四庫全書總目》記爲乾隆四十三年，誤。成書時間，記載未詳。實錄載乾隆四十九年七月癸酉日諭旨，稱本書與《日下舊聞考》等書「俱能依限完竣，尚爲勤勉」，則可能與《日下舊聞考》皆於乾隆四十七年告成。誌此備考。

### 齊召南《歷代帝王年表》編成

齊召南《歷代帝王年表自序》：嘗欲倣司馬溫公《通鑑目錄》之意，總二十一史提其綱，以便初學，而未能也。今春多暇，乃作總表，三代以上，但列世次之大。都自秦六國下至明洪武，皆以年序，亦略識其治亂得失，使數千年興亡分合，一展卷而瞭如，或亦初學者之一助也。乾隆丁酉中秋節天台齊召南識。」

# 1778 年　清高宗乾隆四十三年　戊戌

## 命追復睿親王多爾袞封爵，平反其案

《清高宗實錄》卷一○四八，乾隆四十三年正月辛未：命追復睿親王封爵，及復開國有功諸王原號，並予配享。諭：睦親彰善，王政宜先，繼絕昭屈，聖經所重。朕自臨御以來，間日恭閱列祖列宗實錄一冊，因得備知祖宗創業艱難，及爾時懿親藎臣，勤勞佐命，底定中原。偉伐殊功，實爲從古所未有。而當時策勳錫爵，榮號崇封，所以酬答者本從優厚。迨其後或有及身緣事，旋被降削者，或有子孫承襲，更易封號者，迄今平情準理，若不爲之溯述闡揚，追復舊恩，於心實有所未愜。因念睿親王多爾袞，當開國時首先

統眾入關，掃蕩賊氛，肅清宮禁。分遣諸王追殲流寇，撫定疆陲，一切創制規模，皆所經畫。尋即奉迎世祖車駕入都，定國開基，以成一統之業。厥功最著，顧以攝政有年，威福不無專擅，諸王大臣未免畏而忌之。遂致歿後、爲蘇克薩哈等所構。授款於其屬人首告，誣以謀逆，經諸王定罪除封。其時我世祖章皇帝，實尙在沖齡，未嘗親政也。……昨於乾隆三十八年，因其塋域久荒，特敕量爲繕葺，並准其近支以時祭掃。然以王之生平，盡心王室，尙不足以慰彼成勞。朕以爲應加恩復還睿親王封號，追諡曰「忠」，補入玉牒。並令補繼襲封，照親王園寢制度，修其塋墓，仍令太常寺春秋致祭。其原傳尙有未經詳敘者，並交國史館恭照實錄所載，敬謹輯錄，添補宗室王公功績傳，用昭彰闡宗勳至意。又如豫親王多鐸，從睿親王入關，肅清京輦，即率師西平流寇，南定江浙，實爲開國諸王戰功之最。乃以睿親王之誣獄株連，降其親王之爵，其後又改封信郡王。雖至今承襲罔替，但以王之勳績，超邁等倫，自應世胙原封，以彰殊眷。豈可以風影微眚，輒加貶易乎！朕以爲應復其原封。……況功臣世封內，如揚古利之英誠公、費英東之信勇公、額亦都之果毅公，俱以本號相傳，其子孫承襲者，各能溯勳閥以宣偉績，不失故家喬木之遺。今以親賢世胄，竟改其初封嘉號，何以垂貽奕禩，示酬庸追本之義乎。朕以爲應復其原號，著交軍機大臣會同宗人府，悉心妥議具奏。其餘宗室諸王貝勒等，如有顯著功績，其封爵後經降奪者，除本人身罹重愆，自不當復邀優典，若係承襲之子孫獲咎議處者，僅當斥其本身，而不當追貶其祖宗世爵，方爲平允。亦著一併會查議奏。

## 命國史館將《貳臣傳》分甲乙兩編

《清高宗實錄》卷一〇五一，乾隆四十三年二月乙卯諭：我國家開創之初，明季諸臣望風歸附者多，雖皆臣事興朝，究有虧於大節，自不當與范文程諸人略無區別。因命國史館以明臣之降順者，另立《貳臣傳》，據實直書，用彰公是。茲念諸人立朝事跡，既不相同，而品之賢否邪正，亦判然各異，豈可不爲之分辨淄澠。如洪承疇在明代，身膺閫寄，李永芳曾乘障守邊，一旦力屈俘降，歷躋顯要，律以有死無貳之義，固不能爲之諱，然其後洪承疇宣力東南，頗樹勞伐；李永芳亦屢立戰功，勳績並爲昭著。雖不克終於勝國，實能效忠於本朝。昔戰國豫讓初事范中行，後事智伯，卒伸國士之報。後之人無不諒其心而稱其義，則於洪承疇等，又何深譏焉。至如錢謙益行素不端，及明祚既移，率先歸命，乃敢於詩文陰行詆毀，是爲進退無據，非復人類。

又如龔鼎孳曾降闖賊，受其僞職，旋更投順本朝，並爲清流所不齒。而其再仕以後，惟務靦顏持祿，毫無事跡足稱，若與洪承疇等同列《貳臣傳》，不示等差，又何以昭彰癉？著交國史館總裁於應入《貳臣傳》諸人，詳加考核，分爲甲、乙二編，俾優者瑕瑜不掩，劣者斧鉞凜然，於以傳信簡編，而待天下後世之公論，庶有合於《春秋》之義焉。然朕所以爲此言者，非獨爲臣子勵名教而植綱常，實欲爲君者當念苞桑而保宗社。蓋此諸人，未嘗無有用之才，誠使明之守成者能愼持神器而弗失，則若而人皆足任心膂股肱，祖業於是延，人才即於是萃。故有善守之主，必無二姓之臣，所以致有二姓之臣者，非其臣之過，皆其君之過也。崇禎臨終之言，不亦舛乎！

### 吳蘭庭《五代史記纂誤補》成書

吳蘭庭《五代史記纂誤補序》：有宋朝請大夫、吾家廷珍氏繼所作《五代史記纂誤》，其書久佚。今武英殿聚珍版所採集者，以晁氏《讀書志》核之，約存原書之十五六，則其亡失者爲可惜也。今年秋校武英殿本《五代史》，點定之餘，不無管見，輒錄而次之。蓋以昔賢緒論，並近時人訂正所及，因名之爲《五代史記纂誤補》。其薛氏《舊史》及新舊《唐書》有及五代時事，而語或歧出者，別爲考異之書，不在此數。夫末學膚見，敢謂有俾前哲！然徵類以稽則疑所從也，緣隙以求則經所通也。飛蟲弋獲，庶千慮之一得乎。殿本向有考證，係今上初詞臣所輯，附載各卷，業已布諸學官，無籍贅錄。即事跡離合，其已具《薛史》考證及《通鑑考異》者，概不復著。若夫十國、四夷，《歐史》本多不備，且有《遼史》、《宋史》及吾家志伊氏任臣之《十國春秋》在，茲亦間爲標舉，不欲繩所本無也。又朝請所著《新唐書糾謬》，有字書非是，一例勘核精審，然點畫小疵，或屬刊本偶僞，茲既經校正，亦略不著。第薛氏書名《五代史》，歐陽氏書則名《五代史記》，今行本止作『五代史』，而《纂誤》標名亦無記字，均係傳刻之訛云。乾隆四十三年冬十月歸安吳蘭庭識。

# 1779 年　清高宗乾隆四十四年　己亥

### 繕錄與繪寫《滿洲實錄》

《清高宗實錄》卷一〇七五，乾隆四十四年正月乙卯，大學士于敏中等奏：前奉諭旨，令主事門應兆恭繪「開國實錄」，圖中事跡應派員繕寫，擬分清字、蒙古字、漢字，各派中書四員，在南書房恭繕，並輪派懋勤殿行走翰

林一人入直，照料收發。

《清高宗實錄》卷一一三○，乾隆四十六年五月辛巳，諭曰：「開國實錄」，著八阿哥傳原寫清、漢、蒙古字各員，敬謹再繕一分，並著門應兆照舊繪圖。

按：乾隆朝因入關前所修滿文、漢字、蒙古字分欄書寫、並且穿插有 83 幅戰圖的《太祖武皇帝實錄》，已經紙張老舊，遂重新繕錄和繪圖複製三份，保存於上書房、盛京和避暑山莊。然而長期沒有確定名稱，故此間聊用「開國實錄」、「戰圖」、「圖本」等多種代稱。定名《滿洲實錄》，恐在乾隆四十八年之後，詳見喬治忠《清太祖一朝實錄的纂修與重修》(《南開學報》1992 年第 6 期) 一文考訂。

## 命纂《欽定外藩蒙古回部王公表傳》

《清高宗實錄》卷一○八八，乾隆四十四年八月壬子朔諭：我國家開基定鼎，統一寰區。蒙古四十九旗及外來札薩克、喀爾喀諸部咸備藩衛，世篤忠貞，中外一家，遠邁千古。在太祖、太宗時，其抒誠效順，建立豐功者，固不乏人。而皇祖、皇考及朕御極以來，蒙古王公等之宣猷奏績，著有崇勳者，亦指不勝屬。因念伊等各有軍功事實，若不爲之追闡成勞，裒輯傳示，非獎勵猷而昭來許之道，著交國史館會同理藩院，將各蒙古札薩克事跡譜及，詳悉採訂，以一部落一表傳，其有事實顯著之王公等，即於各部落表傳後，每人立一專傳。則凡建功之端委，傳派之親疏，皆可按籍而稽，昭垂奕世。該總裁大臣等，即選派纂修各員，詳慎編輯，以清、漢、蒙古字三體合繕成帙，陸續進呈，候朕閱覽。成書後，即《同宗室王公功績表傳》，以漢字錄入《四庫全書》，用垂久遠。

《清高宗實錄》卷一○九○，乾隆四十四年九月癸未諭：昨朕降旨，以內外札薩克自皇祖及朕即位以來，服勤奮勉，勳猷卓越者甚多，交國史館會同理藩院，追溯伊等從前勞績，編纂表傳，以垂永久。茲念各城回人，自投誠以來，宣力軍前，封授王、貝勒、公爵者，亦有其人，亦一體加恩編纂表傳，著交該院，查其內實心效力，立有軍功者，會同國史館，照蒙古王公編纂表傳，以示朕一體矜恤回部臣僕之意。

## 命纂《功臣傳三集》

《國朝宮史續編》卷九○，《書籍十六・史學三》：《欽定功臣傳三集》一

部。乾隆四十四年敕纂。自乾隆二十三年以後，征剿緬甸、兩金川、烏什、臨清等處抒忠效命之文武大臣官員一千一百一人，兵丁一萬八千八十人，凡六十五卷，繙譯本與漢本同。

# 1780 年　清高宗乾隆四十五年　庚子

## 錢大昕撰成《元史氏族表》

　　黃鍾《元史氏族表·跋》：《元史氏族表》三卷，我師錢竹汀先生所作也。明初諸臣修纂《元史》，開局未及幣歲，草率行事，其中紕繆頗多。如速不臺即雪不臺，完者都即完者拔都，石抹也先即石抹阿辛，皆一人兩傳。阿剌赤忽剌出昂吉兒重喜阿術魯譚澄六人皆附傳之外，別有專傳，為後來讀史者所譏。先生嘗欲別為編次以成一代信史，稿已數易而尚未卒業，其《藝文志》及此表皆舊史所未備，先生特創補之，則以元之蒙古、色目人命名多溷，非以氏族晰之，讀者忙乎莫辨，幾如瞽者之無相，往往廢書而歎矣。故此表尤為是史不可少子目。先生屬稿始於乾隆癸酉七月，成書於庚子五月，幾及三十年，其用力可謂勤矣。……先生廣搜博采，正史、雜史之外兼及碑刻、文集、題名錄等書。考其得失、審其異同，一一表而出之，而後昭然如白黑分矣。《藝文志》已刻於吳郡，今與同學諸君續將此表校正授梓，俾世之學者讀此二編，可以窺見厓略。倘取先生全稿並付棗梨，我知評史者必以為有過於唐之《新書》、五代之《新史》而弗及也，寧不快於！嘉慶十一年歲次丙寅春正月，弟子黃鍾謹識。

## 命編纂《歷代職官表》

　　《歷代職官表》（《四庫全書》本）卷首：乾隆四十五年九月十七日奉上諭：國初設官分職，不殊《周官》法制。及定鼎中原，名異實同……歷朝改革建置紛如，難以勝數。我國家文武、內外官職，品級載在《大清會典》，本自秩然，至於援古證今，今之某官即前代某官，又或古有今無有，允宜勒定成書，昭垂永久，俾覽者一目了然。現在編列《四庫全書》，遺文畢集，著即派總纂、總校之紀昀、陸費墀、陸錫熊、孫士毅等悉心校覆，將本朝文武內外官職階級，與歷代沿襲異同之處，詳稽正史，博參群籍，分析序說，簡明精審，毋冗毋遺。其議政大臣、領侍衛、內大臣、八旗都統、護軍統領健銳火器營、內務府並駐防將軍及新疆增置各官，亦一體詳析考證，分門別類，纂成《歷代職官表》一書。由總裁覆核，陸續進呈，候朕閱定，書成後即

以此旨冠於卷首，不必請序，列入《四庫全書》，刊布頒行，以昭中外，一統古今，美備之盛。因首論丞相一官，餘可類推，覽是篇者，其各顧名思義，凜然於天工人代，兢兢業業，夙夜靖共，以庶幾克艱無曠之義。欽哉特諭，欽此。

### 錢大昕編定《廿二史考異》

錢大昕《廿二史考異序》：予弱冠時好讀乙部書，通籍以後尤專斯業，自史、漢迄金、元作者廿有二家，反覆校勘。雖寒暑疾疢，未嘗少輟。偶有所得，寫於別紙。丁亥歲乞假歸里，稍編次之，歲有增益，卷帙滋多，戊戌設教鍾山，講肄之暇，復加討論，間與前人暗合者削而去之，或得於同學啓示，亦必標其姓名，郭象、何法盛之事，蓋深恥之也。……馳騁筆墨，誇曜凡庸，予所不能效也。更有空疏措大，輒以褒貶自任，強作聰明，妄生疕疻，不卜年代，不揆時勢，強人以所難行，責人以所難受，陳義甚高，居心過刻，予尤不敢效也。桑榆景迫，學殖無成，惟有實事求是，護惜昔古人之苦心，可與海內共白。自知爇燭之光，必多罅漏，所冀有道君子，理而董之。庚子五月廿有二日，嘉定錢大昕序。

### 洪亮吉著成《三國疆域志》二卷

洪吉亮《卷施閣文甲集》卷八，《三國志疆域志序》：陳壽《三國志》，有紀傳而無志，然如天文、五行之類，略備沈約《宋書》，皆不可補。其尤要而不可闕者，惟地理一志。元郝經所補，全錄《晉書·地理志》，本文即見於深志中者，亦近而不探，他可知矣。予自戊戌歲校四史畢，即志於此。留心裒輯者二載，然因有數難，輒復中輟……要在補原書，而不汩其實，此裒輯之意也。然天下州邑之志，繁如星草，安知所疑而闕者，不皆散見於諸郡邑圖志中？補是志者，既非為己，何必皆出一人？同好之君子，苟能隨所見而足之，以成一史未竟之事，則是書亦補《三國志》疆域志之權輿矣。

# 1781 年　清高宗乾隆四十六年　辛丑

### 《四庫全書總目》纂修初就

乾隆四十六年二月己未，上御勤政殿聽政。諭：《四庫全書總目》提要，現已辦竣呈覽，頗為詳覈。所有總纂官紀昀、陸錫熊，著交部從優議敘。其協勘查校各員，俱著照例議敘。

## 纂修《熱河志》成書

《清高宗實錄》卷一一三二，乾隆四十六年閏五月丙午，《熱河志》成，予纂修等官議敘有差。御製《熱河志序》曰：為各省之志書易，為熱河之志書難。彼其以漢人書內地事，且各府州縣，本有晉乘、楚檮杌。，薈而輯之，其易也，不待燭照數計而龜卜也。熱河之志，則以關外荒略非內地，而遼金元之史成於漢人之手，所為如越人視秦人之肥瘠忽然，故曰難。……皇祖雖嘗名之曰避暑山莊，序詠三十六景，而未輯志者，其或有待耶？抑亦文獻不足徵，而遲遲為之耶？山川里邑，建置沿革，與夫古蹟人物，司事之臣雖捃摭遺逸，猶有未備。未信者，其說具見於前，而吾之序是書以行世者，正所云在此不在彼。

## 乾隆帝暢言歷史「正統論」

《清高宗實錄》卷一一四二，乾隆四十六年十月甲申：命館臣錄存楊維楨《正統辨》。諭：元楊維楨著宋遼金《正統辨》，大旨以元承宋統，而排斥遼金。其文不見本集，惟陶宗儀《輟耕錄》載之。今館臣編輯《四庫全書》，謂其持論紕繆，並《輟耕錄》內所載者，亦與刪除，且言隋先代周，繼乃平陳，未聞唐宋諸儒謂隋承陳不承周也。此語似是而非。蓋嘗論之：《春秋》大一統之義，尊王黜霸，所立萬世綱常，使名正言順，出於天命人心之正。紫陽《綱目》，義在正統，是以始皇之二十六年秦始繼周；漢始於高帝五年，而不始於秦降之歲；三國不以魏、吳之強奪漢統之正，《春秋》之義然也。楊維楨撰三史《正統辨》，凡二千六百餘言，義本《春秋》，法宗《綱目》，其欲以元繼南宋為正統，而不及遼金，其論頗正，不得謂之紕繆。……夫正統者，繼前統、受新命也。東晉以後，宋、齊、梁、陳雖江左偏安，而所承者晉之正統。其時若拓拔魏氏，地大勢強，北齊、北周繼之，亦較南朝興盛，而中華正統，不得不屬之宋、齊、梁、陳者，其所承之統正也。至隋則平陳以後，混一區宇，始得為大一統。即唐之末季，藩鎮擾亂，自朱溫以迄郭威等，或起自寇竊，或身為叛臣，五十餘年間更易數姓，甚且稱臣稱侄於契丹，然中國統緒相承，宋以前亦不得不以正統屬之梁、唐、晉、漢、周也。至於宋南渡後，偏處臨安，其時遼、金、元相繼起於北邊，奄有河北。宋雖稱侄於金，而其所承者，究仍北宋之正統，遼、金不得攘而有之。至元世祖平宋，始有宋統當絕、我統當緒之語，則統緒之正，元世祖已知之稔矣。

### 命編纂《明臣奏議》

《清高宗實錄》卷一一四三，乾隆四十六年十月丙申：命皇子等編輯明臣奏議。諭、歷代名臣奏疏。向有流傳選刻之本。四庫全書內。亦經館臣編次進呈。其中危言讜論。關係前代得失者。固可援為法戒。因思勝國去今尤近。三百年中。蓋臣傑士。風節偉著者。實不乏人。迹其規陳治亂。抗疏批鱗。當亦不亞漢唐宋元諸臣。而奏疏未有專本。使當年繩愆糾謬。忠君愛國之忱。後世無由想見。誠闕典也。……此事關係明季之所以亡。與我朝之所以興。敬怠之分。天人之際。不可不深思遠慮。觸目警心。著派諸皇子、同總師傅蔡新等、為總裁。其皇孫皇曾孫之師傅翰林等、即著為纂修校錄。陸續進呈。候朕親裁。書成後。即交武英殿刊刻。仍鈔入四庫全書。將此旨冠於簡端。所有前次紀昀等選出神宗以後各奏疏。即著歸入此書。按其朝代。一體編纂。特諭。

### 命館臣重訂《契丹國志》

《清高宗實錄》卷一一四三，乾隆四十六年十月乙酉，命館臣重訂《契丹國志》。諭：《四庫全書館》進呈書內，有宋葉隆禮奉敕所撰《契丹國志》，其說採摘《通鑑長編》及諸說部書。按年臚載，鈔撮成文，中間體例混淆，書法訛舛，不一而足。如書既名《契丹國志》，自應以遼為主，乃卷首年譜，既標太祖、太宗等帝，而事實內或稱遼帝、或稱國主，豈非自亂其例。……今《契丹國志》既有成書，紀載當存其舊，惟體例、書法訛謬，於《綱目》大義有乖者，不可不加釐正。著總纂紀昀等詳加校勘，依例改纂。其志中之事跡，如祭用白馬、灰牛、壇中枯骨變形視事、及戴野豬頭披皮之事，雖跡涉荒誕，然與《詩》、《書》所載簡狄吞卵、姜嫄履武，復何以異？蓋神道設教，以溯發祥，古今胥然，義正如此，又何必信遠而疑近乎。其餘遼帝過舉，如母后擅權諸事，足為後世鑒戒者，仍據志直書，一字不可易。該總裁等覆閱進呈，候朕親定。錄入四庫全書，並將此旨書於簡端，以昭綱常名教，大公至正之義。特諭。

### 畢沅《晉書地理志新補正》著成

畢沅《晉書地理志新補正序》：《晉書·地理志》二卷，案新、舊《唐書》為房元齡等二十人所撰。今覈其書，大要以晉武帝太始、太康中為定，自惠帝時已略焉，至東晉則尤略。……唐初修《晉書》，不特不旁考諸書，即王隱

《地道》之編，沈約州郡之志亦近而不採，殊可怪矣。然使能一以武帝時郡縣爲定，而盡錄《太康地志》所有，勒成一書，雖非典午之全編，亦可悉金行之首運，未爲失也。……而今之撰錄若此，則唐初諸賢不究地理之學之過也。沉官事之暇嗜博觀史籍，間以所見校正此志，僞漏凡數百條，又採他地理書可以補正闕失者皆錄入焉，分爲五卷。升元注作大字，則從劉昭補注《郡國志》舊例也。時乾隆四十六歲在辛丑孟冬月十五日。

# 1782 年　乾隆四十七年　壬寅

## 《欽定皇輿西域圖志》成書

乾隆四十七年五月初十日，大學士臣英廉，遵旨增纂《西域圖志》告成，謹率同纂修諸臣統校畫一，奉表恭進者。欽惟我皇上功高統壹，德被懷柔，拓西極之山川二萬里同歸幬載，照中天之日月億千年永懋經綸。史編垂麟閣，初成早目張而綱舉。臣等無任踴躍歡慕之至，謹奉表恭進以聞。本日奉旨：知道了，著交武英殿刊刻，並寫入《四庫全書》。欽此。

## 敕撰《欽定河源紀略》

《清高宗實錄》卷一一六〇，乾隆四十七年七月己酉：命館臣編輯《河源紀略》。諭：今年春間，因豫省青龍岡漫口，合龍未就。遣大學士阿桂之子乾清門侍衛阿彌達，前往青海，務窮河源，告祭河神。事竣覆命，並據按定南針繪圖具說呈覽。……今復閱《史記》、《漢書》所紀河源，爲之究極原委，則張騫所窮，正與今所考訂相合，又豈可沒其探本討源之實乎。所有兩漢迄今，自正史以及各家河源辯證諸書，允宜通行校閱，訂是正訛，編輯《河源紀略》一書。著四庫館總裁督同總纂等，悉心纂辦。將御製河源詩文，冠於卷端，凡蒙古地名、人名，譯對漢音者，均照改定正史，詳晰校正無訛，頒佈刊刻，並錄入《四庫全書》，以昭傳信。特諭。

## 命訂正《通鑑綱目續編》

《清高宗實錄》卷一一六八，乾隆四十年十一月庚子：命皇子及軍機大臣訂正《通鑑綱目續編》。諭：朕披閱《御批通鑑綱目續編》，內周禮《發明》、張時泰《廣義》，於遼金元事多有議論偏謬及肆行詆毀者。《通鑑》一書，關係前代治亂興衰之跡，至《綱目》祖述麟經，筆削惟嚴，爲萬世公道所在，不可稍涉偏私。試問孔子《春秋》內，有一語如《發明》、《廣》義之肆口嫚

罵所云乎？向命儒臣編纂《通鑑輯覽》，其中書法、體例，有關大一統之義者，均經朕親加訂正，頒示天下。如內中國而外夷狄，此作史之常例，顧以中國之人載中國之事，若司馬光、朱子，義例森嚴，亦不過欲辨明正統，未有肆行嫚罵者。朕於《通鑑輯覽》內，存弘光年號，且將唐王、桂王事跡附錄於後，又諭存楊維楨《正統辨》，使天下後世，曉然於《春秋》之義，實為大公至正，無一毫偏倚之見。至於東夷西戎、南蠻北狄，因地而名，與江南河北、山左關右何異，孟子云舜為東夷之人，文王為西夷之人，此無可諱，亦不必諱，但以中外過為軒輊，逞其一偏之見，妄肆譏訕，毋論桀犬之吠，固屬無當，即區別統系，昭示來許，亦並不在乎此也。……所有《通鑑綱目續編》一書，其遼金元三朝人名地名，本應按照新定正史，一體更正，至發明廣義內，三朝時事，不可更易外，其議論詆毀之處，著交諸皇子及軍機大臣量為刪潤，以符孔子春秋體例。仍令黏簽進呈，候朕閱定，並將此諭，冠之編首，交武英殿照改本更正後，發交直省督撫各一部，令各照本抽改。將此通諭中外知之。

### 《欽定日下舊聞考》修成

《欽定日下舊聞考》（文淵閣《四庫全書》本）卷首，英廉等進書表：臣英廉等奉勅編纂《日下舊聞考》成書，謹奉表上進者。伏以辰居星拱，經天曜帝座之垣；皇極疇敷，括地志神畿之府。考山川而陳風俗承平，統一車書，彰文物而紀聲明，首善先詳。輦轂蓋九州、島赤縣，盡聖朝無外之規模。而《三輔黃圖，》為王者宅中之都會。正體裁於竹素，博聞資廣見，重研考掌故於芸緗，舊帙待新編。益煥瞻雲，就日近光，紬石室之書，索獻徵文數典，壯金臺之色，廣輪式廓，載籍增輝……臣等無任瞻天仰聖，感激屏營之至。謹奉《日下舊聞考》一百六十卷，目錄一卷，隨表恭進以聞。乾隆四十七年大學士臣英廉、領侍衛內大臣尚書臣和珅……

# 1783年　清高宗乾隆四十八年　癸卯

### 梁玉繩撰成《史記志疑》

《史記志疑》卷首，《自序》：余自少好太史公書，輟學之暇，常所鑽仰。然百三十篇中，愆違疏略，觸處滋疑，加以非才刪續，使金瑜罔別，鏡璞不完，良可閔歎。解家匡謬甄疵，豈無裨益，第文繁事博，舛漏尚多。因思策勵駑蹇，澄廓波源，探裴、張、司馬之舊言，搜今昔名儒之高論，兼下

愚管，聊比取芻，作《史記志疑》三十六卷，凡五易稿乃成。在宋劉氏撰《兩漢刊誤》，翼贊顏注，吳斗南復著《刊誤補遺》。深慚鄙淺，何敢繼祖前修，只緣勤苦研席，星曆一終，享帚徒矜，惜肋莫棄，則劉其暇而縫其闕，實有望於後之為斗南者。乾隆四十八年龍集癸卯初月九日，仁和梁曜北玉繩自序。

### 命皇子等纂輯《古今儲貳金鑑》

《清高宗實錄》卷一一九一，乾隆四十八年十月丁丑：命輯《古今儲貳金鑑》。諭：歷覽前代建儲諸弊，及我朝家法相承，於立儲一事之不可行，已明降諭旨，宣示中外。至史冊所載因建立儲貳，致釀事端者不可枚舉。自當勒成一書，以昭殷鑑。著皇子等同軍機大臣及尚書房總師傅等，將歷代冊立太子事跡，有關鑑戒者采輯成書，陸續進呈。即著皇孫等之師傅，為膳錄。書成，名為《古今儲貳金鑑》。

## 1785 年　清高宗乾隆五十年　乙巳

### 乾隆《大清一統志》及《遼金元三史國語解》告成

《清高宗實錄》卷一二四五，乾隆五十年十二月乙未：續修大《清一統志》並《遼金元三史國語解》告成，承辦纂修等官議敘有差。

## 1786 年　清高宗乾隆五十一年　丙午

### 嚴飭史臣，令重修《八旗通志》

《清高宗實錄》卷一二五三，乾隆五十一年四月壬辰，諭：四庫館進呈《八旗通志》一書，朕詳加披閱。其《忠烈傳提要》內，詳載開國以來列祖列宗褒獎功勳、風勵忠節之典，而於乾隆年間恩恤諸大政，俱闕而不載……則將來此書之傳，何足以羽翼國史，昭示來茲？……辦理太屬疎漏。此書著交軍機大臣，會同該館總裁重加輯訂，詳悉添注，加按進呈。候朕閱定後，再將文淵等閣陳設之書，一體改正。所有原辦此書之總裁及纂修等，俱著逐一查明，交部議處。

### 諭令修改《明史紀事本末》所載擊敗李自成事

《清高宗實錄》卷一二五九，乾隆五十一年七月壬戌，諭：《明史紀事本末》一書，係谷應泰所撰。朕從前在書房時，即曾見其書，以其舉有明一代

之事，仿袁樞通鑒紀事之體，逐事貫穿始末，俾覽者了然……及我睿親王奉命統率義師，入關討賊，我兵奮勇衝殺，賊人望風披靡，自相蹂踐，自成遂棄京師四走。而英親王復率歸騙逐，賊即狼狽竄死。實錄所載甚明，是李自成之竄敗，皆係本朝滿洲兵力。使三桂彼時果能辦此，伊尚將攘爲己有，安肯復請本朝兵乎？此自成之敗非三桂之力，更爲彰明較著者也。而谷應泰乃稱三桂頓兵山海關，悉銳出戰，擊殺數千人，追奔逐北，似賊人之敗於三桂，而非敗於本朝。谷應泰係漢人，猶及明末，未免意存迴護，故爲左袒，而非當日實在情事，不足傳信。著軍機大臣詳查《開國方略》所載入關殺賊實事，將書中此一節重行改正，以昭正論信史。

### 《皇清開國方略》修成

《欽定四庫全書》本《八旬萬壽盛典》卷七，《御製開國方略序》（丙午）：……天生聖人，治四海必有祥符與眾不同，而更在於聖人之奮智勇、受艱辛，有以冠人世、答天命，夫豈易哉？予小子守祖宗之業，每於讀《實錄》，觀我太祖開國之始，躬干戈、冒鋒刃，有不忍觀、不忍言而落淚者。繼思不忍觀、不忍言之心，爲姑息之仁，其罪小，觀至此，而不念祖宗之艱難，不勤思政治以祈永命，慎守神器，其罪大。故令諸臣直書其事，以示後世。即明臣之紀本朝事跡，如黃道周之《博物典彙》之類，不妨節取，以證信實。然予此爲，非啻自勵而已也，欲我萬世子孫，皆如予之觀此書之志，其弗動心落淚、深思永念，以敬天命、守祖基，兢兢業業，懼循環治亂之幾，則亦非予之子孫而已矣。此《開國方略》之書所以作也。嗚呼，可不敬哉！可不慎哉！」

# 1787 年　清高宗乾隆五十二年　丁未

### 嚴令四庫館臣撤毀李清《諸史同異錄》

《清高宗實錄》卷一二七七，乾隆五十二年三月丁亥，諭：《四庫全書》處進呈續繕三分李清所撰《諸史同異錄》書內，稱我朝世祖章皇帝，與明崇禎四事相同，妄誕不經，閱之殊堪駭異……該總纂、總校等即應詳加查閱，奏明銷毀。何以僅從刪節，仍留其底本？其承辦續三分書之侍講恭泰、編修吳裕德，雖係提調兼司總校，但率任書手誤寫，均難辭咎。所有辦《四庫全書》之皇子、大臣及總纂紀昀、孫士毅、陸錫熊、總校陸費墀、恭泰、吳裕德，從前覆校許烺，俱著交部分別嚴加議處。至議敘舉人之監生朱文鼎，係

專司校對之人，豈竟無目者，乃並未校出，其咎更重。朱文鼎本因校書特賜舉人，著即斥革，以示懲儆。所有四閣陳設之本，及續辦三分書內，俱著掣出銷毀，其《總目提要》，亦著一體查刪。

## 錢大昕著成《潛研堂金石文跋尾》

王鳴盛《潛研堂金石文字跋尾序》：傅青主問閻百詩：「金石文字足以正經史之訛而補其闕，此學始於何代何人？」……然則金石之學，自周、漢以至南北朝，咸重之矣。而專為一書者，則自歐陽永叔始。自永叔以下，著錄者甚多。……予嘗論其完備者凡六家：自歐陽外，則趙氏明誠、都氏穆、趙氏崡、顧氏炎武、王氏澍，斯為具體。……惟朱氏彝尊始足並列為七焉。最後予妹婿錢少詹竹汀《潛研堂金石文跋尾》，乃盡掩七家出其上，遂為古今金石學之冠。……丁未冬日，同里西莊王鳴盛撰。

## 王鳴盛《十七史商榷》刊行

王鳴盛《十七史商榷序》：《十七史》者，上起《史記》，下訖《五代史》，宋時嘗彙而刻之者也。商榷者，商度而揚榷之也。海虞毛晉汲古閣所刻，行世已久，而從未有全校之一周者。予為改訛文，補脫文，去衍文，又舉其中典制事跡，詮解蒙滯，審覈踳駁，以成是書，故名曰「商榷」也。《舊唐書》、《舊五代史》，毛刻所無，而云十七者，統言之，仍故名也。若《遼》、《宋》等史，則予未暇及焉。

大抵史家所記典制有得有失，讀史者不必橫生意見，馳騁議論，以明法戒也，但當考其典制之實，俾數千百年建置沿革，瞭如指掌，而或宜法，或宜戒，待人之自擇焉可矣。其事跡則有美有惡，讀史者亦不必強立文法，擅加與奪，以為褒貶也，但當考其事跡之實，俾年經事緯，部居州次，紀載之異同，見聞之離合，一一條析無疑，而若者可褒，若者可貶，聽諸天下之公論焉可矣。書生匈臆，每患迂愚，即使考之已詳，而議論褒貶猶恐未當，況其考之未確者哉！蓋學問之道，求於虛不如求於實，議論、褒貶皆虛文耳。作史者之所記錄，讀史者之所考核，總期於能得其實焉而已矣，外此又何多求邪？……噫嘻！予豈有意於著書者哉？不過出其讀書、校書之所得，標舉之以詒後人，初未嘗別出新意，卓然自著為一書也。如所謂橫生意見，馳騁議論，以明法戒，與夫強立文法，擅加與奪褒貶，以筆削之權自命者，皆予之所不欲效尤者也。然則予蓋以不著為著，且雖著而仍歸於不著者也。……

夫書既成，而平生不喜爲人作序，故亦不求序於人，聊復自道其區區務實之微意，弁之卷端。序所不足者，綴言具之云。進士及第、通議大夫、光祿卿、前史官嘉定王鳴盛字鳳喈號西沚撰。

按：王鳴盛《十七史商榷》一書，今存有乾隆五十二年洞涇草堂刻本與藏版，故知至遲本年已然刻行。

## 1788年　清高宗乾隆五十三年　戊申

### 《東華錄》作者蔣良騏卒

（嘉慶）《全州志》卷八《人物》（載《東華錄》附錄）：蔣良騏，字千之，一字嬴川，升鄉石岡人。……才思宏富，倚馬千言，爲西粵文人之冠。年二十五，與伯兄良翊同領乾隆丁卯鄉薦。辛未，成進士，選庶常，授編修。……乃以母老終養歸。……終養事畢，赴都復職，充國史館纂修官。著《名臣列傳》，經手者居多。晉日講，擢侍御。……（丁酉），升鴻臚寺少卿。旋以府臣視學奉天。……遷太僕寺卿。……乙巳，與千叟宴。……授通政使司通政使。……著有《下學錄》、《京門草》、《傷神雜詠》、《覆釜紀遊》，藏於家。……年六十七卒於京。……

蔣良騏《東華錄自序》：乾隆三十年十月，重開國史館於東華門內稍北，騏以讜陋，濫竽纂修。天擬管窺，事憑珠記。謹按館例，凡私家著述，但考爵里，不採事實，惟以實錄、紅本及各種官修之書爲主，遇圖分列傳事跡及朝章國典、兵禮大政，與列傳有關合者，則以片紙錄之，以備遺忘。信筆摘鈔，逐年編載，只期鱗次櫛比，遂覺縷析條分，積之既久，竟成卷軸，得若干卷云。湘源蔣良騏千之父謹識。

### 獲畢沅支持，章學誠主持修《史籍考》

章學誠《章學誠遺書》卷一三，《論修史籍考要略》：校讎著錄，自古爲難。二十一家之書，志典籍者，僅有漢、隋、唐、宋四家，餘皆闕如。《明史》止錄有明一代著述，不錄前代留遺，非故爲闕略也，蓋無專門著錄名家，勒爲成書，以作憑藉也。史志篇幅有限，故止記目錄，且亦不免錯訛。私家記載，間有考訂，僅就耳目所見，不能悉覽無遺。朱竹垞氏《經義》一考，爲功甚巨，既辨經籍存亡，且採群書敘錄，間爲案斷，以折其衷。後人溯經藝者，所收賴矣。第類例間有未盡，則創始之難。而所收止於經部，則史籍浩繁，一人之力不能兼盡，勢固不能無待於後人也。

## 吳長元《宸垣識略》刊行

《續修四庫全書提要》（稿本）：《宸垣識略》十六卷，清吳長元撰。長元字太初，浙江仁和人。乾隆時以布衣客輦下，屢爲京朝大夫讎校秘冊，嘗就所見，擷其精華，著《天廚雜嚼》一種，未授梓。復爲名勝觀光計，續輯《宸垣識略》若干卷。乾隆五十三年，池北草堂刊行之。……按乾隆三十九年，大學士英廉等，奉敕《日下舊聞考》，因朱彝尊《日下舊聞》原本，刪繁補簡，成書一百二十卷，篇帙浩博，不便取攜，且爲天祿寶章，寒士獲讀不易。長元乃依二書所輯，提綱挈領，約成此編，卷數僅成十六，分天文、形勢、水利、建置、大內、皇城、內城、外城、苑囿、郊坰、識餘等十一門。門附總圖、分圖若干幅。……書之編輯，雖係採摭《舊聞》及《舊聞考》以成，而其中自述聞見，爲二書所無者，亦頗不少，取便遊屐。乃依朱氏原本，以官署散入城市中，不照《舊聞考》例另立專門，其它增入王侯第宅，並附錄會館地址，添加地圖，續輯新詩等，悉爲是書獨有之條目。考古紀方，允稱佳本。精詳簡易，較原書有過之無不及。……

## 敕纂《功臣傳四集》

《國朝宮史續編》卷九〇，《書籍十六・史學三》：《欽定功臣傳四集》一部。乾隆五十三年敕纂。紀征剿撒拉爾並石峰堡等處抒忠效命之文武大臣官員一百三人，兵丁一千八百一人，凡十二卷，繙譯本與漢本同。

# 1789 年　清高宗乾隆五十四年　己酉

## 《欽定宗室王公功績表傳》纂修成書

《四庫全書・欽定宗室王公功績表傳》書前提要：《欽定宗室王公功績表傳》十二卷，乾隆四十六年奉敕撰。……皇上篤念周親，不忘舊績，俾效命風雲之會者，得以表章。並使席榮珪組之班者，知所觀感，用以本支百世，帶礪萬年，所爲垂訓而示勸者，聖意尤深遠矣。參稽詳慎，必再易稿而始成書者，豈徒然哉！乾隆五十四年正月恭校上。

按：《宗室王公功績表傳》爲清朝國史的組成部分，但與《蒙古回部王公表傳》一樣，常以階段性成書公佈和頒發。此次是該書首次纂成，同時纂修還有《蒙古回部王公表傳》，但僅爲初稿，至乾隆六十年方校訂成書。

## 清官方纂修「六通」最後修成，寫入《四庫全書》

《四庫全書》本《欽定續文獻通考》卷首，館臣提要：臣等謹案：《欽定續文獻通考》二百五十卷，乾隆十二年奉敕撰，馬端臨《文獻通考》斷自宋寧宗嘉定以前，採摭浩博，綱領宏該，元以來未有纂述。明王圻起而續之，體例糅雜，舛錯叢生，遂使數典之書變爲兔園之策，論者病焉。……我皇上化洽觀文，道隆稽古，特命博徵舊籍，綜述斯編，黜上海之野文，補鄱陽之巨帙，合宋遼金元明五朝事跡、議論，彙爲是書。……初議於馬氏原目外，增朔閏、河渠、氏族、六書四門，嗣奉敕續修《通志》，以天文略可該朔閏，地理略原首河渠，氏族、六書更鄭樵之舊部。「三通」既一時並輯，兩笈即無庸復陳。茲惟於郊社、宗廟內，析出群祀、群廟，廣爲二十六門。此則仍馬氏之舊例變通而匡正之者也。乾隆五十四年正月恭校上。……

按：清乾隆朝纂修《續文獻通考》、《皇朝文獻通考》、《續通典》、《皇朝通典》、《續通志》、《皇朝通志》，合稱「清六通」，不只部帙宏大，史料豐碩，且頗爲講究義例。然各書完成時間卻無明確記載。查文淵閣《四庫全書》所收「續三通」書前提要，有校訂完成進上的日期，《續通典》簽署爲乾隆四十八年十二月，《續通志》、《續文獻通考》皆爲乾隆五十四年正月。而「清三通」均無「恭校」日期。據此，「清六通」最後告成當於本年。

## 命國史內特立《逆臣傳》

《清高宗實錄》卷一三四四，乾隆五十四年十二月庚申，諭：前因國史館所進《貳臣傳》乙編內，有先順流賊，仍降本朝，投誠後復行從逆者，皆係反覆小人，不值爲之立傳。是以降旨令將伊等列傳概行撤去。祇爲立表，排列姓名，摘敘事跡。今思此等偷生嗜利之徒，進退無據，實爲清議所不容，若僅於表內略摘事跡，敘述不詳，使伊等醜穢之行不彰後世，得以幸逃訾議，轉不足以示懲戒。但《貳臣傳》內，原分甲乙二編，如甲編內洪承疇、李永芳諸人，皆曾著績宣勞，本朝有功可紀。即列入乙編者，歸順本朝之後，並未嘗別生反側。若吳三桂、耿精忠、李建泰、姜鑲、王輔臣、薛所蘊、張忻等，或先經從賊，復降本朝，或已經歸順，復行叛逆。此等行同狗彘，靦顏無恥之人，並不得謂之貳臣，若亦一同編列，轉乖史例。著國史館總裁即行詳悉查明，特立《逆臣傳》，另爲一編，庶使叛逆之徒，不得與諸臣並登汗簡，而生平穢跡，亦難逃斧鉞之誅，方爲公當。

按：清國史館此後編纂《貳臣傳》、《逆臣傳》，並未完全按照此項諭旨施

行，順從「流賊」爲官而又降於清朝者如薛所蘊、張忻等，仍列入《貳臣傳》乙編，蓋其人爲明朝逆臣而非清朝逆臣。僅將曾叛清者如李建泰、姜鑲、王輔臣等編入《逆臣傳》。這種處理方式，應當是清國史館臣修正了乾隆帝的意見，得到旨允而實行。在《貳臣傳》甲、乙二編中，實際又各自分爲上、中、下三等，意含軒輊，按次序編排，凡有「從賊」經歷者，無論在清朝有何功績，無論是否曾在明朝爲官，一改歸於乙編最下等。參見清國史館《國史貳臣表》，載繆荃孫輯《煙畫東堂小品》（十二冊）本「活」字冊，民國九年（1920）江陰繆氏刊本。

# 1790 年　清高宗乾隆五十五年　庚戌

## 趙翼《陔餘叢考》付刊

趙翼《陔餘叢考小引》：余自黔西乞養歸，問視日暇，仍理故業。日夕惟手一編，有所得輒札記別紙，積久遂得四十餘卷。以其爲循陔時所輯，故名曰《陔餘叢考》。藏篋衍久矣，睹記淺狹，不足滿有識者之一笑。擬更廣探經史，增益成書，忽忽十餘年，老境浸尋，此事遂廢。兒輩從敝麓中檢得此稿，謂數年心力，未可拋棄，遂請以付梓。博雅君子，幸勿嗤其舁陋，其中或有謬誤，更望賜之駁正，俾得遵改焉。乾隆五十五年庚戌嘉平月，趙翼識。

《續修四庫全書總目提要》（稿本）：《陔餘叢考》四十三卷，清趙翼撰。翼字松耘，號甌北，常州府陽湖縣人。……上自經史疑義，下自釘鞾、假面、牙郎，籌馬，無不獨具新解，勾稽本源。……故綜論全書，贍博不讓劉寶楠《讀書雜記》，精闢通達又遠過之，不只倍蓰也。

# 1791 年　清高宗乾隆五十六年　辛亥

## 敕撰《安南紀略》

《國朝宮史續編》卷八五，《書籍十一·方略》：《欽定安南紀略》一部，乾隆五十六年敕撰。記初復黎維祁國，繼受阮光平降始末，凡三十二卷。

# 1793 年　清高宗乾隆五十八年　癸丑

## 錢大昭著成《三國志辨疑》

錢大昭《三國志辨疑自序》：史有二體，紀傳、編年是也。紀傳中有二體，

陳氏《三國志》、李氏《南北史》之與諸史是也。諸史中，班書約而仍明，略而勿陋，敘事最爲蕭括。蔚宗史才，已不逮古，而自稱「體大思精，自古未有」者，蓋謝承、華嶠、司馬彪諸書並在範前，取資既多，用功亦密，又因而非創，易於措辭也。陳承祚之於三國，疆宇鼎立，地醜德齊，兼之互相詆毀，各自誇張，斯其載筆誠難折中……予舊於兩漢書有《辨疑》四十四卷，於地理、官制頗有所得。……近日復於《三國志》，輯錄得三卷，仍仿《漢書辨疑》例，不敢立議論以測古今，不敢妄襃貶以騁詞辨。而其詳略不能與《漢書》盡同者，蓋史事藉注證而申，《兩漢》之注簡，簡則易滋疏略，《三國》之注博，博則疑義鮮存，有無待辯證而明焉者也。……乾隆五十八年六月，嘉定錢大昭書於濟南客舍。

# 1795 年　清高宗乾隆六十年　乙卯

## 謝啟昆著成《西魏書》

　　胡虔《西魏書跋》：……南康謝蘊山先生，咎《魏書》之乖謬，慨《北史》之不能正其失，乃作《西魏書》二十二篇。凡《帝紀》一，《表》三，《考》四，《列傳》十二，《載記》一，又《續錄》一。義嚴而才博，思密而體備，蓋無愧於古之作者，而《大事表》尤足爲史法。……先生之爲是書也，自正史、傳記、輿地、金石之文，以及郡邑之志，瀏覽殆數千卷。昨官南河，復討論《四庫》書於揚州。其搜剔補綴之功，最爲勤密。……雖所紀只四帝二十餘年，然固已卓然爲一家史矣。……先生創稿於丁未秋，時虔主蘇潭，今來武林，復樂見其書之成也，輒敘其顚末於後。虔侍先生久，故知之爲切近云。乾隆六十年正月，桐城胡虔洛君謹跋。

## 趙翼著成《廿二史劄記》

　　趙翼《廿二史劄記小引》：閒居無事，翻書度日，而資性粗鈍，不能研究經學，惟歷代史書，事顯而義淺，便於流覽，爰取爲日課，有所得，輒札記別紙，積久遂多。惟是家少藏書，不能繁徵博采，以資參訂。間有稗乘脞說，與正史歧互者，又不敢遽詫爲得聞之奇。蓋一代修史時，此等記載無不搜入史局，其所棄而不取者，必有難以徵信之處，今或反據以駁正史之訛，不免貽譏有識。是以此編多就正史紀、傳、表、志中，參互勘校，其有牴牾處，自見輒摘出，以俟博雅君子訂正焉。至古今風會之遞變，政事之屢更，有關於治亂興衰之故者，亦隨所見附著之。自惟中歲歸田，遭時承平，得優游林

下，寢饋於文史以送老，書生之幸多矣。或以比顧亭林《日知錄》，謂身雖不仕，而其言有可用者，則吾豈敢。陽湖趙翼謹識，乾隆六十年三月。

# 1797 年　清仁宗嘉慶二年　丁巳

## 《續資治通鑑》主編畢沅卒

　　錢大昕《潛研堂文集》卷四十二《太子太保兵部尙書湖廣總督世襲二等輕車都尉畢公墓誌銘》：嘉慶二年秋七月庚午，兵部尙書、湖廣總督、世襲輕車都尉鎮洋畢公以疾終於辰陽行館。……

　　馮集梧《續資治通鑑序》：鎮洋故尙書畢秋帆先生著《續資治通鑑》。蓋自司馬溫公作《資治通鑑》，而明王氏宗沐、薛氏應旂各有《續通鑑》之書。國朝徐氏乾學，復有《通鑑後編》，即王氏、薛氏本而增損之，今原稿廑存，亦不無淩亂闕佚。茲書以宋、遼、金、元四朝正史爲經，而參以《續資治通鑑長編》、《契丹國志》等書，以及各家說部、文集，約百十餘種。仿《通鑑考異》之例，著有《考異》，並依胡氏三省分注各正文下，事必詳明，語歸體要。經營三十餘年，延致一時軼才達學之士，參訂成稿。復經餘姚邵二雲學士，核定體例付刻，又經嘉定錢竹汀詹事，遂加校閱……

# 1798 年　清仁宗嘉慶三年　戊午

## 王謨輯成《漢魏遺書鈔》

　　《清史列傳》卷六十八《儒林傳下一》：王謨，字仁圃，江西金溪人，乾隆四十三年進士，授知縣，乞就教職，選建昌府教授。……後以告歸，年七十六，卒。……自少疾俗學、好博覽。晚歲獨抱遺經，泊然榮利之外。嘗輯漢魏群儒著述之已佚者，分經、史、子、集四部，片議單詞，無不甄錄，爲《漢魏遺書鈔》五百餘種，用力至深……。

## 章學誠撰擬《史考釋例》，作爲補輯《史籍考》規劃

　　章學誠《史考釋例》（載《章學誠遺書·補遺》）：著錄之書，肇自劉氏《七略》；班氏因之，而述《藝文》。自是荀《簿》、阮《錄》、《隋志》、《唐藝》，公私迭有撰記，不可更僕數矣。其因著錄而爲考訂，則劉向《別錄》以下，未有繼者。宋晁氏公武、陳氏振孫，始有專書；而馬氏《文獻通考》，遂因之以著經籍，學者便之。然皆據所存書，加詳悉耳。至於專門考求，無論書籍之存亡，但有見於古今著錄，或群書所稱引，苟有名目著見，無不收錄考次，

博綜貫串，勒爲一家，則古人所無，實創始於朱氏彝尊《經義存亡考》。今《史考》一依《經考》起義，蓋亦創始之書也，凡創始者功倍而效不能全。……此書爲鎮洋贈宮保畢公所創稿，遺編敗麓，斷亂無緒。予既爲朱氏補《經考》，因思廣朱之義，久有斯志。聞宮保既已爲之，故輟筆以俟觀闕成焉。及宮保下世，遺緒未竟，實爲藝林闕典，因就其家訪得殘餘，重訂凡例，半籍原文，增加潤飾，爲成其志，不敢掩前人創始之勤也。

按：此《史考釋例》，乃章學誠入謝啓昆幕府爲謝氏撰擬，作爲補輯《史籍考》規劃。但撰成此文後未幾，章氏即被謝啓昆排斥出局。詳見喬治忠《〈史籍考〉編纂問題的幾點考析》，載《史學史研究》2009 年第 2 期。

# 1799 年　清仁宗嘉慶四年　己未

## 命開館纂修《清高宗實錄》

《清仁宗實錄》卷三九，嘉慶四年二月丁酉：命恭纂《高宗純皇帝實錄》。以協辦大學士慶桂爲監修總裁官，大學士王杰、前任大學士署尚書董誥、尚書朱珪、那彥成爲總裁官，尚書布彥達賚、沈初、德明、紀昀、彭元瑞、侍郎豐紳濟倫爲副總裁官。

## 法式善著成《清秘述聞》、《槐廳載筆》

法式善《清秘述聞自序》：乾隆辛丑，法式善散館授職檢討，充四庫書館提調官。凡夫史氏之掌記，秘府之典章，獲流覽焉。嗣後再充日講起居注官，司衡之特命、試題之欽頒，皆嘗與聞其事。又充辦事翰林官，玉堂故事，前輩風流，與夫姓字里居，遷擢職使，益得朝稽夕考。傲直之暇，一一私綴諸紙尾。同館諸先生見之，謂可備文獻之征，遂分年編載，事以類從，釐爲十六卷。其不可考者，仍闕之以待補云。日講起居注官翰林院侍讀學士法式善。

法式善《槐廳載筆例言》：余官學士時，嘗考順治乙酉以來，鄉會試考官名字、爵里及試士題目，並學院、學道題名，甄輯之爲《清秘述聞》十六卷。其後改官祭酒，聚生徒講業，睹聞益廣，復博採科名掌故，見於官書及各家撰著、足資考據者，仿朱檢討《日下舊聞》之例，釐而錄之，爲二十卷，命之曰《槐廳載筆》。槐廳者，國子監廨舍，祭酒所視事處。庭中古槐，植自元時，以許魯齋得名，非沿翰林院第三廳故事也……

### 錢大昕著成《十駕齋養新錄》

錢大昕《十駕齋養新錄自序》：「芭蕉心盡展新枝，新卷新心暗已隨。願學新心養新德，長隨新葉起新知。」張子厚《詠芭蕉》句也。先大父嘗取「養新」二字，榜於讀書之堂。大昕兒時侍左右，嘗為誦之，且示以『溫故知新』之旨。今年逾七十，學不加進，追惟燕翼之言，泚然汗下。加以目眊耳聾，記一忘十，問字之客不來，借書之颿久廢。偶有咫聞，隨筆記之，自慚螢爝之光，猶賢博簺之好。題曰《養新錄》，不敢忘祖訓也。嘉慶四年十月，書於十駕齋。

### 阮元著成《疇人傳》

阮元《疇人傳序》：……元早歲研經，略涉算事，中西異同，今古沿改，三統四分之術，小輪橢圓之法，雖嘗旁稽載籍，博問通人，心鈍事棼，義終昧焉。竊思二千年來，術經七十改，作者非一人，其建率改憲，雖疏密殊途，而各有特識，法數具存，皆足以為將來典要。爰掇拾史書，薈萃群籍，甄而錄之，以為列傳。自黃帝以至於今，凡二百四十三人，附西洋三十七人，大凡二百八十人，釐為四十卷，名曰《疇人傳》。綜算氏之大名，紀步天之正軌，質之藝林，以詒來學。俾知術數之妙，窮幽極微，足以綱紀群倫，經緯天地，乃儒流實事求是之學，非方技苟且干祿之具。有志乎通天地人者，幸詳而覽焉！嘉慶四年十月，經筵講官、南書房行走戶部左侍郎兼管國子監算學揚州阮元撰。

## 1800 年　清仁宗嘉慶五年　庚申

### 錢大昕著成《元史藝文志》

錢大昕《元史藝文志序》：《元史》不立《藝文志》，國朝晉江黃氏、上元倪氏，因承修《明史》，並搜訪宋、元載籍，欲裨修前代之闕。終格於限斷，不得附正史以行。大昕向在館閣，留心舊典，以洪武所葺《元史》冗雜漏落，潦草尤甚，擬仿范蔚宗、歐陽永叔之例，別為編次，更定目錄，或刪或補，次第屬草，未及就緒。歸田以後，此事遂廢。唯《世系表》、《藝文志》二稿，尚留篋中。吳門黃君堯圃，家多藏書，每有善本，輒共賞析。見此志而善之，並為糾其踳駁，證其同異，且將刻以問世。若劉子駿父子親校秘文，故能成《別錄》、《七略》之作。今之著斯錄者，果盡齣目睹乎？前人之失當者，我得而改之；後之笑我者，方日出而未有已也。從吾所好，老而不夈。

彈射之集，亦無憮焉。嘉慶庚申十二月，大昕記。

### 《隋書經籍志考證》作者章宗源卒

　　《清史列傳》卷七十二《文苑傳三》：章宗源，字逢之，順天大興人，祖籍浙江。乾隆五十一年舉人。聰穎好學，積十餘年，採獲經史群籍傳注，輯錄唐、宋以來亡佚古書，盈數笈，撰《隋書經籍志考證》，其稿已佚，僅存史部五卷。

# 1801 年　清仁宗嘉慶六年　辛酉

### 汪輝祖著成《元史本證》

　　錢大昕《元史本證序》：讀經易，讀史難。讀史而談褒貶易，讀史而證同異難。證同異於漢、魏之史易，證同異於後代之史難……頃汪君龍莊以所著《元史本證》若干卷寄示，竊喜天壤間尚有同好。而龍莊好學深思，沿波討源，用力之勤，勝於予數倍也。……龍莊則平心靜氣，無適無莫，所立《證誤》、《證遺》、《證名》三類，皆自攄心得，實事求是，不欲馳騁筆墨，蹈前人輕薄褊噪之弊。此所以有大醇而無小疵也。考史之家，每好收錄傳記、小說，矜玄奧博，則群言淆亂，可信者十不二三。就令採擇允當，而文士護前，或轉謂正史有據。亦無所置其喙。懸諸國門，以待後學，不特讀《元史》者奉為指南，即二十三史，皆可推類以求之。視區區評論書法，任意褒貶，自詭於《春秋》之義者，所得果孰多哉！嘉慶七年歲次壬戌四月辛丑，嘉定錢大昕書。

### 《校讎通義》、《文史通義》、《史籍考》作者章學誠卒

　　《清史列傳》卷七十二《文苑傳三》：章學誠，字實齋，浙江會稽人。乾隆四十三年進士，官國子監典籍。性耽墳籍，不甘為章句之學。從山陰劉文蔚、童鈺遊，習聞蕺山、南雷之學。……自遊朱筠之門，筠藏書甚富，因得遍覽群書，日與名流討論講貫。……所修《和州》、《亳州》、《永清縣》諸志，論者謂是非斟酌，非兼才學識之長者不能作雲。所自著有《文史通義》八卷，《校讎通義》三卷。……自謂卑論仲任、俯視子玄，未免過詡，然亦夾漈之伯仲也。又著有《實齋文集》。

### 清廷定議增修《大清會典》

　　《國朝宮史續編》卷八六，《書籍十二‧典則》：……嘉慶六年九月十五

日奉諭旨：御史梁上國奏請續修會典一摺，所奏甚是。《大清會典》一書，自乾隆三十二年修纂成書後，至五十一年經大學士、九卿奏請續修。欽奉皇考高宗純皇帝諭旨：俟歸政時，敕下禮官重修《會典》，將歸政儀文一併編入。仰見皇考慎重典章、昭示法守至意。朕親政後，在二十七月以內未遑辦理，此時正應開館纂輯，俾臻完備。將乾隆二十三年以後增定一切典禮及修改各衙門則例，編輯成書，頒行中外。交大學士、九卿將開館事宜酌定章程，妥議具奏。

# 1803 年　清仁宗嘉慶八年　癸亥

## 清廷再纂《功臣傳》續集

《國朝宮史續編》卷九〇，《書籍十六・史學三》：《欽定功臣傳》續集一部。嘉慶八年敕纂。紀征剿貴州興義仲苗並云南威遠保匪，抒忠效命之官員七十六人，兵丁一萬一千一百八十三人，凡九十六卷，繙譯本與漢本同。

## 命國史館纂修《清高宗本紀》，並敕國史館抄錄《清高宗實錄》已成稿

《清仁宗實錄》卷一二四，嘉慶八年十二月癸亥：命史館恭纂《高宗純皇帝本紀》。諭內閣：御史賈允升奏請恭修本紀一摺，所奏甚是。自來史書，皆有本紀以為弁冕，我朝列聖相承，均經國史館恭修本紀，敬謹貯藏。伏念皇考高宗純皇帝聖德神功，登三咸五，業於四年春特命纂修實錄，現已進呈至三十年，自應恭修本紀，以垂史冊。著國史館總裁，派提調等督率謄錄，就近赴實錄館，將業經進呈之書，照副本鈔寫，恪遵編纂，隨時進呈，務於實錄館告成後，陸續辦竣。其鈔寫實錄副本，即藏貯史館，以資考據。至國史館尊藏《五朝本紀》，尚未裝潢成帙，亦著該館將原本分函裝修謹貯，並著另繕一分進呈，以昭慎重。

# 1804 年　清仁宗嘉慶九年　甲子

## 錢大昕卒

阮元《儒林傳稿》卷四《錢大昕傳》（載《嘉定錢大昕全集》拾附錄）：錢大昕字曉徵，又字竹汀，嘉定人。乾隆十六年召試，賜舉人，補內閣中書。十九年進士，改翰林院庶吉士。二十二年，授編修。二十三年大考，擢右贊善，尋遷侍讀。二十八年大考，擢侍講學士，充日講起居注官。三十二年，乞假歸。三十七年，補侍讀學士，上書房行走。冬，擢少詹事。……次年，

丁父憂。服闋，丁母憂，病不復出。歷主鍾山、婁東、蘇州紫陽諸書院。嘉慶九年，卒，年七十有七。大昕幼慧，善讀書。時元和惠棟、吳江沈彤以經術稱吳下，其學求之《十三經注疏》，又求之初唐以前子史小學，以洗庸陋。大昕推而廣之，錯綜貫串，發古人所未發。……其學於經義之聚訟難決者，皆能剖析源流。文字、音韻、訓詁、天算、地理、氏族、金石，以及古人爵里、事實、年齒，無不瞭如指掌。

### 蔡上翔著成《王荊公年譜考略》

（光緒）《撫州志·文苑傳》（載《王荊公年譜考略》新附）：蔡上翔，字元鳳，別字東墅，金溪人。乾隆二十六年進士，授四川東鄉知縣。……歸田後，以王安石一代偉人，為新法受謗，慨然推本陸文安公之意，博考諸書，參互證明，以辨《宋史》之誣，成《荊公年譜》一書，尤為不朽之業。……年九十四，卒。……

## 1805年　清仁宗嘉慶十年　乙丑

### 《皇朝詞林典故》纂修成書

《清仁宗實錄》卷一五三，嘉慶十年十一月丁卯：翰林院纂輯《皇朝詞林典故》成，御製序文。予總裁、總纂、提調、纂修等官議敘有差。

《皇朝續文獻通考》卷二六五，《經籍考九》：《皇朝詞林典故》六十四卷嘉慶十年朱珪等奉敕撰。

## 1806年　清仁宗嘉慶十一年　丙寅

### 《國朝宮史續編》纂修成書

《國朝宮史續編》卷首載慶桂等《進書表》：大學士臣慶桂等謹奏：臣等奉敕纂輯《國朝宮史續編》告成，恭呈御覽。……敬遡我高宗純皇帝，化被久徵，政詒端本著百餘年肅清之國典，綜卅六卷詳備之宮規。……欽惟皇帝陛下嘉會建元，慶符毓瑞……考時累洽以重熙，即事援今而證古。仍史家續志之例，攟目六門，舉皇朝大內之經，恢綱百代。竊慚脫稿，履蒙乙覽之賜裁；儤計成編，適屆丙弧之周紀。……謹將纂次《國朝宮史續編》計一百卷，並前編三十六卷裝成十四函，隨表恭進以聞。嘉慶十一年十二月十二日　大學士臣慶桂、臣董誥、戶部尚書臣德瑛、吏部侍郎臣玉麟、臣劉鳳誥……稽首頓首謹上。

# 1807 年　清仁宗嘉慶十二年　丁卯

## 《清高宗實錄》纂修告成

　　《清仁宗實錄》卷一七六，嘉慶十二年三月丁巳，恭纂《高宗純皇帝實錄》、《聖訓》告成，監修總裁大學士慶桂等奉表恭進。上詣保和殿陳設實錄、聖訓案前，行禮受書。禮成，御太和殿，作樂宣表。……

## 祁韻士著成《西陲要略》

　　祁韻士《西陲要略自序》：近年士大夫于役西陲，率攜《瑣談》、《聞見錄》等書爲枕中秘，惜所載不免附會失實，有好奇志怪之癖。山川沿革，按之歷代史乘，皆無考據，又於開闢新疆之始末，僅就傳聞耳食爲之演敘，訛舛尤多。夫記載地理之書，體裁近史，貴乎簡要，倘不足以信今而證古，是無益之書，可以不作。赤奮若之歲，余奉謫濛池，槖筆自效，緬思新疆周二萬餘里，爲高宗純皇帝神武獨闢之區，千古未有，余既得親履其地，多所周歷，得自目睹，而昔年備員史職，又嘗伏讀《御製文集》、《詩集》，及平定準噶爾、回部方略二書，故於新疆舊事知之最詳，頗堪自信。適松湘浦先生駐節邊庭，以伊江爲總統南北二路之地，親事丹鉛，爲《事略》十二卷。已又奉有續輯《同文志》之命，將彙送各城故實事跡，余獲總司校核，參證見聞，益覺信而有據。爰就要者考而錄之，備存其略，凡四卷，並掇《聞見錄》諸書中之可信者，證以所見，纂爲二篇，附載書後，俾後之人知所折衷云。嘉慶丁卯夏五月，壽陽祁韻士鶴皋甫自識。

## 清廷議定國史館纂修《儒林傳》等類傳，並續纂「十四志」、《皇清奏議》等

　　《清仁宗實錄》卷一八三，嘉慶十二年七月癸丑，湖廣道御史徐國枬奏請：敕交國史館增輯列傳，並續修天文等志。下大學士、六部、尚書、本館總裁議奏。尋議：歷代史例，以紀、傳、表、志爲綱，而列傳內有儒林、文苑、循吏、孝友、列女、土司、四裔各目。我朝文教覃敷，宜裒事跡，垂示將來。至天文等「十四志」，自雍正十三年前俱已詳載，但成書逾七十餘年，亦應續修，應如所請。從之。

# 1809 年　清仁宗嘉慶十四年　己巳

## 《三國志疆域》、《東晉疆域志》、《十六國疆域志》作者洪亮吉卒

　　《清史列傳》卷六十九《儒林傳下一》：洪亮吉，字君直，江蘇陽湖人。……

後從安徽學政朱筠遊，同幕戴震、邵晉涵、王念孫、汪中等皆通古義，乃立志窮經。家居，與孫星衍相研摩，學益宏博，時又稱孫、洪。乾隆五十五年，一甲二名進士，授翰林院編修。充順天府鄉試同考官，即拜貴州學政之命。……嘉慶二年，命在上書房行走。……仁宗親政，詔求直言極諫之士。……乃反覆極陳時政累數千言。……（上）震怒，革職對簿……奉旨免死，發往伊犁。明年二月，亮吉至伊犁。四月，京師旱，上禱雨心切，命清理庶獄。……軍機大臣即傳諭伊犁將軍保寧，將洪亮吉釋放回籍。……亮吉遂歸……十四年，卒，年六十四。

# 1810年　清仁宗嘉慶十五年　庚午

## 雷學淇著成《考訂竹書紀年》、《竹書紀年義證》

《清史列傳》卷六十九《儒林傳下二》載：雷學淇，字瞻叔，順天通州人。……嘉慶十九年進士，任山西和順縣知縣，改貴州永從縣知縣。生平好討論之學，每得一解，必求其會通，務於諸經之文，無所牴牾。……又以《夏小正》一書，備三統之義，究心參考二十餘年，以《堯典》中星諸經歷數，探虞史伯夷之說，據周公垂統之文，檢校異同，訂其偽誤，網羅放失，尋厥指歸，著《夏小正經傳考》二卷。又考定經傳之文，為之疏證，成《夏小正本義》四卷。每慨《竹書紀年》自五代以來，頗多殘闕，爰博考李唐以前諸書所稱引者，積以九年之搜輯，頗復舊觀，著《考定竹書紀年》十四卷。……他著《校輯世本》二卷，《古經天象考》十二卷、附《圖說》二卷，《亦嚻嚻齋經義考》及文三十二卷。

## 阮元任職國史館，纂修《儒林傳》並擬出凡例

李元度《國朝先正事略》卷二一，《阮文達公事略》：……（嘉慶十四年）坐失察學政劉鳳誥代辦監臨舞弊事，奪官。命以編修在文穎館行走。十五年，遷侍講，兼國史館總纂。創立《儒林傳》，得百四十六人，但述學行而不區分門逕。又擬創「文苑傳」，未就。又集本朝天文、律算諸家，作《疇人傳》。

阮元《擘經室續集》卷二，《擬國史儒林傳稿凡例》：一、《史》、《漢》始記《儒林》，《宋史》別出《道學》。其實講經者豈可不立品行？講學者豈可不治經史？強為分別，殊為偏狹。國朝修《明史》混而一之，總名「儒林」，誠為盛軌。故今理學各家與經學並重，一併同列，不必分歧，致有軒輊。

# 1811 年　清仁宗嘉慶十六年　辛未

## 清廷決定再次纂修《大清一統志》，由國史館承擔

中國第一歷史檔案館藏《國史館檔案》編纂類第 1 號卷，《現在纂辦各種書籍》：……《一統志》全書於嘉慶十六年正月內，由方略館奏交本館纂辦。當經本館議奏：所有通體沿革、裁改各事宜，其在京各衙門令於三個月內交全，在外各直省令於半年內交全。俟各衙門、各直省交全後立限二年，將全書纂校進呈，俟欽定後咨送武英殿刊刻。

## 施國祁著成《金史詳校》

《湖州府志‧施國祁傳》（載《碑傳集補》卷四十七）：施國祁，字非熊，號北研，烏程學生。工詩古文，善填詞，尤熟於金源事實。嘗病《金史》蕪雜，擬考正之，有所得輒為紀錄。年逾四十，遂棄舉子業，專力以著書自任，積二十餘年之久，書成，名曰《金史詳校》。繼以卷帙繁多，乃列舉條目，為《金源札記》三卷。又以其餘緒，作《元遺山集箋注》、《金源雜興詩》。家極貧，少嘗授經於外。中年忽樂市隱，寓於潯北，為人經理生業，設吉貝肆，市中有一樓，顏曰「吉貝居」。所著書多成於其中。嘉慶己巳，不戒於火，著述盡付一炬。今所存者，大半出於記憶補錄之餘耳。卒年七十餘。無子。

施國祁《金史詳校卷首》：金源一代，年祀不及契丹，輿地不及蒙古，文采風流不及南宋。然考其史載，大體文筆甚簡，非《宋史》之繁蕪；載述稍備，非《遼史》之闕略；敘次得實，非《元史》之偽謬。廿餘年來雨窗燈夕，手此一編，讀凡十餘過，校勘小詳，楮墨漸積，成書計十卷，不揣固陋，敢希問世，聊序卷端以誌歲月。……辛未春日，北研識。

## 因潘恭辰奏請，清廷議定復纂畫一國史列傳

中國第一歷史檔案館藏《國史館檔案》編纂類第 522 號卷，存國史館奏底：

國史館總裁大學士臣慶　等謹奏：為遵旨議奏事。本年七月二十八日，內閣鈔出附件道監察御史潘恭辰奏請尊藏國史一摺，奉朱批：該館議奏，欽此。臣等查摺內稱：向例史館纂成之書，自列聖本紀以及各志傳，俱尊藏皇史宬。迨乾隆三十年，高宗純皇帝特命重輯國史，迄今已四十餘年，其纂成各冊，皆未分別次序、釐定卷數，悉行存貯該館，似未足以昭慎重。查該館

業將高宗純皇帝本紀尊藏皇史宬。其自國初至乾隆六十年王公大臣等列傳，或編纂非出一手，體例稍有參差，應請敕下國史館查改畫一，另繕正本，恭呈睿覽後，即移送皇史宬尊藏。

**國史館擬定畫一列傳凡例**

北京國家圖書館藏《畫一列傳凡例》載《前辦畫一列傳凡例》：一、歸類分卷，文職將品學政績相類者爲卷……武職以同征伐一處者爲卷……其餘無專類者，各以官階、年代相從，略以大意區分。

一、傳中如無事跡，祇有官階升遷等語者，即撤歸《大臣表》。

……

一、舊傳中有錯誤者即改正，有簡略者即補敘詳實。

一、滿洲、蒙古地名、人名，前後間有不同。敬查實錄、上諭，以後定現稱之名爲據。

一、舊傳漢軍人有書姓、有不書姓，俱仍其舊。

一、有書卒時年歲或不書者，俱仍其舊。

……

一、大臣、忠義兩處互見者，今酌將二品以上歸《大臣傳》，三品以下歸《忠義傳》，不使兩處重複。其《忠義傳》每篇附傳或數人或十餘人，有此人官階雖在二品以上，而無別樣事跡，不能成專傳者，仍歸《忠義傳》。

按：上引此篇文獻，未標明年份，但《國史館全宗檔案》編纂類以及國家圖書館藏《畫一列傳凡例》中保存歷次畫一列傳《凡例》甚全，此文件乃最早者，其它均是此件的修補。而畫一列傳編纂啟動始於嘉慶十六年，故此文件比形成於本年。

# 1813年　清仁宗嘉慶十八年　癸酉

**敕命纂修《明鑑》**

《清仁宗實錄》卷二七〇，嘉慶十八年六月乙卯，諭內閣：朕敕幾餘暇，披覽往籍，見宋范祖禹所著《唐鑑》一書，臚敘一代事跡，考鏡得失，其議論頗有裨於治道。宋平五代之亂，近接有唐，其政教風俗，歷歷可稽，故以唐爲殷鑑。我朝紹膺大統，道揆治法，遠述百王。至有明三百年，時代相承，其一朝政治，亦鑑觀得失之林也。宜倣《唐鑑》體例，輯爲《明鑑》一書，臚舉大綱，搜採編次。其論斷，即令派出編纂諸臣，輪流撰擬，進呈後經朕

裁定，勒爲成書，刊刻頒行，用昭法戒。

### 《清秘述聞》、《槐廳載筆》、《陶廬雜錄》作者法式善卒

　　《清史列傳》卷七十二《文苑傳三》：法式善，字開文，蒙古烏爾濟氏，隸內務府正黃旗。乾隆四十五年進士，改翰林院庶吉士，散館授檢討，擢司業。五十年……移左庶子。……五十一年，遷侍讀學士。五十六年，大考不合格，左遷工部員外郎。次年，大學士阿桂薦補左庶子。五十八年，升祭酒。……嘉慶四年，坐言事不當，免官。俄起編修，遷侍講，尋轉侍讀。七年，遷侍講學士，會大考，復降贊善，俄遷洗馬。十年，升侍講學士。坐修書不謹，貶秩爲庶子。在館纂《皇朝文穎》，復纂《全唐文》。旋乞病，家居養屙。……居翰林時，凡官撰之書，無不遍校，因是所見益博。所撰《清秘述聞》、《槐廳載筆》，詳悉本朝故事，該博審諦。……復取諸師友詩，略以年代編次，爲《湖海詩》六十餘卷。又著有《存素堂詩集》三十八卷。十八年，卒，年六十二。

## 1814 年　清仁宗嘉慶十九年　甲戌

### 斥責國史館所修《和珅列傳》，懲處相關官員，撤換國史館總裁、副總裁

　　《清仁宗實錄》卷二九一，嘉慶十九年五月丁巳，諭內閣：國史館纂辦臣工列傳，向不按年分先後以次進呈，其辦理章程，本不畫一。前日該館進呈《和珅列傳》，和珅逮問伏法，迄今已越十五年，始將列傳纂進，已太覺遲緩。迨詳加披閱，其自乾隆三十四年襲官，以至嘉慶四年褫職，三十年間，但將官階、履歷，挨次編輯，篇幅寥寥。至伊一生事實，全未查載，惟將逮問以後各諭旨詳加敘述。是何居心？不可問矣！……所有承辦《和珅列傳》之纂修官，著查明參奏，交部嚴加議處。其正副各總裁，校勘疏漏，均難辭咎。除陳希曾甫經到京，仍留原館，毋庸交議外，董誥在館年久，精神未能周到，著毋庸兼充正總裁，仍交部議處。景安現已年老，章煦甫經到館，均免議處，毋庸兼充副總裁。著派曹振鏞、托津、潘世恩，充國史館正總裁，盧蔭溥充國史館副總裁。將該館纂輯各事宜，妥立章程，加意整飭。其《和珅列傳》，著另行詳查，編次進呈。

### 陳鱣著成《續唐書》

　　陳鱣《續唐書敘》：唐受命二百九十年而後唐興，歷三十年，後唐廢而南

唐興，又歷三十年而亡。此六十九年，唐之統固未絕也。……朱全忠大逆無道，甚於莽、操，人人得而誅之，何可不黜！後唐既係賜姓，收之屬籍，又有大勳勞於唐室，則繫於唐可耳。……南唐爲憲宗五代孫建王之元孫，祀唐配天，不失舊物，尤宜大書年號，以臨諸國。……宋統繼唐，勝於繼漢、繼周矣。薛氏修《五代史》、歐陽氏新修《五代史記》，並稱五代，所見俱不及此。馬、陸二家《南唐書》，雖欲推尊，然未將南唐上接後唐。戚光《年世總釋》始發其凡，終未有專成一書，寧非缺事！……

陳鱣《自題續唐書後》：唐祚延年六十餘，舊名五代盡刪除。河東自可共和比，江左還應季漢如。不羨子京添半臂，漫教無黨注新書。快哉此日翻成案，多少清流怨氣舒。嘉慶十九年秋七月己丑朔，紫微外史陳鱣作。

### 《陔餘叢考》、《廿二史劄記》作者趙翼卒

《清史列傳》卷七十二《文苑傳三》：趙翼字耘松，江蘇陽湖人。……以直隸商籍舉乾隆十五年鄉試，十九年中明通榜，用內閣中書，入直軍機處。……二十六年，以一甲三名進士，授翰林院編修，任撰文，修《通鑒輯覽》。……同時袁枚、蔣士銓與翼齊名，而翼高才博物，既歷清要，通達朝章國典，尤邃於史學。家居數十年，手不釋卷。所撰《廿二史劄記》三十六卷，鈎稽同異，屬詞比事，其於前代弊政，一篇之中，三致意焉。又撰《陔餘叢考》四十三卷，《甌北詩集》五十三卷，《皇朝武功紀盛》四卷，《簷曝雜記》六卷，《唐宋十家詩話》十二卷……十九年，卒，年八十六。

按：據《甌北全集》所附《甌北先生年譜》，趙翼生於雍正五年（1727），卒於嘉慶十九年（1814），享年八十八。《清史列傳》謂享年「八十六」，誤。

## 1815 年　清仁宗嘉慶二十年　乙亥

### 督催各直省交送纂修《一統志》資料

《清仁宗實錄》卷三一二，嘉慶二十年十一月己亥，又諭：《大清一統志》於嘉慶十六年交國史館補纂，當經該館行文各直省，將建置、沿革、職官、戶口、人物一切裁改各事宜，限半年內查明送館，以便勒限纂校。乃已閱五載，各直省視爲不急之務，或全不登復，或遺漏舛錯，實屬疲玩。著各該督撫分飭所屬，查照該館咨取事宜，迅速詳查，造具清冊送館，毋得仍前延玩。

# 1816 年　清仁宗嘉慶二十一年　丙子

## 《考信錄》作者崔述卒

　　《清史列傳》卷六十八《儒林傳下一》：崔述，字武承，直隸大名人。乾隆二十七年舉人，選授福建羅源縣知縣。……調上杭。……未幾，投劾歸，卜居相州，閉門著述。著書三十餘種，而《考信錄》一書，尤為生平心力所專注。……其自敘著書大旨，謂不以傳注雜於經，不以諸子百家雜於傳注。以經為主，傳注之合於經者著之，不合者辨之，異說不經之言，則闕其謬而削之。如謂《易傳》僅溯至伏羲，《春秋傳》僅溯至黃帝，不應後人所知反多於古人。凡緯書所云十紀，史所云天皇、地皇、人皇，皆妄也。謂戰國時楊、墨橫議，常非堯、舜薄湯、武，以快其私。毀堯則託諸許由，毀禹則託諸子高，毀孔子則託諸老聃，毀武王則託諸伯夷。太史公尊黃老，故好採異端雜說。學者但當信《論》、《孟》，不當信《史記》。……其說皆為有見。然述學主見聞，勇於自信，雖有考證，而縱橫軒輊、住意而為者，亦多有之。……嘉慶二十一年，卒，年七十七。弟子石屏陳履和，為刊其遺書。

　　陳履和《敕授文林郎福建羅源縣知縣崔東壁先生行略》（載《崔東壁遺書》附錄傳狀）：……先生姓崔氏，諱述，字武承，號東壁，直隸大名府魏縣人。……十四歲，試於府，太守石屏朱公煐待以國士，擢冠其曹。弟邁亦前列，遂同補弟子員。……壬午秋，復於弟同榜中式。……乃以嘉慶元年正月，選福建羅源縣知縣。……四年四月，調署上杭縣。……五年十月，回任。先生初至閩，見州縣事多掣肘，不能自行其意，有退志。……自上杭回任，求益力。……會捐例開，始得以捐主事離任。……是為六年十月事。……既歸，居大名，又居安陽西山，又遷彰德府城。數值歲荒，典衣而炊，著作自娛，於是十餘年中全書告成。曰《考古提要》二卷，《補上古考信錄》二卷，是為《前錄》。曰《唐虞考信錄》四卷，《夏考信錄》二卷，《商考信錄》二卷，《豐鎬考信錄》八卷，《洙泗考信錄》四卷，是為《正錄》。曰《豐鎬考信別錄》三卷，《洙泗考信餘錄》三卷，《孟子事實錄》二卷，《考古續說》二卷，《附錄》二卷，是為《後錄》。此三十六卷者，《考信錄》之全篇也。又以生平所著與《考信錄》相涉者，曰《王政三大典考》三卷，《讀風偶識》四卷，《尚書辨偽》二卷，《論語餘說》一卷，《讀經餘論》二卷，為《考信翼錄》十二卷。又有《五服異同彙考》三卷，《易卦圖說》一卷，與《翼錄》十二卷皆為《雜著》。而《春秋類編》四卷，則未成之書也，不入目錄中。文集凡十

六卷。……大凡先生遺書共三十四種，八十八卷。……而《考信錄》一書，尤爲五十年精神所專注。……生於乾隆五年七月二十九日，卒於嘉慶二十一年二月初六日，壽七十有七歲。……嘉慶二十三年二月，石屏受業門人陳履和謹撰。

崔述《考信錄自序》（載《崔東壁遺書》附錄序目）：《考信錄》何爲而作也？魏臺崔述述其先君闇齋先生之志而作也。……蓋自周道既衰，楊、墨並起，欲紲聖人之道以伸其說，往往撰爲堯、舜、禹、湯、文、武、孔子之事，以誣之而紲之。其游說諸侯者，又多嗜利無恥之徒，恐人之譏己也，則僞撰爲聖賢之事，以自解說。其它權謀術數之學，欲欺世以取重，亦多託之於古聖人，而眞僞遂並行於當世。然當其初，猶各自爲教而不相雜。至秦、漢之間，學者往往兼而好之，雜採其書，以爲傳記。其後復有讖緯之書繼出，而劉氏向、歆父子及鄭康成皆信之，復採其文以釋《六經》。兼以斷簡殘編，事多缺佚，釋經者強不知以爲知，猜度附會、顛倒訛誤者，亦不少矣。惟漢譙周作《古史考》，頗糾《史記》謬誤；其後晉司馬彪復據《竹書紀年》，條《古史考》中不當者百餘事。然其持論既不盡允，而《史記》以外，邪說謬解所未及者尤多。晉、宋以降，復有妄庸之徒，僞造古書以攻異己，亦往往採楊墨之言，以入《尚書》、《家語》。學者以爲聖人之經固然，益莫敢議其失，而異端之說遂公行於天下矣！隋、唐以降，學者惟重科目，故咸遵功令，尚排偶，於是《詩》自《毛傳》，《尚書》自僞《孔傳》，《五經》自孔氏《正義》以外，率視以爲無用之物。於前人相沿之訛，皆習以爲固然而不爲意。甚或據漢、魏以後之曲解，駁周、秦以前之舊文。至宋，一二名儒迭出，別撰傳注，始頗抉摘其失，然亦不過十之一二。其沿舊說之誤而不覺者，尚多不可數；其編纂古史者，則又喜陳雜家小說之言以鳴其博。由是聖人之道遂於異說相雜，聖賢之誣遂萬古不能白矣！蓋嘗思之，古之異端在儒之外，後世之異端則在儒之內。在外者距之、排之而已，在內者非疏而剔之不可……述雖愚陋，萬不能窺測聖人之一二，然自讀書以來，奉先人之教，不以傳注雜於經，不以諸子百家雜於經傳；久之，而始覺傳注所言有不盡合於經者，百家所記往往有與經相悖者。然後知聖人之心，如天地日月，而後人晦之者多也。於是歷考其事，彙而編之，以經爲主，傳注之與經合者則著之，不合者則辨之，而異端小說、不經之言咸闢其謬而刪削之，題之曰《考信錄》……凡爲錄者九，爲卷者十三，加以《提要》、《續說》、《附錄》，共三十有六卷。一生

之學問精力，略盡於此矣。……

## 纂修《平定教匪紀略》

《皇朝續文獻通考》卷二六二，《經籍考六》：《欽定平定教匪紀略》四十二卷，嘉慶二十一年大學士托津等奉敕撰。……臣謹案：八卦教匪之變，與三省邪匪異流而同源，蓋一則祇有外侮，一則兼及內訌也。林清、李文成輩知轉戰邊徼，曠日持久，故以踞京師為決計，攻大內為急圖。乘輿遠巡宮掖，猝發腹心之患，伏於肘腋。若非天祐，鮮不致禍，故雖回鑾以後黜陟有差，掃穴犁庭不遺萌蘖，然已晚矣。編定《紀略序》曰：此次異變，君臣皆無所逃罪。仁宗罪己而後及臣，揆厥先後天祐者十，非至仁歟！非至睿歟！《書曰》「後克艱厥後，臣克艱厥臣」，有以哉！

# 1818年　清仁宗嘉慶二十三年　戊寅

## 增修《大清會典》八十卷、《大清會典事例》四十六卷、《大清會典圖》九百二十卷告成

嘉慶帝《御製文餘集》卷下，《續修大清會典序》：洪惟我太祖高皇帝受天景命，瀋陽建都；太宗文皇帝式廓版圖，設官立政；世祖章皇帝入關定鼎，肇造區夏。六部、八旗，文修武備，革前明之秕政，立昭代之規模。……予小子寅承慈諭，受璽元辰，日勤庶政，率由舊章。自乾隆十二年至今，皇考作述之大經大法，美不勝書，雖宏綱鉅目全載前編，然其間亦有因時損益、補苴罅漏之處。爰命開館續修，準古酌今，務求詳盡，以心為心，以政為政，何敢參以拘墟檮昧之識見，妄思更易乎！我皇考臨御寰區，闡揚列聖，經國制度，久道化成，臻於至善。親政以來，祇恐荒廢典章，怠忽程序，宵旰勤求，惟期順則。述且弗能，曷敢言作，敬集六十餘年盛德大業，昭垂成憲，佈在方策者，續入《會典》，著奕禩之法程，為億齡之典則，後嗣恪遵勿替，期永勉旃。是為序。嘉慶戊寅夏御製。

## 嚴斥《明鑒》進呈本錯謬，處罰和撤換纂修官員

《清仁宗實錄》卷三四二，嘉慶二十三年五月戊戌朔，諭內閣：朕前閱范祖禹《唐鑒》，見其摘取有唐事跡，論列得失，有裨治道。因命館臣仿其義例，作為《明鑒》一書，蓋以取鑒前代，其善政則因以為法，其秕政則用以為戒，亦即殷鑒夏、周鑒殷之意也。昨日館臣呈進《明鑒》五冊，於萬曆、

天啓間載入我朝開創之事，後加按語頌揚，並論及前明用人不稱其職，更爲誕妄矣。我祖宗開基遼瀋，其事備載於實錄、聖訓及《開國方略》，豐功偉烈，億禩光昭。至《明鑒》乃係論列有明一代事跡之書，摘取一事，借鑒得失，非若編年紀月，事事臚列。今以興朝之隆業，載入勝國卷中，於體例殊爲悖謬，如該總裁等豫行請旨，朕必將不應編載之故早爲指示。乃並不奏明，率行纂輯，實屬冒昧。所有該館總裁曹振鏞、戴均元、戴聯奎、秀寧，俱著交部議處。總纂官朱珔、纂修易禧善、張岳崧俱著交部嚴加議處。原書著發交該館，另行纂輯進呈。此數節按語系何人所撰，著軍機大臣查明，先行具奏。

### 江藩《國朝漢學師承記》刊行

江藩《漢學師承記》卷一《序》：……藩縮髮讀書，授經於吳郡通儒余古農、同宗艮庭二先生，明象數制度之原，聲音訓詁之學，乃知經術一壞於東西晉之清談，再壞於南北宋之道學，元明以來，此道益晦。至本朝，三惠之學盛於吳中，江永、戴震諸君繼起於歙，從此漢學昌明，千載沈霾一朝復旦。暇日詮次本朝諸儒爲漢學者，成《漢學師承記》一編，以備國史之采擇。……

## 1820 年　清仁宗嘉慶二十五年　庚辰

### 命開館纂修《清仁宗實錄》

《清宣宗實錄》卷四，嘉慶二十五年九月庚申：命恭纂仁宗睿皇帝實錄。以大學士托津爲監修總裁官，大學士戴均元、協辦大學士兵部尙書伯麟、吏部尙書英和、都察院左都御史汪廷珍爲總裁官。吏部左侍郎恩銘、右侍郎王引之、戶部左侍郎文孚、右侍郎王鼎、刑部左侍郎廉善、內閣學士杜堮爲副總裁官。理藩院侍郎博啓圖，爲蒙古副總裁官。

## 1821 年　清宣宗道光元年　辛巳

### 官修《明鑒》刊刻完竣

《清宣宗實錄》卷一二，道光元年正月己巳，兩淮鹽政延豐奏：刊刻仁宗睿皇帝《欽定明鑒》完竣，遵奉朱諭，敬備陳設本四十部，賞本一百二十部。板片留存運庫，以廣流傳。報聞。

## 松筠進呈徐松主筆重修《西陲總統事略》，道光帝賜名《新疆識略》並撰序

《欽定新疆識略》（《續修四庫全書》本）書前《欽定新疆識略序》：……我皇考仁宗睿皇帝覲揚光烈，累洽重熙，臨御二十五年，無日不以紹闡前猷、綏靖邊黎爲念。蓋西土之惟時怙冒者六十餘年，於茲而親賢樂利、戶口繁登，視昔倍臻阜庶焉。顧其幅員之廣，經理之宜，初未勒有成書，昭示來許，因面命松筠司其事。蓋以其任伊犁將軍有年，於彼中情事知之有素故也。茲松筠纂輯告成，繕本呈進，朕披覽全帙……爰爲命名曰《新疆識略》，俾付剞劂，用資考證，庶幾後之續事修輯者，得有所藉手矣。……道光元年孟春之月御筆。

《皇朝續文獻通考》卷二六六，《經籍考十》史部地理類：《欽定新疆識略》十三卷，道光元年汪廷珍等奉敕撰。

按：松筠任伊犁將軍，派謫居新疆的學者徐松考察地理、山水、民情、物產等等，補充原《西陲總統事略》，而成新編《西陲總統事略》，進呈後被道光帝看中，賜名《新疆識略》，意欲攘爲欽定之書。此實爲官方史學與私家史學之間，一大糾結公案。

## 徐松著成《西域水道記》

徐松《西域水道記敘》：廣谷大川異制，民生其間者異俗，況其在要荒之外哉？西域二萬里，既隸版圖，耕牧所資，守捉所扼，襟帶形勢，關賴導川。乃綜眾流，條而次之。……記羅布淖爾所受水第一。……記哈喇淖爾所記水第二。……記巴爾庫勒淖爾所受水第三。……記額彬格遜淖爾所受水第四。……計喀喇塔拉額西柯淖爾所受水第五。……記巴勒喀什淖爾所受水第六。……記賽喇木淖爾所受水第七。……記穆默爾圖淖爾所受水第八。……記阿拉克圖古勒淖爾所受水第九。……記噶勒箚爾巴什淖所受水第十。……記宰桑淖爾所受水第十一。凡十一篇，以圖繫焉。列城相望，具言其地；其所不言，非水所經也。道光初元日南至薊徐松撰。

## 江藩《國朝宋學淵源記》刊行

達三《國朝宋學淵源記序》：……甘泉江子鄭堂，博學多識，有志斯文，經術湛深，淵源有自。既編《漢學師承記》，芸臺宮保爲跋於前，繼又纂《宋學淵源記》，問序於予。予才疏學淺，曷能妄測高深！詳閱其書，無分門別戶

之見，無好名爭勝之心，唯錄本朝潛心理學而未經表見於世者，其餘廟堂諸公，以有國史可考，不敢僭議也。其用心至矣，其用力勤矣。因忘其譾陋，本諸師傳，驗諸心得，爲弁數語於簡端，以答其虛衷下問之意。……時道光二年嘉平月，長白達三書於粵東権署。

## 茆泮林輯錄《世本》成書

茆泮林《輯世本序》：《世本》十五篇，見《漢藝文志》，蓋古史官所記也。其書舊目不可復得，今可識者，《世本》有《帝系篇》，見《書序正義》……江都秦嘉謨因其書作《世本輯補》刊行，而所補者類皆司馬遷、韋昭、杜預之說，注欠分曉，多與《世本》原文相汨，轉覺《世本》一書，蕩然無復疆界矣。泮林輯爲此書，與秦同時，繼聞秦書刊行，遂置不錄。而又終恐後日之以似失眞也，爰仍據所輯舊稿，釐爲六卷，錄成一編，並附纂諡法數條於後，庶幾周秦以上之書，可藉是以傳其舊，且其中尤有補秦書之所未備者，考古者或有取焉爾。道光元年冬十月高郵茆泮林識。

按：道光十四年，茆泮林自刻所輯《十種古逸書》，《世本》爲其中之一。清人輯錄《世本》之學者頗多，然良莠不齊，茆氏所輯爲公認優長者。然《世本》其書，實乃漢劉向整理官方書籍時將先秦零散文獻編纂而成，雖內中資料散見於先秦，而編成一書卻遠在司馬遷之後。清人不辨底裏，見識多誤，如秦嘉謨竟言司馬遷《史記》仿照《世本》體例，尤屬顛倒荒唐。參見喬治忠、童傑《〈世本〉成書年代問題考論》（《史學集刊》2010 年第 5 期）一文。

# 1823 年　清宣宗道光三年　癸未

## 梁章鉅著成《樞垣記略》

梁章鉅《樞垣記略序》：自雍正庚戌設立軍機處，迨茲九十餘年，綱舉目張，人才輩出，而載籍故實，尚缺成書。章鉅於嘉慶戊寅選充章京，儤直餘間，翻閱舊檔，輒思輯爲一書，隨手甄綜，日有所積。至道光壬午春季，奉命守郡，匆匆出直，此後遂無由再綴一詞。因思五年以來，手不停批，在方略館宿直時，常徹夜爲之，或屢代人夜直爲之，以用力之勤，竊喜稍存梗概。因於簿書之隙，重加勘彙，閱月而成編，爲門七，爲卷十有六。卷首恭錄訓諭，次列除授，又次紀恩敘，又次詳規制，又次考題名，而以詩文及雜記附末。適補章鉅缺入直者，爲李侍讀彥章，因以稿本寄之，拾遺正誤，又經年

而稿還。時章鉅已爲淮海鹽司，遂付梓人。書中艮限，仍以壬午春季爲斷，俟好事者續增焉。軍機處爲我朝政府，考官制者謂即唐、宋之樞密，因題爲《樞垣記略》云。道光癸未秋仲，梁章鉅識於清江浦之以政學齋。

# 1824 年　清宣宗道光四年　甲申

## 《清仁宗實錄》修成

《清宣宗實錄》卷六四，道光四年正月癸巳，諭內閣：恭纂皇考《仁宗睿皇帝實錄》，現屆告成，所有皇史宬、盛京尊藏本二分，首頁應列前銜。著查照舊式，將監修總裁曹振鏞、戴均元、英和、汪廷珍四人銜名，排次繕寫。

《清宣宗實錄》卷六七，道光四年四月癸丑：恭纂《仁宗睿皇帝實錄》、《聖訓》告成，監修總裁大學士曹振鏞等奉表恭進。

《皇朝續文獻通考》卷二六一，《經籍考五》：《仁宗睿皇帝實錄》三百七十四卷，道光四年奉敕纂。

## 以「十四志」作爲國史館常行纂修功課

中國第一歷史檔案館藏《國史館檔案》編纂類第 442 號卷，《文孚等進呈〈禮志〉奏摺》：國史館總裁、大學士臣文孚等謹奏：爲恭進《禮志》事。臣等於道光四年二月二十六日奏准，以「十四志」作爲常行功課。今將纂就《禮志》四卷，繕寫正本恭呈御覽，伏祈皇上訓示。謹奏。　道光十六年六月二十五日……

按：在《國史館全宗檔案》中，有這種進呈「十四志」各志的奏摺多件，皆稱道光四年二月二十六日奏准「十四志」爲常行功課之事。

# 1825 年　清宣宗道光五年　乙酉

## 國史館總纂等修定《一統志》纂修凡例

中國第一歷史檔案館藏《國史館檔案》編纂類第 1 號卷，《一統志凡例》（道光五年九月二十日總纂顧蒓、廖鴻藻擬）：

……一、本書全憑各部院及外省文冊甄載，現在奏明立限二年，爲期甚迫。此時宜各將承辦省分有應行咨查各條，先行一一標出，趕緊行文各處查覆，以憑纂錄。其已有文冊者，一面照門類輯入（倘此時忽略，不先查取，纂到彼處，始悟下筆之難，然後行文，往返需時，必致逾期）。

一、咨取各部院及外省文冊，必須現纂官自行檢查應咨事宜，撰一草稿，將緊要之處，分晰指示（現纂此書，方知此書所關者在何處。書吏撰稿，不能達意所欲言），交承發處。行文末均書「此係奏定立限之書，本館專等此冊纂輯進呈，幸勿遲誤」云云……

按：此件檔案文獻，題名爲「一統志凡例」，實際包含下一步徵集資料和纂修的工作計劃，共32條，多爲瑣碎規定，此處僅錄寫2條以示意。蓋當時《大清一統志》纂修受到清廷督催，立限二年完成，隨即擬定具體規劃和凡例，以便組織有序的編纂工作。

# 1826 年　清宣宗道光六年　丙戌

## 方東樹著成《漢學商兌》

方東樹《漢學商兌序例》：近世有爲漢學考證者，著書以闢宋儒，攻朱子爲本。首以言心言性言理爲屬禁，海內名卿巨公，高才碩學，數十家遞相祖述，膏唇拭舌，造作飛條，競欲咀嚼。究其所以爲之罪者，不過三端：一則以其講學標榜，門戶分爭，爲害於家國；一則以其言心言性言理，墮於空虛，心學、禪宗，爲歧於聖道；一則以其高談性命，束書不觀，空疏不學，爲荒於經術。……東樹居恒感激，思有以彌縫其失，顧寡昧不學，孤蹤違眾，河濱之人，捧土以塞孟津，不自度其力之弗勝也。要心有難已，輒就知識所逮，掇拾辯論，以咎其端，俟世有真儒出而大正焉。倘亦識小之在人，而爲採獲所不棄與？道光丙戌四月，桐城方東樹。

## 魏源編成《皇朝經世文編》

賀長齡（魏源代撰）《皇朝經世文編敘》：事必本夫心。……法必本夫人。……今必本夫古。……物必本夫我。……創之因之謂之後王君公，承之宣之謂之大夫師牧，役智效能，分事亹亹，達之天下，謂之府史、胥徒、農工、商賈、卒伍。人積人之謂治，治相嬗成今古，有洿隆、有敝更之謂器與道。君、公、卿、士、庶人，推本今世前世道器之洿隆所由然，以自治外治，知違從，知伍參變化之謂學。學爲師長，學爲臣，學爲士庶者也。格其心身、家國、天下之物，知奚以正、奚以修、奚以齊且治平者也。……先王以之備矇誦，知民務，集群慮，研幾微，究中極，精窮蛹蠖不爲奧，博周倫物不爲末，玄黃相反不爲異，規矩符疊不爲重。故聚本朝以來碩公、龐儒、俊士、畸民之言，都若干篇，爲卷百有二十，爲綱八，爲目六十有五。言學之屬六，

言治之屬五，言吏之屬八，言戶之屬十有二，言禮之屬十，言兵之屬十有二，言刑之屬三，言工之屬九。……告成於道光六年柔兆閹之仲冬也。

# 1829年　清宣宗道光九年　己丑

## 《公羊春秋何氏釋例》、《春秋左氏傳》作者劉逢祿卒

《清史列傳》卷六十九《儒林傳下二》：劉逢祿，字申受，江蘇武進人。……外祖莊存於、舅莊述祖，並以經術名世，逢祿盡傳其學。嘉慶十九年進士，改翰林院庶吉士，散館授禮部主事……其為學務通大義，不專章句，由董生《春秋》窺六藝家法，由六藝求觀聖人之志。……乃著《春秋論》上下篇，以張聖權。逢祿論《春秋左氏傳》，據《太史公書》本名《左氏春秋》，若《晏子春秋》、《呂氏春秋》比。自王莽時國師劉歆增設條例，推衍事跡，強以為傳《春秋》，冀奪公羊博士，師法所當以《春秋》歸之《春秋》，《左氏》歸之《左氏》，而刪其書法、凡例及論斷之謬於大義，孤章斷句之依附經文者，庶以存《左氏》之本眞，俾攻《左》者不得為口實，更成《左氏春秋考證》二卷。知者謂與閻、惠之辯《古文尚書》等。……道光九年，卒，年五十六。

## 梁廷枏著成《南漢書》、《南漢書考異》

梁廷枏《南漢書序》：南漢偏國短祚，值干戈俶擾，少載筆之士，紀纂荒缺。……近此數年，翻閱藏帙，遇事涉南漢者，輒首尾錄存巨冊。今秋歸自五羊，杜門卻客，取所積薈萃而條理之，釐為十八卷，《考異》卷如其數，而義例附焉。大抵根據正史、《通鑒》、輿地諸書，旁及說部、金石。事同則采其古，事異則采其詳，說有不可通，則旁推曲引，務求必當。至單詞片語散存群籍，苟於史例無害，並綴補靡遺。……道光己丑南至，梁廷枏記於藤花亭。

## 姚瑩著成《東槎紀略》

姚瑩《東槎紀略自序》：臺灣，海外一郡耳！懸絕萬里，而糖、米之貨利天下，帆檣所至，南盡閩、粵、兩浙，東過江南、山東，北抵天津，以極瀋陽，旬月之間可達也。地互千里，沃饒甲於南服，然其人蕃庶強悍，宜動難靜，歸化百四十年，亂者十數起，械鬥劫掠，比比有之。……嘉慶己卯、庚辰之歲，余從政臺邑，兼攝南路同知。今上元年，權判噶瑪蘭，稍識全臺大略。嘗有所言，上官弗善也。未幾罷去。……余以羈憂，棲遲海外，目睹往

來議論區畫之詳實，能明切事情，洞中機要，苟無以紀之，懼後來者習焉不得其所以然，設有因時損益，莫能究也。乃采其要略於篇，及平素論著涉臺政者，而以陳周全之事終焉。世有審勢查幾之君子，尚其有採於茲。道光己丑冬月。

# 1830 年　清宣宗道光十年　庚寅

## 《平定回疆剿擒逆裔方略》修成

《清宣宗實錄》卷一六九，道光十年五月，是月，纂輯《平定回疆剿擒逆裔方略》成。御製序曰：西域自皇祖戡定以還，土宇畈章，久歸聲教。逆回張格爾以逋亡餘孽，肇釁窺邊，殆非一日……茲廷臣纂輯方略成書，以弁首之詞為請，乃援筆而序之曰：方，道也；略，法也。出謀發慮，決策制勝，明炳於幾先，智周乎萬里，而總不離乎道法，乃足以彰聲討而殄醜虜也。……從前皇祖《平定準噶爾方略》，成於庚寅之歲，迄今甲子一周，而是編適成，纘武綏邊，後先符合，尤有不可思議者。豈徒摩崖劖石，遠耀邊陲，沃雪澆螢，全操勝算而已哉。

## 李瑤據《南疆逸史》二十卷本，改著《南疆繹史》

李瑤《南疆繹史自序》：世之讀《明史》者眾矣。讀《明史》而至闖、獻之毀邦國、毒人民而有不裂眥指髮者乎？讀《明史》而至我朝應運，振旅入關，於定鼎伊始，首褒殉難諸臣，而有不舉手加額者乎？矧夫我純廟欽定《明史》，而於思宗之實不書亡、於枳王之賁方書絕，是不獨予以位號，且隱以蜀漢之統於兩漢例也。就論唐、桂二王之自立稱戈，猶諒之為宗支繼起，不等於異姓紛爭，歸其臣而勿斥為偽，錄其事而並恤為忠。聖度則天，大公至正，直為萬世史冊以立其程。……此《南疆佚史》，為吳興溫氏原本。其論三朝逸事，體例頗稱簡當。向僅傳鈔，致多脫略，且卷中位號有不應書者，事跡有不盡備者，茲悉考證得失，綴補周詳，別署其名曰《繹史勘本》，均三十卷。其餘忠賢義烈與夫閨中、方外之卓卓然有大節在人間世者，則又區別補纂，作《摭遺》以附之，得十八卷。用畢昇活字法排印成編，俾後之覽者目貫意通，可釐然於正偽、賢奸之會也。所以借「繹」為「佚」云者，非襲馬驌之稱，蓋以辯此四十又八卷為不才尋繹諸史以成書，而事已在三越甲子後，名同、事同而文辭、識見之與溫氏故不同也。嗟乎！有明末政，一敗於宦豎，再敗於盜賊。……道光十年歲在上章攝提格夏至後日躔鶉首之次，古高陽氏

吳郡李瑤序。

## 陳鶴、陳克家《明紀》刊行

　　《清史列傳》卷七十二《文苑傳三》：陳鶴，字鶴齡，江蘇元和人。嘉慶元年進士，官工部主事。……博學篤於行誼，爲嘉定錢大昕所重。……鶴熟悉史事，於前明治亂得失，多所考鑒，嘗著《明紀》一書。……論者以爲有良史風。其書凡六十卷，手輯至五十有二卷而卒，後八卷則其孫克家續成之。克家，道光二十四年舉人，官內閣中書。少爲桐城姚瑩所器重。……後入提督張國樑幕，咸豐十年殉難。……

　　馮桂芬《明紀序》：史分紀傳、編年二體，而紀傳爲正史。《晉書》以後，或奉敕，或表上，或詔取，亦皆官書。編年之名，亦有二：曰鑒，曰紀。鑒始溫公《資治通鑒》、李燾《長編》，亦皆官書。繼之者，如陳、王、薛諸家，頗不盡然。迨國朝康熙、乾隆中，《御批通鑒綱目》、《御批通鑒輯覽》、《御定通鑒綱目三編》先後頒行，惟《欽定明鑒》未出，而鑒之爲官書，亦幾與正史等。……元和陳工部稽亭先生……一生精力所注，則在《明紀》一書。原本正史而參以王氏稿，此外說部、野史，間有採摭，必旁證覈實而後著之，凡新異詭誕之說置不錄。於三百年禮樂刑政，治亂成敗，忠邪是非之故，瞭如秩如，不愧良史。……書凡六十卷，先生手輯至五十有二卷而卒，文孫中書克家，續成者八卷。……恭考《御批通鑒輯覽》，分注福王年號，而唐、桂二王則別綴書後，顯示區別，與楊氏陸榮《三藩紀事本末》並列者不同。今於福王平書，於唐、桂低一格，正合《輯覽》微旨。……同治十年夏六月，吳縣馮桂芬序。

# 1833年　清宣宗道光十三年　癸巳

## 《通鑒注商》、《新舊唐書互證》作者趙紹祖卒

　　《清史列傳》卷七十三《文苑傳四》：趙紹祖，字琴士，安徽涇縣人，諸生。……既不得志於有司，遂棄帖括專力於經史百家，下至碑板書畫之屬，罔不鉤考決擇。……道光元年，舉孝廉方正。時陶澍爲安徽布政使，延紹祖纂輯《安徽省志》，詳贍有體。……卒年八十二。

## 俞正燮著成《癸巳類稿》

　　程恩澤《程侍郎遺集》卷七《癸巳類稿序》：右《癸巳類稿》十五卷，黟

俞正燮理初文字。吾徽學派，江、戴昌之，程、金承之，其緒繁變，都說經鏘鏘；尤善治史部，則有吾師淩次仲先生、吾友俞理初。凡學無門徑則雜，雜則經學混漢、唐，天文學屬推步、占驗；執一則隘，墨守一先生之言，又持古疾以困今。理初察古人門徑，端趨向，於其則塞也。寢饋經史，旁通諸子百家九流，於其偽則鏟。不寧惟是，唐宋淆漢易判，魏晉淆漢難判，淄澠既合，易牙能分。書缺有間，箋注脫訛，徵之諸子百家九流，有時而窮，則援引釋典道藏，粃糠塵垢，尚堪陶鑄，剝其精者，啟我質我，不猶愈求野乎？然非受性精敏，一覽便記，又烏能宏通博辨、差擇眇詮若是！理初積學甚富，未暇寫定。今年春，王菽原館丈分校禮闈，得一卷，以為必有著述，出闈，識理初，即索其文梓之。……理初歸計轉迫，草稿整齊者僅什四耳，屬余定其目。……道光十有三年癸巳秋，歙程恩澤。

# 1834 年　清宣宗道光十四年　甲午

## 黃汝成著成《日知錄集釋》

黃汝成《日知錄集釋敘》：敘曰：……崑山顧亭林先生，質敏而學勤，誼醇而節峻，出處貞亮，固已合於大賢。雖遭明末喪亂，遷徙流離，而撰述不廢，先後成書二百餘卷。閎廓奧賾，咸職體要，而智力尤瘁者，此也。其言經史之微文大義，良法善政，務推禮樂德刑之本，以達質文否泰之遷嬗，錯綜其理，會通其旨；至於賦稅田畝、職官選舉、錢幣權量、水利河渠、漕運鹽鐵、人材軍旅，凡關家國之制，皆洞悉其所由盛衰利弊，而慨然著其化裁通變之道，詞尤切至明白。其餘考辨，亦極賅洽。……汝成鑽研是書，屢易寒暑，又得潘檢討刪飾元本，閻徵君、沈鴻博、錢宮詹、楊大令四家校本。先生討論既夥，不能無少少滲漏。四家引申辯證，亦得失互見，然實為是書羽翼也。用博采諸家疏說傳注名物、古制、時務者，條比其下。伏處海濱，見聞孤陋，又耆碩著書富邃，而義無可附，則亦闕諸。竊慮蹐駁有逾簡略。嗚呼！學識遠不逮先生毛髮，而欲以微埃涓流上益海岱之崇深，抑愚且妄矣。然先生之體用具在，學者循其唐塗，以窺賢聖製作之精，則區區私淑之心，識小之旨，或不重為世所詬病者矣。書凡三十二卷，篇帙次第略不改易，《集釋》條目諸賢名士里爵，具列於後，而輒著其大指於篇。先生著述閎通，是書理道尤博，學術政治，皆綜隆替，視彼蒙言，奚啻瓶智。自康熙三十四年，吳江潘檢討刻於閩中，流行既久，刊嬗多訛，潛邱諸君皆有斠正。今茲《集

釋》即緣爲權輿，復廣加鉤析，脫字既增，誤文亦削。諸君別著，論纂雖殊，指意可並，則亦附諸。……道光十四年五月，嘉定後學黃汝成敘錄。

### 國史館纂成《武職大臣年表》

《清宣宗實錄》卷二七三，道光十五年十月丁丑，以國史館纂輯《武職大臣年表》等書告成，予提調等官優敘、議敘有差。

# 1836 年　清宣宗道光十六年　丙申

### 國史館奏准續纂《蒙古回部王公表傳》

中國第一歷史檔案館藏《國史館檔案》編纂類第 372 號卷存國史館奏稿：

國史館總裁大學士臣潘　等謹奏爲請旨事：查乾隆四十四年欽遵高宗純皇帝諭旨，纂辦蒙古及回部《王公表傳》，經臣館纂輯三體表傳至乾隆六十年止，共三百六十卷，刊刻頒發。又於嘉慶十七年經總裁臣松筠等議准續纂章程，自嘉慶元年以前表傳內襲至第幾次止，即以所止之次續纂。於十九年完竣進呈，另繕樣本交武英殿刊刻刷印，共七十二卷，恭呈御覽後頒發各部落，以昭聖朝眷念外藩、彰闡成勞之至意。迄今已閱二十餘年，自應接續修纂。臣等查《蒙古王公表傳》兩次續辦，業已刊刻，此次所纂，應請仍照嘉慶十七年原議，襲至第幾次止即以所止之次續纂，其見於前表傳者，毋庸復敘。理合奏聞，伏乞皇上訓示遵行。謹奏。　道光十六年八月初五日奉旨：依議，欽此。

按：此次纂修，雖於道光十九年完成，但直至道光二十五年方以捐資方法刊刻成書。此後於道光二十九年又開始續纂。《蒙古回部王公表傳》雖爲清國史組成部分，但每一階段性纂成，總要單行刊印，頒發蒙、回各部，以籠絡其上層貴族。

# 1837 年　清宣宗道光十七年　丁酉

### 李兆洛主持編成《歷代地理志韻編今釋》

李兆洛《歷代地理志韻編今釋凡例》：歷代地理，建置沿革，變亂紛總，名實訛淆，或同里而異名，或同名而而異地，南北相乖，東西易向。試閱史書，方隅莫辨，即翻地志，心目爲昏。古來史書中地志所載郡縣之名，以韻次之，分別時代，條其同異，勾稽今代所在之處，以著其實，閱史者易於尋

檢焉。……道光十有七年六月朔，集字竟因識，李兆洛。

# 1838年　清宣宗道光十八年　戊戌

## 徐松著成《登科記考》

徐松《登科記考敘》：州歲貢士，制昉禎明。蓋魏晉以還，相矜族望，江左猶不失門材，北朝則衹重門蔭，世冑在高位，上品無寒門。窮則變，變則通，其不得不出於科目者，亦時勢然也。夫國有與立，惟在得賢，人匪生知，誰能廢學？造士、進士，賢以論辯而升；小成、大成，學由考校乃見。則江都三策、建初四科，雖南院之濫觴，實西周之舊軌矣。李唐承隋，法制大備，冬集之例，旁課律書，春闈以來，兼試宏拔。其設條流也，不務苛細；其展公道也，在振孤寒。卷軸可溫，行止無駁，扣簾得請，通榜非私，莫不櫻筍含芳，芙蓉表豔，重龍門之聲價，寫雁塔之姓名。又若待非常之才，列制舉之目，期之以伊、呂，責之以霸、王，或才綜八能，或名成一藝，束帛之賁，相望邱園，弓旌之招，無間屠釣。山陬海澨，命使遐搜，諸子百家，獻書授職，何其牢籠群有、囊括九流如此哉！……無流品之別、無華夷之限，衡校古今，得士之盛，於斯為最。英雄入彀，殆非虛語。年紀邈遠，舊錄散亡，史志會要，文或踳駁，不揣檮昧，綴而緝之，有志復古者，尚其見諸。道光十八年孟夏之月，徐松述。

## 周濟著成《晉略》

包世臣《晉略序》：《晉略》六十六篇，都為十冊。吾友荊溪周濟保緒之所作也。荀子曰：「不仁而得國者，有之矣。不仁而得天下者，未之有也。」晉之得天下可謂不仁矣！……唐初儒臣集十八家之說，纂為《晉書》，事跡頗具，而此旨不明，無以昭勸誡、垂世法。保緒深達治源，取《晉略》而斟酌之，歷廿餘載，至道光癸巳，寫出清本。走使相質，既得餘復，又解散成書，五閱寒暑，乃成今本。……此子為不朽，來哲難誣，必有以余為知音者。……道光二十有三年，歲在癸卯四月朔，安吳倉世臣書。

# 1842年　清宣宗道光二十二年　壬寅

## 魏源著成《聖武記》初稿、《海國圖志》五十卷本、《道光洋艘征撫記》

魏源《聖武記敘》：荊楚以南，有積感之民焉，距生於乾隆征楚苗之前一歲，中更嘉慶征教匪、征海寇之歲。迄十八載，畿輔靖賊之歲，始貢京師；

又迄道光征回疆之歲，始筮仕京師。京師，掌故海也，得借觀史館秘閣官書及士大夫私家著述、故老傳說，於是我生以後數大事，及我生以前上訖國初數十大事，磊落乎耳目，旁薄乎胸臆，因以溯洄於民力物力之盛衰，人材風俗進退消息之本末。晚僑江、淮，海警飆忽，軍問沓至，憬然觸其中之所積，乃盡發其櫝藏，排比經緯，馳騁往復，先取其涉兵事及所論議若干篇，為十有四卷，統四十餘萬言，告成於海夷就款江寧之月。

魏源《海國圖志敘》：《海國圖志》五十卷，何所據？一據前兩廣總督林尚書所譯西夷之《四洲志》，再據歷代史志及明以來島志，及近日夷圖、夷語，鉤稽貫串，創榛闢莽，前驅先路。大都東南洋、西南洋增於原書者十之八，大、小西洋、北洋、外大西洋增於原書者十之六。又圖以經之，表以緯之，博參群議以發揮之。何以異於昔人海圖之書？曰：彼皆以中土人譚西祥，此則以西洋人譚西洋也。是書何以作？曰：為以夷攻夷而作，為以夷款夷而作，為師夷長技以制夷而作。……昔準噶爾跳踉於康熙、雍正之兩朝，而電掃於乾隆之中葉。夷煙流毒，罪萬準夷，吾皇仁勤，上符列祖，天時人事，倚伏相乘，何患攘剔之無期？何患奮武之無會？此凡有血氣者所宜憤悱，凡有耳目心知者所宜講畫也。去偽，去飾，去畏難，去養癰，去營窟，則人心之寐患祛，其一。以實事程實功，以實功程實事，艾三年而蓄之，網臨淵而結之，毋馮河，毋畫餅，則人才之虛患祛，其二。寐患去而天日昌，虛患去而風雷行。……道光二十有二載，歲在壬寅嘉平月，內閣中書邵陽魏源敘於揚州。

## 重修《大清一統志》告成

《清宣宗實錄》卷三八七，道光二十二年十二月辛亥：重修大清一統志成，御製序曰：我大清之受天命有天下，增式廓而大一統者，於今二百年。洪惟列祖列宗，威惠滂流，聲名懿鑠，幅員之廣，教化之洽，地利物華之盛，官方民事之詳且備，羲繩軒駕以來，未之有也。聖祖仁皇帝始命纂修《一統志》，世宗憲皇帝重加編輯，至高宗純皇帝御極之八年，甫獲竣事。嗣以天威震疊，開拓西域地二萬餘里，因於四十有九年續有成書，疊矩重規，經緯翔實。皇考仁宗睿皇帝命史館重修，未及告蕆。爰泊朕躬，荷神器付託之重，撫茲區宇，祗繹乎體國經野、設官分職之大，溯惟我皇祖、皇考所以因時順地，變通斟酌者，日不輟書。使非及時編定，俾舊典有所承而後事有所起，朕實愧且懼焉。茲全書告成，沿述於開國之初，增輯至嘉慶二十有五年，為

卷五百有六十，非務爲繁富以侈示後嗣也。我祖宗以仁義中正治天下，凡所損益，如權衡之於輕重，度量之於長短大小。即一州郡之升降，一官職之分合，一臣一民之予奪彰癉，無非本單心之宥密，垂爲律度，布爲官禮。除繁存質，扶條就幹，始獲成書，實闕略是虞，而何繁富之有！……朕惟乾惕震恐，冀迪前光，深知守成之難，不殊於創始。願與內外百執事，勉固封守而阜兆民。繼自今無疆惟休，亦無疆惟恤，續有編錄，視此典型，是朕之厚望也夫。

《四部叢刊續編》本《嘉慶重修一統志》卷首《進書表》：國史館總裁大學士臣穆彰阿等謹奏，爲接纂《大清一統志》全書告成，恭摺奏聞請旨事：竊臣館於嘉慶十六年經方略館奏請，將《大清一統志》移交補纂，臣等現已督飭在館各員，將全書纂輯繕校完竣。共五百六十卷，凡例、目錄二卷，陸續恭進。……道光二十二年十二月

# 1843 年　清宣宗道光二十三年　癸卯

## 陳逢衡彙刻《竹書紀年集證》、《逸周書補注》、《穆天子傳注補正》，總名《汲冢三書》

陳逢衡《汲冢三書總序》：予刻《汲冢三書》畢，不覺喟然歎曰：古籍之存亡，所賴於後人之表述者，豈淺哉！世之攻《紀年》，以爲僞者甚多。自予《集證》外，有通州雷君學淇從而考證之。《逸周書》世無異言，自予《補注》外，有海康丁君宗洛從而箋疏之。《穆天子傳》則群奉爲彝鼎，以爲高出二書之上，自予未補正之先，有臨海洪君頤煊校刻本。則此三書之賴以不墜，諸君子之力爲多，而予亦竊幸自附焉。……道光二十三年歲次癸卯八月朔，江都陳逢衡於郡城寓齋黃氏之黛山樓。

# 1845 年　清宣宗道光二十五年　乙巳

## 國史館所修《蒙古回部王公表傳》刊刻成書

中國第一歷史檔案館藏《國史館檔案》編纂類第 370 號卷，穆彰阿等奏摺稿：

國史館總裁、大學士臣穆彰阿等謹奏：爲捐刊《蒙古回部王公表傳》完竣，恭呈御覽事。竊臣館於道光十六年奏請續纂《蒙古回部王公表傳》，於十九年纂成，進呈欽定……二十四年八月十六日奏請由臣館捐刊，本日奉旨：

依議，欽此。欽遵亦在案……臣等伏查乾隆四十四年，欽奉聖諭纂輯《蒙古回部王公表傳》，特命編輯書成後，將所部之《表傳》，以三體合書頒給各部落，俾其子孫益知觀感奮勵。曾於節次書成後，遵旨頒發。此次刊刻完竣，應仍欽遵諭旨，按照部落書目，由臣館刷印三體全文各一部，移交理藩院頒發，以昭聖朝眷念外藩之至意。再，此次《蒙古表纂傳》至道光十年，嗣後各蒙古、回部王公等功過事跡，及承襲次數，臣館循例行文理藩院查取檔案，續行纂輯，以垂久遠……　道光二十五年三月初三日……

## 唐鑒著成《國朝學案小識》

沈維鐈《國朝學案小識序》：……我朝道統中天，君師立極，頒發《性理精義》、《朱子全書》，升紫陽為十二哲。二百年來，名儒輩出，庠序修明，為元、明所未有。乃循習既久，聰慧傑特之士，厭常喜新，則有崇訓詁而蔑繩檢，以漢學、小學凌駕宋儒者矣。言心性而遁元虛，襲六經注腳邪論，而顯備孔、孟者矣。不守博文約禮，誠明敬義之訓，不知禮義廉恥之防，世道人心，流波莫挽，有心者所為怒焉深憂也。

我友善化唐敬楷先生，秉承家學，著述皆有關係，兢兢於學術真偽之辯，謂統紀必一，則法度可名，塗轍可端。綜舉國朝講學諸儒，次弟甄錄。首列《傳道》，以清獻、楊園、桴亭、清恪為正宗。其次，湯文正以下十九人為《翼道》，得所翼而道不孤也。於北冥以下，四十四人為《守道》，得所守而道益明也。又次黃黎洲以下為《經學》，許、鄭、賈、孔皆道之支流餘裔也。卷末附《心宗》終焉。其搜採未獲，僅見他氏稱說者，為《待訪錄》，以俟補輯。共十四卷。書成，授維鐈讀之。……是書有學統之精嚴，而不病其隘；有學蔀之侃直，而不涉於苛。於以救陽儒陰釋之弊，而存道脈之真，其功正不可小也。……爰撮其大凡，書以為序。道光二十五年小除夕，愚弟檇李沈維鐈拜撰。

# 1846 年　清宣宗道光二十六年　丙午

## 梁廷枏《海國四說》刊行

梁廷枏《海國四說序》：……夫西國之風氣，惟利是圖，君民每聚貲合財，計較錙銖之末，跋涉數萬里，累月經年，曾不憚其險遠。來市雖眾，率貿易工技者流，習狃夷風，方自以稅重貨多，日持市道之見，與為窺測。大體所在，開喻原難。故從來馭夷之方，惟事羈縻，養欲給求，開誠相與，毋

啓以隙而挑以釁，是即千古懷柔之善術。蓋其人生長荒裔，去中國遠，不睹聖帝明王修齊治平之道，不聞詩書禮樂淑身範世之理，所得內地書籍，出於市商之手，徒求值賤，罔裨貫通；更畏例嚴，購求忙雜；又飄棲異域，必無淹博紳賢，古義邃精，豈通解證。彼縱堅心求學，而擇師乏術，從入迷途，薄涉淺嘗，掛一漏萬。無足以生其悅服，啓其機緘。夫是以始終墨守舊行之教，遞相傳述，輾轉附益。不知所考，則信奉愈堅；不知所疑，則觸發無自意。

五口通商之後，固專於牟利，亦樂於行教。信教之心愈篤，斯傳教之意愈殷。傳欲其廣，信欲其速，於是動以語言，勸以文字，誘以禍福。凡可以聳人聞聽者，將無乎不至。……雖然，無足慮也。其為言也淺，淺則不耐人思索，雖質至庸常者，亦將異說存之，況聰穎之士乎？……彼生長窮荒，聖教所不及之地，耳濡目染，沿遞徵說，凡應考筮仕，並出於斯，里巷常談，殆同讀法，牢不可破，曷怪其然。誠使明性道之大原，聖賢之彝訓，與夫古今治亂興亡之跡，日用倫常之道，不啻居漆室而睹日星，濯泥塗而升軒冕。其不思而悔，悔而轉，轉而棄者，無是人，更無是理也。

夫周孔之道洋施，本速於傳郵。特前此西海之外，舟車阻之，俟其從容向化，勢已緩矣。今則招徠既廣，望光而踵至者，未嘗限以工賈之輩。邇者皇上擴天地之仁，恩施格外，聽其購求典籍，延致中土儒生，大地同文，兆端於此。他日者，設能盡得聖君、賢臣、孝子、悌弟、義夫、節婦之見於紀載者，有以次第講習，牖其愚蒙，引其嚮往，將所謂思悔轉棄者，直旦暮間事。是蓋聖教普施之漸之有以發其機而操之券，又安有人心風俗之足害也哉？

予以讀禮家居，取舊所聞，編成《四說》，先詳彼教之委曲，而折衷之以聖道，並其所習聞之說考證焉，而明其所出，而後其教可聽與方外並存，曰《耶穌教難入中國說》。次舉入市之國之所稱貨多稅重者，為之各臚其風土起滅之由，一冠以中國年號，自案牘以逮時賢撰著，參以彼所自說，誕異者仍而正之，而後始末燎如，用資聞見，曰《合省國說》，曰《蘭崙偶說》，而終之《粵道貢國》。凡貢道之由廣東者，紀其年月、品物、錫賚、筵燕，而厚往薄來之義見焉。貢道不止粵東，謹就耳目所及，不敢濫也。粵道不止西洋，附以暹羅諸國，從其同也。即稱臣納臚之故，可共曉然於天朝厚澤，煦育已深。不特思義顧名，群安無事，抑更沾濡聖學，勉作異域循良之民，則聖代

聲教，夫豈漢、唐以下比哉？區區之懷，如是而已。不曰「記」，而曰「說」者，以中國人述外國事，稱名自有體制，且非足跡之所及，安知其信？固不敢援李思聰之《百夷傳》、侯繼高之《日本風土記》為例也。編成，輒序其大凡於簡端。道光丙午年正月，梁廷楠自序。

# 1848 年　清宣宗道光二十八年　戊申

## 徐繼畬著成《瀛寰志略》

　　《清史稿》卷四百二十二《徐繼畬傳》：徐繼畬，字松龕，山西五臺人。道光六年進士，選庶吉士，授編修，遷御史。……十六年，出為廣西潯州知府，擢福建延邵道，調署汀漳龍道。海疆事起，敵艦聚廈門，與漳州隔一水，居民日數驚。繼畬處以鎮定，民賴以安。二十二年，遷兩廣鹽運使，旬日擢廣東按察使。二十三年，遷福建布政使。二十六年，授廣西巡撫，未赴官，調福建。……繼畬暫兼署總督。……繼畬初入覲，宣宗詢各國風土形勢，奏對甚悉，退遂編次為書曰《瀛寰志略》，未進呈而宣宗崩，言者抨擊及之。咸豐元年，文宗召繼畬還京。……尋授太僕寺少卿。……咸豐二年，吏部追論繼畬在巡撫任逮送罪人遲誤，請議處，乃罷歸。……同治二年，召詣京師，命在總理各國事務衙門行走。尋授太僕寺卿，加二品頂戴。五年，以老疾乞歸。……同治十二年卒，年七十九。

　　徐繼畬《瀛寰志略自序》：地理非圖不明，圖非履覽不悉，大塊有形，非可以意為伸縮也。泰西人善於行遠，帆檣周四海，所至輒抽筆繪圖，故其圖獨為可據。道光癸卯，因公駐廈門，晤米利堅人雅裨理，西國多聞之士也，能作閩語，攜有地圖冊子，繪刻極細，苦不識其字，因鉤摹十餘幅，就雅裨理詢譯之，粗知各國之名，然匆卒不能詳也。明年，再至廈門，郡司馬霍君蓉生購得地圖二冊，一大二尺餘，一尺許，較雅裨理冊子尤為詳密，並覓得泰西人漢字雜書數種，余復搜求得若干種，其書俚不文，淹雅者不能入目。余則薈萃採擇，得片紙亦存錄勿棄，每晤泰西人，輒披冊子考證之，於域外諸國地形時勢，稍稍得其涯略，乃依圖立說，採諸書之可信者，衍之為篇，久之積成卷帙。每得一書，或有新聞，輒竄改增補，稿凡數十易。自癸卯至今，五閱寒暑，公事之餘，惟以此為消遣，未嘗一日輟也。陳慈圃方伯、鹿春如觀察見之，以為可存，為之刪訂其舛誤，分為十卷。同人索觀者多慫恿付梓，乃名之曰《瀛寰志略》，而記其緣起如此。道光戊申秋八月，五臺徐繼

畚識。

### 姚瑩著成《康輶紀行》

姚瑩《康輶紀行自敘》：《康輶紀行》者，道光甲辰、乙巳、丙午間，瑩至蜀中，一再奉使乍雅及察木多，撫諭蕃僧而作也。……瑩自嘉慶中，每聞外夷桀驁，竊深憂憤，頗留心茲事，嘗考其大略，著論於《識小錄》矣。然僅詳西北路，其西南、海外有未詳也。及乎備兵臺灣，有事英夷，欽奉上詢英地情事。當時第據夷酋顛林所言，繪陣圖說，而俄羅斯距英地遠近，莫能明焉，深以為恨，乃更勤求訪問。適友人魏默深貽以所著《海國圖志》，大獲我心，故乍雅之役，欣然奉使。就藏人訪西事，既得聞所未聞，且於英人近我西藏之地，與夫五印度、俄羅斯之詳，益有徵焉。顧行笥少書，惟攜圖說數種，未能博證，然所見聞略近實矣。大約所記六端：一、乍雅使事始末；二、剌麻及諸異教源流；三、外夷山川形勢風土；四、入藏諸路道里遠近；五、泛論古今學術事實；六、沿途感觸雜撰詩文。或得之佛寺、碉樓，或得之雪橋、冰嶺。晚歲健忘，不能無紀也。然皆逐日雜記，非著書，故卷帙粗分，更不區其門類。……姚瑩述。

## 1849年　清宣宗道光二十九年　己酉

### 《疇人傳》、《十三經注疏校勘記》、《四庫未收書提要》作者阮元卒

《清史列傳》卷三十六《大臣傳續編一》：阮元，江蘇儀征人。乾隆五十四年進士，改翰林院庶吉士，充《萬壽盛典》纂修。五十五年，散館授編修。……（道光）二十九年，卒。……予諡文達。……元淹貫群書，長於考證。……所著有《經籍纂詁》、《十三經校勘記》、《山左金石志》、《兩浙金石志》、《石渠隨筆》、《疇人傳》、《小滄浪筆談》、《定香亭筆談》、《廣陵詩事》、《揅經室集》，又編輯《皇清經解》一千四百卷。

### 《碑傳集》編者錢儀吉卒

《清史列傳》卷七十三《文苑傳四》：錢儀吉，初名逵吉，字衎石，浙江嘉興人。……嘉慶十三年成進士，改翰林院庶吉士，散館授戶部主事。累遷至工科給事中。尋罷歸。儀吉於學無所不通，其治經先求故訓，博考眾說，而折中以本文大義。……其讀史，則補《晉兵志》及《朔閏》諸表，又撰《三國會要》，博采見聞，旁羅散失，期拾遺於正史，不限斷以本書。帝系、輿地，

或爲之圖，或爲之表，條繫字綴，鉅細畢賅。嘗爲會典館總纂，專辦天文、輿地諸圖象。復手撰《皇輿圖說》四十卷。又嘗仿明焦竑《獻徵錄》，爲《國朝獻徵集》，得將相、大臣、循良、忠節、儒林、文苑等，凡八百餘人。又於《獻徵集》之外，節錄名臣爲《先正事略》。……晚主河南大梁書院。道光三十年，卒，年六十八。他著有《衍石齋記事稿》十卷、《續稿》十卷、《刻楮集》四卷、《旋逸小稿》二卷。

### 《蒙古源流箋證》、《元朝秘史注》作者沈曾植生

《清史稿》卷四七二，《沈曾植傳》：沈曾植，字子培，浙江嘉興人。光緒六年進士，用刑部主事。……遷員外郎，擢郎中。居刑曹十八年，專研古今律令書，由《大明律》、《宋律統》、《唐律》上溯漢魏，於是有《漢律輯補》、《晉書刑法志補》之作。曾植爲學兼綜漢、宋，而尤深於史學掌故，後專治遼、金、元三史，及西北輿地、南洋貿遷沿革。尋充總理衙門章京。……母憂歸，兩湖總督張之洞聘兩湖書院講席。拳亂啓釁，曾植與盛宣懷等密商保護長江之策，力疾走江、鄂，決大計於劉坤一、張之洞，而以李鴻章主其成，所爲「畫保東南約」也。旋還京，調外交部。出授江西廣信知府。……歷署督糧道、鹽法道，擢安徽提學使，赴日本考察學務。三十二年，署布政使，尋護巡撫。……宣統二年，移病歸。遜位詔下，痛哭不能止。丁巳復辟，授學部尚書。事變歸，臥病海上。壬戌冬，卒，年七十三。著有《海日樓文詩集》。

沈頲《沈乙盦先生海日樓遺書總目》（載《蒙古源流箋證》卷首）：《元朝秘史注》十五卷，附《九十五功臣名》一卷。《蒙古源流箋證》八卷。《蠻書校補》一卷。《島夷志略箋》二卷。《史外合注》共六種，目列下：《蒙韃備錄》、《黑韃事略》、《西遊錄》、《異域說》、《塞北紀程》、《近疆西夷傳》。以上皆歷史著述，爲先君最重要之籍，今合編爲叢書一種，定名曰乙部叢書。……壬申夏男頲識。

# 1852 年　清文宗咸豐二年　壬子

### 魏源增補《海國圖志》至百卷

魏源《海國圖志後敘》：譚西洋輿地者，始於明萬曆中泰西人利馬竇之《坤輿圖說》、艾儒略之《職方外紀》。初入中國，人多謂鄒衍之談天。及國朝而粵東互市大開，華梵通譯，多以漢字刊成圖說。其在京師欽天監供職者，則

有南懷仁、蔣友仁之《地球全圖》。在粵東譯出者，則有鈔本之《四洲志》、《外國史略》，刊本之《萬國圖書集》、《平安通書》、《每月統紀傳》，燦若星羅，瞭如指掌。始知不披海圖、海志，不知宇宙之大，南北極上下之渾圓也。惟是諸志多出洋商，或詳於島岸土產之繁，埠市貨船之數，天時寒暑之節，而各國沿革之始末，建置之永促，能以各國史書志富媼山川縱橫九萬里、上下數千年者，惜乎未之聞焉。近惟得布路國人瑪吉士之《地里備考》，與美里哥國人高理文之《合省國志》，皆以彼國文人，留心丘索，綱舉目張。而《地里備考》之《歐羅巴洲總記》上下二篇，尤為雄偉，直可擴萬古之心胸。至墨利加北洲之以部落代君長，其章程可垂奕世而無弊；以及南洲孛露國之金銀富甲四海，皆曠代所未聞。既彙成百卷，故提其總要於前，俾觀者得其綱而後詳其目，庶不致以卷軼之繁，望洋生歎焉。……咸豐二年，邵陽魏源敘於高郵州。

# 1856 年　清文宗咸豐六年　丙辰

## 實錄館首纂《籌辦夷務始末》（道光朝）成書

道光朝《籌辦夷務始末》卷首，文慶等進書奏摺：監修總裁官大學士臣文慶等跪奏，為纂輯《籌辦夷務始末》完竣，恭摺進呈仰祈聖鑒事：竊臣館總裁官、原任協辦大學士杜受田，面奉諭旨，纂修《籌辦夷務始末》一書。臣等督同編校各官，慎司編輯，細心校勘。自道光十六年議禁鴉片煙始，至二十九年英夷不進粵城、通商受撫止，先後十四年間恭奉上諭、廷寄以及中外臣工之摺奏，下至華夷往來之照會、書箚，凡有涉於夷務而未盡載入實錄者，編年紀月，按日詳載，期於無冗無遺。……鴻篇載輯，允資考鏡於前聞。共書八十卷，裝潢十六函，敬謹進呈，伏祈皇上聖鑒。謹奏。　咸豐六年九月。

## 《清宣宗實錄》纂修成書

《清文宗實錄》卷二〇九，咸豐六年十月乙酉朔，諭內閣：皇考《宣宗成皇帝實錄》、《聖訓》告成，著於十一月初一日受書御殿，各該衙門敬謹豫備。

《清文宗實錄》卷二一一，咸豐六年十一月乙卯朔，恭纂《宣宗成皇帝實錄》、《聖訓》告成，監修總裁大學士文慶等奉表恭進。

# 1857 年　清文宗咸豐七年　丁巳

## 國史館纂修《清宣宗本紀》告成

《清文宗實錄》卷二二四，咸豐七年四月己酉：以恭修《宣宗成皇帝本紀》告成，予國史館提調官崇芳等升敘有差。

# 1859 年　清文宗咸豐九年　己未

## 張穆《蒙古游牧記》刊行

《清史列傳》卷七十三《文苑傳四》：張穆，字石洲，山西平定人。道光十一年優貢生，候選知縣。……候銓時，以負氣忤貴人，罷去。閉門讀書，左圖右史，日以討論為事。大學士祁寯藻為其父刻《藩部要略》，延穆校核……於是著《蒙古游牧記》十六卷。……書未成，其友何秋濤為補輯之。他著有《顧亭林年譜》、《閻百詩年譜》、《鬲齋文集》、《詩集》。

張穆《鬲齋文集》卷三《蒙古游牧記自序》：我皇清受天眷命，統一天下，薄海內外，悉主悉臣，治道之隆，登三咸五，而北戴斗極，西屆日所，人廓疆畛，三萬餘里，靡不服屬奔走。禮樂朝會、賦役法制、條教號令，比於內地，盛矣哉！古未嘗有也。然內地各行省府廳州縣，皆有志乘，所以辦方紀事，考古鏡今。至於本朝新闢之土，東則有吉林、卜魁，西則有金川、衛藏，南則有臺灣、澎湖，莫不各有纂述，以明封畛而彰盛烈。獨內外蒙古隸版圖且二百餘載，而未有專書。《欽定一統志》、《會典》雖亦兼及藩部，而卷帙重大，流傳匪易。學占之士尚多懵其方隅，疲於考索。此穆《蒙古游牧記》所為作也。……

# 1860 年　清文宗咸豐十年　庚申

## 清廷嘉獎何秋濤所著之書，賜名《朔方備乘》

《清文宗實錄》卷三〇六，咸豐十年正月己丑，諭內閣：刑部候補主事何秋濤呈進所纂書籍八十卷，著賜名《朔方備乘》。此書於制度沿革、山川形勢，考據詳明，具見學有根柢。何秋濤著加恩俟補缺後，以員外郎即行升補。……

# 1861 年　清文宗咸豐十一年　辛酉

## 徐鼐著成《小腆紀年附考》

徐鼐《小腆紀年附考自序》：……臣鼐恭讀《純廟實錄》及《御製聖朝殉節諸臣錄序》……仰遵純廟附書之諭，竊取《春秋綱目》之義，原本正史，博采舊聞，爲《小腆紀年附考》一書。……臣鼐入史館後，始創是書。壬子冬，乞假歸觀，奉命辦理團練，扦摵之暇，發家藏稗史，參互推勘，五歷寒暑。每月夜登埤，與諸同事相勞苦，輒舉書中忠義事，口講手畫，環而聽者，咸感喟不能自己。戊午春，揚州官軍移營浦口，士民額手相慶，臣鼐亦解團練事，需次入都，屬門下士汪達利繕寫成峽。方冀故鄉友朋參訂訛闕，乃五載金湯，一朝瓦碎，向時家藏之書，毀焉無復存矣。登埤聽講之人，較書中死事之人爲更慘矣。獨臣鼐以孑然之身，遠宦數千里外，烽煙未熄，羽檄交馳，脫並是書灰燼焉，則臣鼐何以仰遵純廟聖諭，竊取《春秋綱目之》義，汲汲以正人心、維世運之愚衷，與不才之軀同忽焉沒矣，是則梓而存之之意也夫！咸豐十一年雖在辛酉秋八月，六合彝舟甫徐鼐自敘。

# 1862 年　清穆宗同治元年　壬戌

## 奉兩宮皇太后懿旨編纂《治平寶鑒》

《清穆宗實錄》卷二三，同治元年三月丁末，諭內閣：前奉母后皇太后、聖母皇太后懿旨，命南書房、上書房翰林等，將歷代帝王政治及前史垂簾事跡，擇其可爲法戒者，據史直書，簡明注釋，彙冊進呈。茲據侍郎張之萬等彙纂成書，繕寫呈遞，法戒昭然，足資考鏡，著賜名《治平寶鑒》。禮部右侍郎張之萬、太常寺卿許彭壽、光祿寺卿潘祖蔭、翰林院編修鮑源深、修撰章鋆、編修楊泗孫、李鴻藻、呂朝瑞、黃鈺，著各賞給大卷緞一匹、大卷江紬一匹。

## 《朔方備乘》作者何秋濤卒

李鴻章《朔方備乘序》：古之儒者，博學而不窮，故多聞、多志，必繼之以精知，然後略而行之，未有不通天下之志，而能成天下之務者也。……《傳》有之曰：「知己知彼」。《大學》之言「治平」，知己之學也；《周官》之言「周知」，知己而兼知彼之學也。自來談域外者，外國之書務爲誇誕，傅會實多，遊歷所紀，半屬傳聞，淆訛迭出，又或輾轉口譯，名稱互歧，競

尚瑣聞，無關體要，以云徵信，蓋亦難之。不知史傳所存，官私書所紀，參考互校，可得而詳，自非強識洽聞，精心遠見之儒，罕能究其源流，證其得失。

竊見故員外郎銜、刑部主事何秋濤究心時務，博及群書，以爲俄羅斯東環中土，西接泰西諸邦，自我聖祖仁皇帝整旅北徼，譬威定界，著錄之家雖事纂輯，未有專書。秋濤始爲彙編，繼加詳訂，本欽定之書及正史爲據，旁採圖理琛、陳倫炯、方式濟、張鵬翮、趙翼、松筠，以及近人俞正燮、張穆、魏源、姚瑩之徒，與外國人艾儒略、南懷仁、雅裨理之所論述，並上海、廣州洋人所刊諸書，訂其舛訛，去其荒謬，上溯聖武之昭垂，下及窩集之要害，爲考，爲傳，爲紀事，爲辨正，自漢、晉、隋、唐迄於明季，又自國朝康熙、乾隆迄於道光，代爲之圖，各爲之說，凡八十卷。文宗顯皇帝垂覽其書，賜名《朔方備乘》。進呈之後，書旋散亡，吏部侍郎黃宗漢因取副本，擬更繕進，復毀於火。秋濤之子芳秾，奉其殘稿來謁，篇帙不完，塗乙幾遍，鴻章爰屬編修黃彭年，與畿輔志局諸人爲之補綴排類，復還舊觀圖說刊成，全書次第亦付剞劂。……

# 1865 年　清穆宗同治四年　乙丑

## 夏燮（署名江上蹇叟）著成《中西紀事》定本

夏燮《中西紀事定本目錄》：咸豐十年，自浙返江右。其年秋，今曾侯以兩江總督督師駐祁門，調入幕府。時值輦轂之變，奉詔北援，和議既成，罷兵換約，凡前後奏咨稿案及軍機、糟臺來往信函件次之，撰爲《庚申續紀》。踰年，回江供職，親預於長江設關、西士傳教之役，又見續頒條約，暫定章程。雖法窮則變，抑亦時勢爲之。而魚以煩烹致碎，羊以多歧而亡，君子不能不於始作俑者三致慨焉！爰取庚申以後，續成數事，增入《中西紀事》中，合之爲二十四卷。……

是編草創未就，得見同年魏默深中翰源所撰《海國圖志》，愛其採摭之博，惟其體例兼備四洲，故於英人入寇及海疆用兵之利鈍，不具詳也。猾夏起於通番，漏厄原於互市，邊釁之生，由桛於此，原稿皆敘於各案下。續據《海國圖志》所載各檔案，遂仿紀事本末之例，釐爲四卷，著始禍也，五卷之後，邊釁本末，多據邸抄及奏咨各案，參以西人紀載之可信者。十五卷換約以後，則條約章程頒行各省，尤爲班班可考，續論次之。而以剿撫異同，管蠡一得

殿焉。卷末記海疆殉難諸臣，悉以死事年月之先後爲斷，惟有則詳而核，無則略而存，蓋仿《綏寇紀略補遺》之例云。時同治四年乙丑六月。

## 1866 年　清穆宗同治五年　丙寅

### 斌椿著成《乘槎筆記》

徐繼畬《乘槎筆記序》：自古勤遠略者，始於兩漢博望之鑿空，事多荒杳。我聖朝德威遠播，泰西各國皆喁喁慕義，通使幣於天家。如英吉利、法郎西、俄羅斯、美利駕諸大國，咸遣使臣駐京師，辦中外交涉事務，欲得中國重臣遊歷西土，以聯合中外之情志。顧華人入海舶，總苦眩暈，無敢應者。斌君友松，年已周甲，獨慨然願往。遂於同治丙寅歲正月，乘槎以行。凡歷十五國之疆域，於所謂歐羅巴各國，親歷殆遍。遊覽之餘，發諸吟詠。計往返九萬餘里，如英、法、俄、布、荷、比諸國，土俗民情，紀載尤悉，筆亦足以達其所見。索觀者多，乃付剞劂，以貽同好。余既獲寓目，因題數語以誌幸。同治戊辰初夏，愚弟徐繼畬拜手序。

### 《清文宗實錄》纂修告成

《清穆宗實錄》卷一九一，同治五年十二月癸巳，恭纂《文宗顯皇帝實錄》、《聖訓》告成，監修總裁大學士賈楨等奉表恭進。

光緒《大清會典事例》卷七十七，《吏部·修書議敘》：……同治五年，恭纂《文宗顯皇帝實錄》告成，共三百六十卷，又恭輯《聖訓》一百十卷。查照舊例，予監修總裁官、正副總裁官暨提調、纂修、校對、收掌、繙譯、謄錄各員議敘。

## 1867 年　清穆宗同治六年　丁卯

### 咸豐朝《籌辦夷務始末》纂成進呈

咸豐朝《籌辦夷務始末》卷首，賈楨等進書奏摺：監修總裁官大學士臣賈楨等跪奏，爲纂輯《籌辦夷務始末》完竣，恭摺進呈，仰祈聖鑒事：竊《籌辦夷務始末》一書，先於咸豐初年奉旨纂輯，自道光十四年起，至二十九年止，均已編輯成書，恭進在案。現應纂輯道光三十年正月起，至咸豐十一年七月止籌辦夷務始末。前經軍機大臣面奉諭旨，照案纂輯，臣等督同編校各官，慎司編輯，悉心校勘。計庚戌至辛酉，先後十二年間，恭奉上諭、廷寄以及京外臣工之奏摺，各國往來之照會、書函等件，凡有涉於夷務而未纂入

實錄者，編年紀月，條理秩然。……從此書藏柱下，資考鏡於千秋，更欣化被瀛陬，振威稜於八表。共書八十卷，裝潢十六函，敬謹進呈，伏乞聖鑒。謹奏。　同治六年四月。

### 張德彝著成《航海述奇》

張德彝（德明）《航海述奇自序》：……明膺命隨使遊歷泰西各國，遨遊十萬里，遍歷十六國，經三洲數島、五海一洋，所聞見之語言文字、風土人情、草木山川、蟲魚鳥獸，奇奇怪怪，述之而若故駭人聽聞者，不知凡幾。明年甫弱冠，躬此狀遊，不敢云即是足爲大觀，而見所未見，聞所未聞，既得集錄成篇，即願以公諸共識。日來索觀甚眾，字句之間，不遑修飾，亦但誌其實，聊爲翻閱者信其奇而非妄述焉，可也。時在同治丁卯孟夏，鐵嶺張德彝在初氏序於述奇館。

# 1870 年　清穆宗同治九年　庚午

### 李光廷著成《漢西域圖考》

陳澧《漢西域圖考序》：……古之考地理者，詳於九州之內而略其外。李君之書，自漢敦煌關外西北二萬里至大秦，又西北至於海西，南萬餘里安息，又西南至於海。其間國土以百數，若指諸掌。自漢至今，史傳、說部以至沙門之記錄，外夷之圖繪，靡不綜覈；方言、譯語，侏離啁哳，同地異名，同名異文，靡不貫通，可謂奇書矣！雖然，李君著書之意，豈欲以是爲奇哉？兩漢《西域傳》所載，最遠者大秦、安息，今則大秦之外、西北海濱之人，已奪據天竺，距雲南僅千餘里。自中國罷兵議款，增立互市，遊行天下而館於京師。安息之外、西南海濱之人，入中國千餘年，生育繁多，散處諸行省，近且擾亂關隴，用兵未休。嗚呼！其爲中國之患如此，而中國之人茫然不知其所自來，可不大哀乎！古人之書，大都有憂患而作也。今日之患，爲千古所無之患。李君之書，遂爲今日所不可無之書，豈徒以其奇而已哉！……同治庚午八月，陳澧序。

### 志剛於本年後著成《初使泰西記》

《初使泰西記序》：昔閱斌友松《乘槎筆記》，喜其可以供人玩賞，而究未能釋然於西事也。因憶及志克庵星使，曾充行人，奉國書而周歷瀛寰，爲開闢以來之創舉，何竟一無記述？歲壬申于役烏城，幸得昕夕從事，得問

以請，乃出其所記使事稿，就借讀之。公牘外或紀程途，或記風土，間有
論說，頗潦草無倫次。因竊摘其關切世道人心、民生國計者，次第錄寄小兒
宜垔，俾拓耳目。嚮之不能釋然者，已渙然冰釋矣。及甲戌歸自漠北，則
前稿已訂成刊本。兒謂刊此書，亦猶刊《知古錄》之志也；刊《知古》而
不刊此書，是薄今人而徒愛古人矣。嗣抱喪明之痛，憫其苦心未遂，不忍
使已卒之業廢於半途，有用之言湮沒弗彰也。而或疑代刊此書為多事，然
我讀之而釋然。為知不有讀之而亦釋然反樂有此多事者，則我之心慰矣。是
為序。

按：同治六年（1867），清廷總理衙門派美國原任駐華公使蒲安臣，充任
中國派往泰西各國使臣，志剛等隨同出國，這是近代中國首次向歐美派出的
外交使團。志剛於同治九年九月始回京覆命，則其原稿似應於此後完成，故
繫於此。

# 1871年　清穆宗同治十年　辛未

## 王韜著成《法國志略》、《普法戰紀》初稿

王韜《法國志略原序》同治九年庚午春，予從泰西歸豐順，丁雨生中丞
方開府吳中，以其所纂《地球圖說》郵寄粵嶠，命余增輯史事，裒益近聞，
著為定本。其書自米利堅人原本譯出，僅詳輿地而已，且識小略大，多所遺
漏，遣詞命句，未極雅馴。余因先從事於《法志》，為之甄削繁要，區別體例，
增損改置，條繫件分，凡六閱月，始得藏事。其間改析原書者六卷：首為《法
蘭西總志》三卷，次為《法京巴黎斯志》一卷，又次為《法蘭西郡邑志》二
卷。此外，就見聞所及，或採自他書，或錄諸郵報，益以廣述八卷：首為《法
英婚盟和戰紀》二卷，次為《拿破崙第三用兵記》二卷，次為《普法戰紀》
三卷，又次為《瑣載》一卷。……辛未春，吳郡王韜序於天南遁窟。

王韜《普法戰紀前序》：同治九年庚午秋，法因爭立西班牙王子一事，與
普構兵。普先興師伐之，懸兵深入，所向皆捷，法王兵敗於師丹，遂降。普
軍進圍其都城一百四十二日，糧絕援窮，法人不得已，願如約議和。同治十
二年辛未春，盟成，釋兵弭怨，計兩國相持七閱月。法坐是地削國蹙，幾於
一蹶不振，而普愈稱雄於歐土。余摭拾其前後戰事，彙為一書，凡十有四卷。
大抵取資於日報者十之三，為張君芝軒所口譯者十之四五，網羅搜探，得自
他處者十之二三。既成，將付剞劂，而為述其大略曰：嗚呼！余之志普、法

戰事，豈獨志普、法哉！歐洲全局之樞機，總括於此矣！普強法弱，此歐洲變局之所由來也。……同治十年歲次辛未六月二十二日，吳郡王韜序於天南遁窟。

# 1872年　清穆宗同治十一年　壬申

## 張德彝著成《再述奇》（一名《歐美環遊記》）

張德彝（德明）《再述奇自序》：天下土宇，分五大洲，邦國數百，人百億兆，風土人情之迴殊，衣服飲食之異宜，隔海離山，眶我朝率千萬里，欲遍覽焉固難，況遍覽焉出於一人，不更難哉？前實海諸書，固已言之甚悉，但所言徵實者，不過十之二三。德明兩次奉命隨使航海，東西繞地一匝，計里十餘萬，歷國十有三，即耳目見聞，擇前述之未備者日記一二。凡事徵實，不厭其贅，非敢率爾操觚，亦茶前酒後聊持此破睡魔云爾。同治壬申仲夏，鐵嶺德明在初氏敘於述奇館。

## 《剿平粵匪方略》、《剿平撚匪方略》纂修告成

《清穆宗實錄》卷三三九，同治十一年八月己卯，諭內閣：恭親王等奏纂輯《剿平粵匪方略》四百二十卷、《剿平撚匪方略》三百二十卷告成，奉表恭進一摺。剿捕粵匪，始於道光三十年，至同治四年克復江寧省城，嗣後按捕餘孽，又歷年餘。剿捕撚匪，始於咸豐元年，至同治七年在直隸地方並力殲除。計辦理軍務，前後十有九年，各路軍營及內外臣工章奏紛繁，我文宗顯皇帝神謨廣運，指示機宜，聖訓昭垂，軍民感服。迨朕御極後，稟承慈安皇太后、慈禧皇太后懿訓，燭照無遺，同符先烈，戡定大難，用底敉平，一切機宜運畫，允宜垂示將來。恭親王等奉命纂辦，數年來率同在館人員，陸續繕輯呈進，隨時披覽，卷帙繁多，尚為詳悉眵備。所有大小出力各員，自應普加優獎。……初恩照所請行。

# 1873年　清穆宗同治十二年　癸酉

## 夏燮《明通鑒》刊行

夏燮《與朱蓮洋明經論修明通鑒書（同治壬戌）》（載《明通鑒》卷首）：前奉來書，有石屋注史之役，聞之不禁狂喜。……《明史》初稿係萬季野，其後橫雲山人成之。季野當鼎革之季，嫌忌頗多，其不盡者，屬之溫曬園，別成《繹史》。弟年來校證貴池書，搜輯明季野史，無慮數百種，以《明通鑒》

無書，慨然欲輯之。涑水《通鑑》如禍水、冰山等語，皆自野史得來，若謂野史不可信，則正史何嘗無採自野史而折衷之者？安見登之正史遂無傳聞之誤乎？若以恩怨而言，則修史之初，半係先朝遺老、亡臣子孫，其中或以師友淵源，或因門戶嫌隙。近閱明季稗史，參之官書，頗有本傳所記錚錚矯矯，而野史擯之不值一錢；亦有野史所記其人之本末可觀，而正史貶抑過甚者。豈非恩怨之由，貴在知人論世者折中一是耳。執事欲補注，勢不得不兼採稗野，旁及諸家文集說部之書，而同異得失之間不能無辯，遂有一事非累幅不能了者，莫若擇野史之確然可信者，參之《明史》及《明史紀事本末》等書，入之正文，而以雜採稗乘疑信相參者夾行注於其下，是即裴松之之注《三國志》之例，亦即貴鄉彭文勤公《五代史補注》之例也。拙撰《明通鑑》，採野史者不過十中之一二，而其為世所傳而實未敢信者俱入之《考異》中；其正史有未敢信而刪之者，亦入之《考異》中。……定本當俟異日，姑先舉草創之大略，為共從事於《明史》者商之，惟鑒不宣。

## 1875 年　清德宗光緒元年　乙亥

### 張之洞著成《書目答問》

張之洞《書目答問略例》：諸生好學者來問應讀何書，書以何本為善。遍舉既嫌絓漏，志趣學業亦各不同，因錄此以告初學。讀書不知要領，勞而無功；知某書宜讀而不知精校、精注本，事倍功半。今為分別條流，慎擇約舉，視其性之所近，各就其部求之，又於其中詳分子目，以便類求，一類之中，復以義例相近者使相比附，再敘時代，令其門徑秩然，緩急易見。凡所著錄，並是要典雅記，各適其用，總期令學者易買易讀，不致迷罔眩惑而已。……

經部舉學有家法、實事求是者，史部舉義例雅飭、考證詳覈者，子部舉近古及有實用者，集部舉最著者。……所舉二千餘部，疑於浩繁，然分類以求，亦尚易盡，較之泛濫無歸者則為少矣。光緒元年九月日，提督四川學政、侍讀銜翰林院編修張之洞記。

## 1876 年　清德宗光緒二年　丙子

### 黎庶昌《曾文正公年譜》刊行

《清史稿》卷四百四十六《黎庶昌傳》：黎庶昌，字蒓齋，貴州遵義

人。……同治初元……以廩貢生授知縣，交曾國藩差序。……光緒二年，郭
嵩燾出使英國，調充參贊，歷比、瑞、葡、奧諸邦，著書以撮所聞見，成《西
洋雜誌》。晉道員。七年，命充出使日本大臣。……中國古籍，經戎燼後多散
佚，日藩族奔藏富，庶昌擇其足翼經史者，刊《古逸叢書》二十六種。……
十七年，除川東道。……二十一年，詔陛見。……未幾，卒。川東民建祠濰
郡祀之。

黎庶昌《書曾文正公年譜後》：……吾師曾文正公，蓋世忠勳，薄海宗仰，
身沒之日，知與不知，得公楮墨者，莫不什襲以珍之，公鏤版以傳之，所在
風行，以先睹為快。竊恐數十載後，流風漸遠，見聞異辭，而於當日事跡原
委，無資以質證，亦門人故舊之責也。不揣固陋，按據近年所睹記，粗紀其
大略。自道光中葉以遠，天地干戈，廟堂咨儆，二十有餘年，人才之進退，
寇亂之始末，洵時事得失之林、龜鑒所在。而我公所以樹聲建績，光輔中興
者，或籌議稍迂，而成功甚奇；或發端至難，而取效甚遠；或任人立事，為
眾聽所駭怪，而徐服其精；或為國忘軀，受萬口詆訾，而所全實大。凡若此
類，不敢忘忽焉。宮牆美富，何敢妄云窺見，惟後世讀公書者，諒亦有取於
此云。

# 1877年　清德宗光緒三年　丁丑

## 命國史館纂修《清穆宗本紀》

《清德宗實錄》卷五七，光緒三年九月甲戌，諭內閣：歷代史書，皆以
帝王本紀冠諸簡端。我朝列聖相承，均經國史館恭修本紀，敬謹尊藏。伏念
穆宗毅皇帝文德武功，昭垂宇宙。業經特命開館纂修實錄，現已進呈至六年，
允宜恭修本紀，垂示後昆。著國史館總裁，遴派提調等官督率謄錄，詣實錄
館將業已進呈之書，照副本恭繕一分，恪遵編纂，隨時進呈。於實錄告成後，
陸續辦竣。所繕實錄副本，即恭藏史館，以資考證。

## 郭嵩燾著成《使西紀程》，隨後遭清廷毀版

王先謙《虛受堂文集》卷九，《兵部左侍郎郭公神道碑》：公諱嵩燾，字
伯琛，筠仙其自號，晚更號玉池老人。築室曰養知書屋，學者又稱養知先
生。……公自幼端愨，有成人之度，稍長，游學嶽麓書院，與曾公國藩、劉
公蓉相友善，切劘以道義，於書靡不通究，雖蓬戶獨處，其意淵然，以天下
為量，尤自厲勤苦，質直好義，必忠必信，矢之終身，蓋其得於天性與自力

於學者如此。由縣學生中式道光丁酉舉人，丁未成進士，改翰林院庶吉士，回籍丁父母憂。粵寇起，犯湖南，曾公以侍郎居憂，奉詔辦團練，未出，公至其家，陳說大義。曾公感動，起視師。……光緒元年，授福建按察使，尋命以侍郎候補，在總理各國事務衙門行走。充出使英法大臣，補兵部左侍郎差。旋抵滬，以病免。……自海外歸十三年，以光緒十七年辛卯六月十三日卒於家，距其生嘉慶二十三年戊寅三月七日，年七十四。……生平撰著，大半散佚，存者：《禮記質疑》四十九卷，《大學質疑》一卷，《中庸質疑》二卷，《訂正朱子家禮》五卷，《養知書屋文集》二十八卷，《詩集》十五卷，《奏疏》十二卷，《讀書札記》若干卷，《湘陰縣圖志》三十四卷，《會合聯吟集》一卷，《家譜》十卷，已刊行。其未刊者：《周易釋例》四卷，《毛詩餘義》二卷，《綏邊徵實》二十四卷，《官書》若干卷，《尺牘》若干卷。……清光緒十七年辛卯歲，國子監祭酒長沙王先謙敬撰。

　　《續修四庫全書總目提要》（稿本）：《使西紀程》二卷，清郭嵩燾撰。嵩燾字筠仙，湖南湘陰人。道光進士，官至兵部左侍郎。光緒二年，奉命出使英國，以是年十月十八日發自上海，十二月初八日行抵倫敦。是編乃其行紀，排日錄其見聞，於所歷諸地之地理物產，敘述尤詳，間辨正《瀛寰志略》之誤；餘若十一月十九日記各國旗式，十二月初八日記英國幣制，在今為常識，然在當時殆為創聞也。

　　王闓運《湘綺樓日記》光緒三年六月十二日：晴熱。樾岑來。言何金壽本名何鑄，昨疏劾郭筠仙有二心於英國，欲中國臣事之。有詔申斥郭嵩燾，毀其《使西記》版。……

## 1878年　清德宗光緒四年　戊寅

### 李鳳苞著成《使德日記》

　　李鳳苞《使德日記》：光緒四年十月初二日晚，偕郭筠帥由英國英格蘭回倫敦，承準總理衙門咨開七月二十七日奉上諭：候選道李鳳苞著賞加二品頂戴，充署理出使德國欽差大臣，欽此。……自前年奉李爵相奉派，監督生徒來洋學習，雖與洋監督日意格和衷商榷，將在英在法生徒，照章安插官船官學，而勉供奔走，兩載於茲。……二十九日除夕，小敘。

# 1879年　清德宗光緒五年　己卯

## 李元度著成《國朝先正事略》

李元度《國朝先正事略序》：……我國家列聖相承，重熙累治，炳焉與三代同風。二百餘年，名卿巨儒，鴻達魁壘之士，應運而起者不可殫數，其詡謨具在國史，類非草野之士所能窺，而其遺聞佚事、嘉言懿行，往往散見於諸家文集中，特未有薈萃成書，以備掌故，而徵文考獻之助者耳。元度山居多暇，遍閱本朝人文集，遇偉人事跡，輒手錄之，積久成《先正事略》六十卷，分名臣、名儒、經學、文苑、遺逸、循良、孝義七門。人為一傳，計五百人，附見者六百有八人，亦當代得失之林也。……稿甫脫，適奉于役黔東之命。以兩年心力所萃，不忍敝帚棄之也，爰付諸剞劂。……同治五年三月既望，平江李元度自序。

## 王之春著成《國朝柔遠記》

彭玉麟《國朝柔遠記敘》：《柔遠》一書，臣友王之春所輯也。之春以文人兼武事，馳驅江海間，防北塘，駐京口，遊歷日本長崎、橫濱，於中外交涉事，見聞周洽，暇則博稽國朝掌故，凡有關於遠略者，提綱摘要，殫歲月之功，成為是書。誠撫遠之宏圖，綏遠之良策也！昔宣聖與魯君論文武之政，於遠人則曰「柔」。誠以遠人不可遽怵之以威也，遽怵之以威，則彼必震動不安；又不可故示之以弱也，故示之以弱，則彼必狡焉思逞。此而求一至善不易之經，則非「柔」不為功。且夫「柔」之云者，非我之自處於柔也，道在順其歸附之心，而孚之以誠信，則柔者亦柔。所謂「燮友柔克」也。化其獷悍桀驁之習，而迪之以中庸，則不柔者亦柔，所謂「高明柔克」也。……臣奉命巡視長江，兼閱海防，屢欲彙纂我朝懷柔遠人之謨，宣佈皇仁於中外，且舉數百年來先後任事諸公成敗得失之數，籍資法戒，期於臨事而不惑。而簡練勿煩，苦無暇晷。此書實先得我心之所同然者，故序以行之。……光緒八年仲春上浣，臣彭玉麟謹撰。

## 王先謙《東華續錄》（乾隆朝）刊行

王先謙《東華續錄後跋》：……臣備員詞曹，編摹史館……遠追前代李、鄭述作，近接蔣氏當日所錄，凡登載論旨，恭輯《聖訓》、《方略》，編排日月，稽合《本紀》、《實錄》，於制度沿革纂《會典》，於軍務奏摺取《方略》，兼載御製詩文，旁稽大臣列傳，成《東華續錄》一百二十卷。乾隆一朝政要大略

具存。……嘉慶而下，稿本粗具；雍正以前，錄視蔣氏加詳，將以次刊行焉。時在光緒五年歲次己卯秋八月。

### 議敘國史館覆纂畫一臣工列傳的纂修官員

《清德宗實錄》卷一〇三，光緒五年十一月辛未，諭內閣：沈桂芬等奏覆纂臣工列傳書成一摺：國史館臣工列傳，自道光十六年，至同治十三年，均覆加編纂，查改畫一，分別繕寫清漢正本，擇日送藏皇史宬。並另繕清、漢正本各一分，存館備查。現在全書一律完竣，數在五百卷以上，所有在館各員，自應分別獎敘。前充提調官內閣學士王之翰、前充總纂官內閣學士徐致祥、前充纂修官前禮部左侍郎祁世長，均著交部從優議敘。其餘應行議敘各員，著照例咨部辦理，尤為出力各員，並准其酌量保奏，以示鼓勵。

### 《清穆宗實錄》纂修告成

《清德宗實錄》卷一〇四，光緒五年十一月甲午：恭進《穆宗毅皇帝實錄》、《聖訓》。上御保和殿行禮受書，禮成，御太和殿受賀，詣乾清宮，實錄、聖訓前行禮，恭瞻尊藏。

光緒《大清會典事例》卷七十七，《吏部·修書議敘》：……恭纂《穆宗毅皇帝實錄》告成，共三百七十八卷。又恭輯《聖訓》一百六十卷。查照舊例，予監修總裁官、正副總裁官暨提調、纂修、校對、收掌、繙譯、謄錄各員議敘。

### 楊守敬、饒敦秩《歷代輿地沿革險要圖》刊行

饒敦秩《歷代輿地沿革險要圖跋》（光緒五年）：敦秩弱冠，讀乙部書，苦於地理不知其鄉；又古今異名，尤費稽考。後得顧氏《方輿紀要》讀之，歎為絕作。其歷代州域形勢尤得要領，惜其無圖，思欲補之，而見聞寡陋，未遑丹鉛。去歲與楊君惺吾論及此，出舊稿一帙，云係十年前與歸善鄧君承修所同撰者。其中自正史而外，有歷代割據及十六國等圖，較江陰六氏沿革圖為翔實，而梁、陳、周、齊四代乃缺焉。余以為此不可不補之也，乃延惺吾至余家，與之勾稽排比而成之，又推廣於東晉、東西魏、五代、宋南渡及歷代四裔諸國。合之前稿，共得六十七篇，略著其說於圖際，使讀者易於省察。其於關塞險要，尤兢兢致意。雖地無常險，古今情殊，覽往事之得失，知將來之利弊，此區區與惺吾輯錄之意，不第以考古為讀史助也。

# 1880 年　清德宗光緒六年　庚辰

## 同治朝《籌辦夷務始末》纂修成書

同治朝《籌辦夷務始末》卷首，寶鋆等進書奏摺：監修總裁官大學士臣寶鋆等跪奏，爲纂輯《籌辦夷務始末》完竣，恭摺進呈，仰祈聖鑒事：竊《籌辦夷務始末》一書，同治元年恭照咸豐初年成案，奉旨纂輯。自道光三十年正月起，至咸豐十一年七月止，均已編輯成書，恭進在案。現應纂輯咸豐十一年七月起，至同治十三年十二月止籌辦夷務始末。前經軍機大臣面奉諭旨，照案纂輯，臣等督同編校各官，悉心采輯，詳加校勘……編摩既蒇，抃舞良深，允宜朵殿尊藏，恢一統無疆之業；且喜海波永靖，卜萬年有道之長。共書一百卷，裝潢二十函，敬謹進呈，伏乞聖鑒。謹奏。　光緒六年八月。

# 1881 年　清德宗光緒七年　辛巳

## 國史館向各省徵取纂辦國史《儒林》等類傳資料

《清德宗實錄》卷一三三，光緒七年閏七月己酉，國史館奏：纂辦《儒林》、《文苑》、《循吏》、《孝友》列傳，請飭各省確查舉報。從之。

中國第一歷史檔案館藏《國史館檔案》編纂類第 1 號卷，《謹擬開辦儒林文苑章程》：

一、採官書。《欽定四庫全書提要》、《大清一統志》、皇朝《經籍考》（在《通考》中），應由提調官借查。此外各省志書應行文各省催取……私家記載如《詞科掌錄》、《國朝學案小識》、《國朝漢學師承記》、《宋學淵源錄》、《國朝先正事略》、《文獻徵存錄》、《國朝詩人徵略》之類……並由各省督撫採送。

　……

一、現在諸書未備，各傳無可著筆，所列諸人亦未詳備。分纂各員應先取自藏各書翻閱，有應採者不論何人所任之傳，隨手簽記，付館中供事分冊錄稿，條注書名。……

　……

一、館中收錄、發送各書，應由提調專派供事經理。

一、所收各書，其著述之人不必盡皆入傳，館中存之，以備他日修《國史經籍志》及《續四庫全書提要》之用可也。

按：此件爲標明年時，但從其舉出各個書名來看，並非嘉慶間初纂《儒林傳》時，應爲更晚。其中說到向各省徵集圖書而尚爲得到，則可知應是光緒七年纂修《儒林傳》等類傳之時所擬定。

國家圖書館藏《國史館移箚》載江蘇移會國史館文書內，黏單附後之國史館奏稿：

……奏爲纂辦儒林、文苑、循吏、孝友列傳，請飭各省確查舉報以資表彰，恭摺仰祈聖鑒事。竊查已故大臣文職副都御使、巡撫，武職副都統、總兵以上，例由臣館向各衙門咨取事跡，查照歷屆諭旨、奏牘，編入列傳。忠義則無論官階大小，行查各省咨報纂辦。其儒林、文苑、循吏、孝友四傳，自嘉慶十三年御使徐國栴奏請辦理，奉旨允准在案。惟時故大學士阮元，方以編修充國史館總裁官，網羅故實，成儒林、文苑、循吏列傳工十四卷，正傳一百六人，附傳八十六人。迄今事閱四朝，相距七十餘年，續行編入者，僅循吏龔其裕等十餘人……臣館職司纂紀，倘不及時蒐採，湮沒必多，殊無以仰副我皇上振興世教至意。相應請旨特諭各省督撫、學政，確切訪查，凡有可列入儒林、文苑、循吏、孝友個傳者，隨時察核咨報。務以本人著述及實在事跡爲憑，不得空言溢譽，輕率濫舉。所有前項事實、書籍，即徑行咨送史館，以憑核辦。其有著述刊布及事跡昭著，確然共信其可傳，而未經纂入列傳者，應由臣館博采諸書，先行編纂。所有應行考訂各書，除《欽定一統志》、《皇清奏議》、《欽定四庫全書提要》及各項官書外，近年各省通志次第修辦，其入祀鄉賢、名宦、題旌、孝子諸人，禮部皆有事實冊。此外私家著述詳審可據者，亦可兼供考證，應一併由臣等行文調取，以備參稽。如有事實參差，尚需詳查者，並隨時咨明原籍服官、各省督撫，詳確查覆。應如何分別去取，仍督率提調等官，嚴定體例，詳慎校輯。總期無濫無遺，以協公論而重史職。臣等爲表彰善行起見，是否有當，伏乞皇太后、皇上聖鑒。謹奏。

### 《畿輔通志》局黃彭年等補輯校訂《朔方備乘》，成書印行

范希曾編《書目答問補正》卷二，史部地理類：《北徼彙編》六（四）卷，何秋濤。京師刻巾箱本。此書稿本浩繁，咸豐間進呈，旋毀。今琉璃廠市有刻本，止六（四）卷，仍題何名，紀述詳實，非出僞託。保定書局刻有《朔方備乘圖說》一卷。【補】此書咸豐八年進呈，賜名《朔方備乘》，其稿未刊即毀，光緒間李鴻章屬貴築黃彭年，就殘稿補綴，復還舊觀，凡八十一卷，

光緒某年京師刻足本，坊間石印本。

　　黃彭年《陶樓文鈔》卷十，《朔方備乘跋》：右《朔方備乘》八十卷，故員外郎銜刑部主事何秋濤撰，文宗顯皇帝特賜書名也。是書寓意之深，遇合之奇，兵火之厄，搜訪刊布之始末，大學士李鴻章敍詳之矣。秋濤之歿也，諸子皆幼育於故河東道楊寶臣家。彭年應聘預修《畿輔通志》芳　始抱遺稿來，朱墨參差，前後舛錯，間有缺簡。幸原目具在，可以尋檢補綴整齊。顧所採類多秘書，訪求久而後獲，乃與知縣吳壽坤、丁紹基、勞乃宣、林穗、周錦心、王銘勳、成明郁、教諭劉湉炡、舉人吳濤源、胡景桂、王樹枏、張銓、拔貢張惇德、廩生陳文煜、典史戴清，同局諸人共相審校，歷十寒暑，刓厥始完。是書成於咸豐初元，凡所紀述，至道光季年而止。事閱三朝，年逾一世。俄羅斯雄長歐洲，侵陵回部，疆土日闢，事變日增，即我中華不失舊好，而分界亦少異前規。擬爲續編，猶未遑及，命子編修國瑾先繪成俄國全圖及中俄分界圖，與是書相輔而行，俾覽者有所考焉。秋濤所著《北徼彙編》六卷，即是書初稿。《一鐙精舍文初稿》一卷、《蒙古游牧記補注》四卷，均刻於京師，《一鐙精舍甲部稿》八卷，刻於揚州，《王會篇箋釋》三卷，刻於閩縣。未刻者，尚有《校正元太祖親征錄》一卷、《延昌地形志》、《篆隸源流》、詩文集各若干卷，近日刊行之《律例根源》，亦秋濤在官時創稿也。

　　案：《朔方備乘》今存畿輔志局刊本，乃光緒七年印行，故將此事繫於本年。《朔方備乘》得以傳世，實賴官方之力。黃彭年補訂此書，功不可沒，但其決不居功，而極力表彰何秋濤。

## 王閩運著成《湘軍志》

　　《續修四庫全書總目提要》（稿本）：《湘軍志》十六卷，國朝王閩運撰。閩運字壬秋，湘潭人。……是書稱國藩以憂懼治軍，於將才之賢否，軍謀之得失，與夫始終艱難勝敗之故，言之親切，無所忌諱。爲《湖南防守篇》第一，《曾軍篇》第二，《湖北篇》第三，《江西篇》第四，《曾軍後篇》第五，《水師篇》第六，《浙江篇》第七，《江西後篇》第八，《臨淮篇》第九，《援江西篇》第十，《援廣西篇》第十一，《援貴州篇》第十二，《援川陝篇》第十三，《平撚篇》第十四，《營制篇》第十五，《籌餉篇》第十六。言事相兼，煩省合理，惟其自信太勇，而立言又好盡。書中謂曾國荃負時謗，諸宿將如多隆阿、楊岳斌、彭玉麟、鮑超等，欲告去，人輒疑與國荃不和。且言江寧鎡貨

盡入軍中，宗棠、沈葆楨每上奏，多鐫譏江南軍。初出版，國荃見之，若有不懌然者，至屬王定安別撰《湘軍記》二十卷，然文章千古，不能以人廢言，二書如褚先生之與龍門，固不必論其高下矣。

　　按：據祁龍威《湘軍志》（載倉修良主編《中國史學名著評介》第 2 版第 3 卷）一文詳考，王闓運此書，四年二月始著手，光緒三年七年閏七月完成。

# 1882 年　清德宗光緒八年　壬午

## 薛培榕著成《東藩紀要》

　　薛培榕《東藩紀要自敘》：同治紀元，余奉簡書，乘槎兩渡東瀛，於國之險要、阨塞，凡稽諸圖籍及見聞所得，錄爲一冊。迄今未付手民者，緣難詳備也。光緒壬午秋，陸軍東渡，有事檀邦，與彼都士夫日相款接，而方言互異，管城君幾爲之禿。通詞傳語，亦詞不達意。欲詢掌故，苦無專家，爰搜之於書賈，而彼國史冊，例藏石室，無印本。雖購得典禮等籍，又散佚不全，古今沿革，復有更張，未能明晰。因於旃帳餘暇，悉加考核，將歷代授受、姓氏、幅員，並今八道、府、州、縣、堡等，分枝輻輳，別爲剪裁。戎帷苦無書可考，幸得吳君韻清共定舛謬，始成一冊。粵稽朝鮮開國，肇自唐堯庚子始稱之歲。武王克殷，乃封箕子。統古今分合而言，有二十一國焉；由檀君及今計，歷四千二百十有六年。雖中國史書詳略不一，而參以東國圖籍，尚有可證。用分次序，將八道標爲綱領，道如省會，府不轄縣，縣有令監察訪之，分其它宮署、官階、兵制、峰燧、城隍、山川、道里、古蹟、方物、風土，悉載於篇，前參以水陸形勢，繪圖十幅，雖未必瞭若觀眉，而舟車往來，易於翻閱，未始非行人之一助也。……光緒八年壬午秋九月，薛培榕梅溪氏識於朝鮮王京崇禮門外南檀山軍次。

# 1883 年　清德宗光緒九年　癸未

## 清廷再次議修《大清會典》事

　　《皇朝經世文續編》卷五十二，延煦《續修會典事例請飭妥議開館章程疏》：竊《會典》一書，肇始康熙二十三年，續修於雍正二年、乾隆十二年、嘉慶六年，康熙間七年成書、雍正間九年成書、乾隆間十八年成書、嘉慶間十七年成書。蓋製作愈詳，考訂愈密，雖書成遲速相懸，然大要以十年爲率，未有不開館進書者也。自嘉慶朝以至同治，相距五十餘年，承列聖之詒謀，

合四朝之聞見，大方小策，允宜勒爲一書，以昭法守。是以醇親王有重修《會典》之請，旋經內閣等衙門會議，援照嘉慶六年舊例，先令在京大小各衙門將嘉慶十八年以後案件檢查編次，事繁衙門予限三年，事簡衙門予限二年，再行奏明開館辦理畫一等因，於同治十二年正月具奏，奉旨議在案。現今距奏准立限之日已閱十年，限期久滿各部院新修則例有已編次者，有未編次者。若聽各衙門之懸宕，而不開專館以定責成，深懼歲月虛糜，汗青無日，殆非所以重典章而隆述作也。……伏思《穆宗毅皇帝實錄》、《本紀》、《聖訓》均已次第編輯刊成，應及是時敬遵前訓，舉辦續修《會典》事宜。可否請旨飭令大學士、九卿等再行集議，將會典館正副總裁等官，查例簡派，酌定開館章程，以挈綱領而便編摩。以開館日爲始，再立年限，勤核功課，修明憲章，使大經大法罔或失墜，亦聖人繼志述事之基也。

《清德宗實錄》卷一六八，光緒九年八月庚戌，諭內閣：都察院奏續修會典事例，請飭妥議開館章程一摺。續修會典，必須各衙門則例修輯完備，方能編纂成書。著各該堂官等督飭司員，將所有稿件悉心編次，俟一律告竣後，再降諭旨。

# 1884 年　清德宗光緒十年　甲申

## 王先謙九朝《東華錄》刊行

王先謙《葵園自訂年譜》：光緒五年己卯，三十八歲。八月，刻乾隆朝《東華續錄》一百二十卷。

王先謙《東華錄序》：……臣往誦蔣氏《東華錄》，粗知梗概。從事史館，敬繹乾隆以次各朝爲續編。病蔣氏簡略，復自天命迄雍正，錄之加詳，然後列聖圖治鴻謨可循跡推求，而得其精心所注。刻既成，謹颺言簡端，用告後世治國聞者。……光緒十年歲次甲申閏五月。

王先謙《葵園自訂年譜》：光緒十年，甲申，四十三歲。自回里後，刻書尤注意《東華錄》。閏五月，成天命朝一十九卷，天聰朝十九卷，順治朝三十五卷，康熙朝一百一十卷，雍正朝二十六卷。合前刻《續錄》嘉慶朝五十卷，道光朝六十卷，咸豐朝一百卷，同治朝一百卷，共四百一十九卷。

按：光緒五年（1879），王先謙先纂成乾隆朝《東華續錄》。以蔣良騏《東華錄》太簡，予以增補。至光緒十年，完成自天命到道光朝《東華錄》，合前刻《東華續錄》，稱《九朝東華錄》或《東華全錄》，計四百二十五卷。繼後

潘福頤輯成豐朝《東華續錄》六十卷，光緒十八年，王先謙增補至一百卷，又自輯同治朝《東華錄》一百卷，合前十朝，時稱《十一朝東華錄》。宣統元年，朱壽朋又纂成《光緒朝東華錄》220卷。此即「東華錄」系列書史概況，頗有史料價值。

# 1886年　清德宗光緒十二年　丙戌

## 廖平著成《今古學考》

蒙文通《井研廖師與漢代今古文學》（載《新中華》1933年第1卷第12期）：……井研廖師，長於《春秋》，善說禮制，一屏棄瑣末之事不屑究，而獨探其大源，確定今古兩學之辨，在乎所主制度之差，以《王制》為綱，而今文各家之說悉有統宗，以《周官》為綱，而古文各家莫不符同。其有出入參差，正足以考其流變之故，於是兩漢今古之學平分江河，若示諸掌。今古之中心已明，然後兩漢之學始可得而理。則廖師之後而後有今文，皮鹿門究其緒矣，廖師之後而後有古文，左盦師（劉申叔）明其變矣。今古學之重光，實自廖師，亦即兩漢學之明自廖師，廖師實為近代推明今古學之大匠矣。……

## 徐宗亮等編成《通商約章類纂》

李鴻章《通商約章類纂序》：泰西立國之道，以互市為經，以交鄰為緯，而訂約之議行焉。蓋猶春秋會盟載書遺意，從則直，違則曲，和戰之局由是而決，其關於兩國利害抑重矣哉！自入中國交涉以來，率循是道。朝廷昭示大信，嘗特遣重臣，經營其間，頒下所司，奉行毋忘。顧民習故常，耳目所觸，動多驚疑，或至芥豆之微，上厪宵旰，吏亦瞠目束手，莫辨所由。予伯兄昔深慨之，就南北通商衙門抄錄案牘，思勒為一書，曉示天下，冀泯異同之見，以銷內外之憂。二三同志賡續而成，卒有《約章類纂》之刻，意甚盛也。……光緒十二年秋八月，欽差大臣會辦海軍事務、太子太傅文華殿大學士直隸總督一等肅毅伯合肥李鴻章撰。

## 清廷正式開館增修《大清會典》

《清德宗實錄》卷二三一，光緒十二年八月丙寅，諭內閣：大清會典一書。自嘉慶二十三年修纂成書後。迄未續修。前於同治十二年。奉旨准如內閣等衙門所議。先令各該衙門檢查案件。分限編次。嗣因編纂未就。復於光緒九年。諭令各該堂官。督飭司員。悉心編輯。迄今又逾數載。計應一律告

竣。正宜開館彙編。俾臻完備。著將嘉慶十八年以後。增定一切典禮。及修改各衙門則例。編輯成書。頒行中外。所有開館事宜。著大學士九卿酌定章程。妥議具奏。

# 1887 年　清德宗光緒十三年　丁亥

## 黃遵憲著成《日本國志》

　　《清史稿》卷四百六十四《黃遵憲傳》：黃遵憲，字公度，嘉應州人。以舉人入貲爲道員。充使日參贊，著《日本國志》上之朝。旋移舊金山總領事。……歷湖南長寶鹽法道，署按察使。……尋解職，奉出使日本之命，未行而黨禍起，遂罷歸。著有《人境廬詩草》等。

　　黃遵憲著《日本國志敘》：……古昔盛時，已遣輶軒使者於四方，采其歌謠，詢其風俗。又命小行人編之爲書，俾外史氏掌之，所以重邦交、考國俗者，若此其周詳鄭重也。自封建廢而爲郡縣，中國歸於一統，不復修遣使列邦之禮。……道、咸以來，海禁大開，舉從古絕域不通之國，皆鱗集爲聚，重譯而至。泰西通例，各遣國使互駐都會，以固鄰好而覘國政。內外大臣，迭援是以爲請，朝廷因遣使巡視諸國。至今上光緒元、二年間，遂有遣使駐箚之舉。丙子之秋，翰林侍講何公璟膺出使日本大臣之任，奏以遵憲充參贊官。……既居東二年，稍稍習其文，讀其書，與其士大夫交遊，遂發凡起例，創爲《日本國志》一書。朝夕編輯，甫創稿本，復奉命充美國總領事官。政務靡密，無暇卒業，蓋幾幾乎中輟矣。乙酉之秋，由美回華。……家居有暇，乃閉門發篋，重事編纂，又幾閱兩載而後書成。凡爲類十二，爲卷四十。……以余觀日本士夫，類能讀中國之書，考中國之事。而中國士夫好談古義，足己自封，於外事不屑措意，無論泰西，即日本與我，僅隔一衣帶水，擊柝相聞，朝發可以夕至，亦視之若海外三神山，可望而不可即；若鄒衍之談九州，一似六合之外，荒誕不足論議也者，可不謂狹隘歟！……書既成，謹誌其緣起，並以質之當世士夫之留心時務者。光緒十三年夏五月，黃遵憲公度自敘。

# 1888 年　清德宗光緒十四年　戊子

## 葛士濬編成《皇朝經世文續編》

　　俞樾《皇朝經世文續編序》：自賀耦耕先生用前明陳臥子之例，輯《皇朝

經世文編》，數十年來，風行海內，凡講求經濟者，無不奉此書爲矩矱，幾於
家有其書。自後江右饒新泉氏又有《經世文續編》之輯，自道光至咸豐、同
治間，名臣奏疏、私家著述，凡有涉於世道者，亦略具矣。然饒氏之書，一
循賀氏之舊，而近來風會日闢，事變日繁。如洋務爲今日一大事，非原書「海
防」所能盡也；奉天、吉林、新疆、臺灣，各設行省，因地制宜，非原書「吏
治」所能盡也；開礦自昔有禁，而今則爲生財之大道，非原書「錢幣」所能
盡也；軍國之用，取給抽釐，非原書「榷酤」所能盡也；有輪船以行江海，
近又有輪車以行陸，非原書「漕運」所能盡也；中西算學，日新月盛，朝廷
闢館以造就人材，且寬其格以取之，非原書「文學」所能盡也。此葛君子源
所以又輯續編乎！……皇朝經世之文，賀氏、饒氏相繼編纂，而今又有葛氏
之書，並行於世。凡經國體野之規，治軍理財之道，柔遠能邇之策，化民成
俗之方，引而申之，觸類而長之，不可勝用，於學術治術所裨匪淺！而我國
家閎規茂矩亦略具於斯。荀子所謂「燦然者」，不於此可見乎？光緒戊子夏四
月，曲園俞越（樾）序。

## 1889年　清德宗光緒十五年　己丑

### 纂修《大清會典》館奏准，陸續向各省咨取測繪省、府、州縣輿圖

　　《歷史檔案》2003年第2期載《光緒朝各省繪呈〈會典‧輿圖〉史料》：
　　護理甘肅新疆巡撫魏光燾爲請新疆測繪輿圖展限事奏摺（光緒十七年七
月二十六日）：頭品頂戴、護理甘肅新疆巡撫、開缺新疆布政使臣魏光燾跪奏：
爲創辦新疆省府廳州縣總、分各輿圖、圖說尚未蕆事，請展緩期限恭摺仰祈
聖鑒事。竊光緒十五年十一月二十五日準會典館咨稱：現辦《會典》輿圖，
將圖式、附圖說式，刊刻頒發，遵照奏定期限，於一年內測繪省圖、府直隸
廳州圖、廳州縣圖各一分，附以圖說，解送到館等因。當經行司轉飭各屬遵
辦，並派員開局總纂在案……。
　　湖廣總督張之洞等爲請湖北測繪輿圖展限事奏摺（光緒十七年十二月二
十六日）：頭品頂戴、湖廣總督臣張之洞，頭品頂戴、湖北巡撫臣譚繼洵跪奏：
爲測繪輿圖關係重要，請展限辦理以期精密，恭摺具陳仰祈聖鑒事。竊照光
緒十五年十月二十八日準會典館咨，恭頒欽定輿圖格式，限期一年測繪省圖、
府廳州縣圖各一分，附以圖說，解送到館等因。當經前督撫臣通飭遵辦。惟
州縣譜悉輿地之學者甚少，又無測繪儀器，以故茫然無從下手。本年四月二

十八日，復準會典館咨到續定章程五條，及表格一紙，精切詳密，始獲有所遵循。迭經轉飭湖北藩司會同善後局司道，分別撥款遴員，設局開辦各在案。竊惟《會典》一書，分典、例、圖三門，典、例所不能詳者，每藉圖以著明，而輿圖一門關係重要，爲用宏多，吏事、軍事皆所取資，而軍事尤爲切於實用……恭逢朝廷簡命儒臣，纂修《會典》，頒發輿圖格式、章程，自宜詳愼從事，方能精確適用。查會典館原奏內稱：多一圖有一圖之用，多一番考訂收一番考訂之功。此事亟須求詳舉辦，不宜更緩期限，卻不可太迫。又續發章程五條內開：實測天度經緯，以爲開方計里之根，宜詳毋略，此係第一要事，不得草率含糊，以圖塞責等語。實爲切中窾要。測繪事體繁重，原限一年，實難告竣。合無仰懇天恩，俯准自本年五月起展限兩年，俾得詳細測繪，以求精當而免訛誤。臣等仍當隨時督催趕辦，不令稍有耽延。除咨明會典館外，謹合詞恭摺具陳，伏祈皇上聖鑒訓示。謹奏。

　　光緒朝《欽定大清會典圖》卷首，會典館進呈書稿奏摺：光緒二十五年七月十五日，奏爲纂辦《會典・輿地圖說》告成，恭摺奏聞仰祈聖鑒事。……查光緒十五年七月初十日奏定畫圖事宜，即以蒞政行軍，莫先形勢，開方計里，尤重輿地一門，因咨調省府志書，採備官私冊籍，並擬就圖表格式，奏頒各省，遴員測繪，予限送館。嗣以各省紛請展限，當於光緒十八年十月二十六日附片奏明，仍照嘉慶《會典》舊式辦理，不繪州縣分圖，亦經奉旨允准。……

　　案：光緒朝纂修《大清會典圖》，對於輿地圖極爲重視，決定按照西方傳來的地理學說和繪圖方法，繪製全國各地輿圖並且收入本書。光緒十五年，會典館陸續向各省發送公文，提供輿圖樣式、圖說格式，要求測繪解送。光緒十七年四月間，又向各省發出補充章程和格式，此乃因纂修《大清會典》契機，導致全國性的官方以先進方法測繪輿圖活動，光緒十八年十月，迫於經濟、技術和人才的限制，又停止州縣地圖的測繪。

# 1890 年　清德宗光緒十六年　戊寅

## 李桓《國朝耆獻類徵初編》刊行

　　譚廷獻《前江西布政使李公碑銘》（載《續碑傳集》卷三十八）：公諱桓，字叔虎，號黼堂。湖南湘陰文恭公弟三子。……（文恭）總師廣西，卒於軍中。……公除喪入覲，奉綸詔以道員撿發江西。……光緒十七年，卒，年六

十有五。……

李桓《國朝耆獻類徵初編述意》：

一、是編專輯我太祖高皇帝天命元年丙辰至宣宗成皇帝道光三十年庚戌，滿漢臣公、士庶身後國史館本傳，洎私家記述，上關朝章國典，下逮德行言語諸科，實有事跡可傳各散體文字。

……

一、是編爲類十九：曰宰輔，曰卿貳，曰詞臣，曰諫臣，曰郎署，曰疆臣，曰監司，曰守令，曰將帥，曰材武，曰忠義，曰孝義，曰儒行，曰經學，曰文藝，曰卓行，曰隱逸，曰方技。……

### 國史館再次奏准復纂畫一列傳

中國第一歷史檔案館藏《國史館檔案》庶務類第 1068 號卷存國史館奏底：

國史館謹奏：爲復纂臣工列傳書成恭呈御覽事。竊臣館纂辦臣工列傳，向係按季分單呈進，仍發館中收存。因編纂非出一手，體例恐有參差，每積傳至五六百篇之外，必須復行檢輯，斟酌畫一，以昭信史。查同治元年至光緒十六年已積傳八百餘篇，經臣等於光緒十六年十一月初七日奏請復纂，奉旨：依議，欽此。當經臣等督率提調、總纂、纂修、協修等官，將各傳復纂畫一。……

# 1891 年　清德宗光緒十七年　辛卯

### 康有為著成《新學僞經考》

康有爲《新學僞經考敘》：《新學僞經考》凡十四篇，敘其目而繫之辭曰：始作僞亂聖製者自劉歆，布行僞經篡孔統者成於鄭玄。閱二千年歲月日時之綿暖，聚百千萬億衿纓之問學，統二十朝王者禮樂制度之崇嚴，咸奉僞經爲聖法，誦讀尊信，奉持施行，違者以非聖無法論，亦無一人敢違者，亦無一人敢疑者。於是奪孔子之經以與周公，而抑孔子爲傳；於是掃除孔子改制之聖法，而目爲斷爛朝報。六經顛倒，亂於非種；聖製埋瘞，淪於雾霧；天地反常，日月變色。以孔子天命大聖，歲載四百，地猶中夏，蒙難遘閔，乃至此極，豈不異哉！……竊怪二千年來，通人大儒，肩背相望，而咸爲瞽惑，無一人焉，發奸露覆，雪先聖之沉冤，出諸儒於雲霧者，豈聖製赫闇有所待邪？不量綿薄，摧廓僞說，犁庭掃穴，魑魅奔逸，雾散陰豁，日牗星呀，冀

以起亡經，翼聖製，其於孔氏之道，庶幾禦侮云爾。光緒十七年夏四月朔，南海康祖詒長素記。

## 薛福成著成《出使英法義比四國日記》

薛福成《出使英法義比四國日記自序》：光緒十五年，為今天子親政之初，福成奉命出使英、法、義、比四國，未及行。越明年二，月始抵巴黎，由巴黎至倫敦，四月至伯魯色爾。又明年至羅馬。既已奉宣德意，並撮其事機之大者，入告於朝廷，亦以咨謀詢度之餘，為日記六卷。大較由考核而得之於昔者，十有五六；由見聞而得之於今者，十有三四也。……海外之國崛起者五六，虎視而鷹眪，殆未有所定，或者形格勢禁，憚於發難。先動者得禍，故莫敢妄舉焉。孟子曰：「及是時，明其政刑，誰敢侮予？」福成以為時不可失者，無有切於今日者矣。凡斯編所言，要有所致意。……光緒十七年十月朔日，欽差大臣出使英法義比四國、二品頂戴、大理寺卿、無錫薛福成自序。

## 王錫祺編成《小方壺齋輿地叢鈔》，後又續輯《補編》、《再補編》、《三補編》

王錫祺《小方壺齋輿地叢鈔跋》：起丁丑，迄辛卯，輯《叢鈔》成。……是書帙十二，卷六十四，目千有二百。襄輯者沈君蝶庵（家駒）、龔君壽秋（釋）、丁君衡甫（寶銓）、胞弟錫礽（燕來）。……光緒辛卯冬十月，王錫祺。

王錫祺《小方壺齋輿地叢鈔補編序》：蒙學殖淺陋，甲戌歲，始從事經史詩古文辭。丁丑歲，始從事輿地、洋務、時政。獲友朋之助集叢書，《叢鈔》千數百種，亦既稍稍刊行矣。茲裒地志家言，聲為《補編》，謹起而序之曰：國家奮興長白，威稜震疊，東服諸部，北犁蒙古，西戡衛藏，南輯緬、暹，十全武功，亙古靡遘。乾、嘉以降，海寓承平，元後聖明，重臣泄沓，馴至髮逆鴟張，撚、回繼發，久廑宸慮，始臻敉平。中間異族叩關，覬覦百狀，將軍奕山懦弱無能、割東陲三數千里於前，邇者，巡撫某輕信人言、棄南疆三數千里於後。自撤藩籬，開門揖盜，無漢張湯、傅介子、唐郭子儀、宋岳飛、元帖木兒、明於謙其人，孰紓宵旰之殷憂，振瘡痍之痼疾耶？有志之士所為撫膺扼腕長太息者也！蒙錄徐、姚兩著，鄭重將之，薄海同仇，定深義憤。若夫固執成見，畏為戎首，故示鎮靜，發為莊論，蒙惟籲其恭讀欽定諸方略，庶生敵愾之心焉爾。光緒甲午夏五月，南清河王錫祺壽萱氏識於小方

壺齋。

王錫祺《小方壺齋輿地叢鈔再補編序》：中日構釁，全局一變，然臺灣雖割棄，而遼東猶戴我王靈，及此，上下交儆，力圖振興，謂非千載一時歟！《叢鈔》舊有正編、補編之刻，近復得數十種，爲《再補編》。中如《地球推方圓說》、《地橢圓說》、《亞歐熱度論》，闡苞符之蘊；《遊歷聞見錄》、《各國采風記》、《萬國近事考略》，窮事務之變；坎巨提、帕米爾、亞東、鎮南、庚哥、華雷得諸紀，可覘近十數年之版籍合併。至馬關弭兵，俄、德、法輸款，名賢載筆，稿如束筍，茲從缺焉。讀者反覆玩索，洞然於國勢敵情、成敗利鈍，萬一大恥一洗，掞張勳業，鴻作必多，僕未老，謹伸紙磨墨以俟。光緒丁酉孟春，清河王錫祺識。

# 1893 年　清德宗光緒十九年　癸巳

## 錢儀吉《碑傳集》刊行

錢儀吉《碑傳集序》：於戲盛哉！自天命以來，王侯將相、卿尹百執事、碩儒才彥之名蹟，炳著於國史矣，而金匱石室之藏，外人弗得見。曩承乏《會典》之役，幸獲展觀，亦不敢私有寫錄。乃今探集諸先正碑版狀記之文，旁及地志雜傳，得若干篇。略依杜氏大珪、焦氏竑之列，以其時，以其爵，以其事，比而厭之爲若干卷。其餘二百年文獻之林，不啻嶽之一塵、海之一勺耳。果能口誦而心識焉，可以考德行，可以習掌故，不徒飛文染翰爲耳目之玩已也。……自知言者觀之，固可考信而不惑也。而要其大體，主乎樂道人善，以爲賢士大夫蓄德之助。爰取湘東王之事以名之，後有得者，當爲續次云。道光六年季春月，嘉慶錢儀吉定廬甫識。

# 1894 年　清德宗光緒二十年　甲午

## 王頌蔚編成《明史考證捃逸》

王頌蔚《明史考證捃逸敘》：……丁亥秋，入直樞院，即屬館中令史張大誥物色是書，果得藍面冊《明史》，自卷一百十六至卷三百三十二（闕卷一百九十五），凡二百十六卷，《列傳》首尾略具。案語用黃籤黏書之上方，人地名改譯及修改字句處，用黃籤黏原文之上，惟年久受潮濕，黏籤脫落甚多，且有黴爛成塊未堪揭動之葉。余屬張令史悉心移寫，僅得什之七八。此即邵比部所見「進呈本」。蓋當時奉丁丑詔書，以次繕進，故卷面書「臣某官某某

恭校」，卷中黏簽皆黃也。繼又得稿本四十餘卷，卷面題「總裁英閱」、「總裁
於閱」、「總裁錢閱」及「纂修官黃輯」、「宋輯」、「協修官嚴輯」、「章輯」、「羅
輯「等字。案語與「進呈本」略同，間有爲總裁所刪者，則「進呈本」不錄。
最後又搜得正本三巨冊，自卷一百十八至卷三百二十八（闕卷二百五十二至
二百五十六），凡二百六卷，每卷題「明史卷幾考證」，意在分附《明史》各
卷之後，故析卷皆同。每條稱「臣某某案」，亦與他史考證同式。以上二本，
皆邵比部所未見，張令史得之牆壁之間，故多爛脫。三本皆只《列傳》，無《紀》、
《表》、《志》。「稿本」、「進呈本」不及「正本」之完備，然亦有「稿本」考
訂郅確，而「進呈本」刪去者。有「稿本」、「進呈本」俱有，而「正本」不
錄者。且有案語絕無發明，而列入「正本」者。良由官書成於眾人之手，荃
茅同處，搴擇不精。又其時總裁諸公，無淹雅鴻朗之才，故去取未能悉當。
是書總裁，原派尚書英廉、程景伊、梁國治、侍郎和坤、內閣學士劉墉，續
派大學士于敏中、侍郎錢汝誠，纂輯則宋銑、劉錫嘏、方煒、黃壽齡、嚴福、
羅修源、章宗瀛凡七人。銑，吾吳吳縣人，乾隆二十五年進士，由編修出知
湖南衡州府。錫嘏，順天通州人，乾隆三十四年進士，由御史官江南河庫道，
著有《快晴小築詞》。婿孫爾準刻之，屬楊芳燦爲序，見《芙蓉山館文鈔》。
煒，安徽定遠縣人。壽齡，江西新城縣人，皆乾隆三十七年進士。煒官司經
局洗馬。壽齡官編修。福亦吳縣人。修源，湖南湘潭縣人。宗瀛，浙江會稽
縣人。皆乾隆四十年進士，修源官侍講學士，福、宗瀛皆官編修。改譯《遼》、
《金》、《元》三史，成於乾隆四十七年四月，而《明史考證》告成年月不可
考。今所存「稿本」題「總裁於閱」、「英閱」者甚多，于文襄卒於乾隆四十
四年十二月，英文肅卒於乾隆四十八年八月，此書告成疑當在乾隆五十年以
前也。……余懼其湮晦，故屬張令史將進呈本黃簽一一傳錄，退直之暇，復
取「稿本」、「正本」，參觀互證，汰其文義複沓，及空衍無關宏旨者（如雲某
事某書無考，及增某字、刪某字以符勻刻之類），簿領鮮暇，作輟靡常，凡兩
閱寒暑，始克排比成書。分卷四十有二，題曰《明史考證捃逸》。……光緒倉
龍甲午辜月，長洲王頌蔚識於京師宣武坊南之醋章胡同。

## 《越縵堂日記》作者李慈銘卒

《清史稿》卷四百八十六《文苑三》：李慈銘，字愛伯，會稽人。諸生，
入貲爲戶部郎中。……光緒六年，成進士，歸本班，改御史。時朝政日非，
慈銘遇事建言，請臨雍，請整頓臺綱。大臣則糾孫毓汶、孫楫，疆臣則糾德

馨、沈秉成、裕寬，數上疏，均不報。慈銘郁郁而卒，年六十六。慈銘爲文沉博絕麗，詩尤工，自成一家。性狷介，又口多雌黃。服其學者好之，憎其口者惡之。日有課記，每讀一書，必求其所蓄之深淺，致力之先後，而評騭之，務得其當，後進翕然大服。著有《越縵堂文》十卷，《白華絳跗閣詩》十卷、《詞》二卷，又《日記》數十冊。……

平步青《掌山西道監察御史督理街道李君蓴客傳》（載《碑傳集補》卷十）：君姓李氏，初名模，字式侯，後更名慈銘，字愛伯，號蓴客，浙江會稽人。……光緒庚寅始通籍。……以原官久次補戶部江南司資郎。……己丑，試御史。庚寅，補山西道監察御史，轉掌山西道巡視北城、督理街道。……今年夏，倭夷犯邊，敗問日至。……深念感憤，扼腕咳血益劇，遂以十一月二十四日竟卒，年六十有六。

# 1895 年　清德宗光緒二十一年　乙未

## （英）李提摩太、蔡爾康譯《泰西新史攬要》由廣學會刊行

（英）李提摩太《泰西新史攬要譯本序》：此書爲暗室之孤燈，迷津之片筏，詳而繹之，質而言之，又實救民之良藥，保國之堅壁，療貧之寶玉，而中華新世界之初桄也。非精兵億萬、戰艦什佰所可比而擬也。……泰西各國素以愛民爲治國之本，不得不借兵力以定商情。且曰中國不願與他國交，於上天一視同仁之意未有合也，遂屢有棄好尋仇之禍，他國固不得謂爲悉合也，然閉關開釁之端，則在中國。故每有邊警，償銀割地，天實爲之，謂之何哉？重以前患甫息，後變迭乘，而又加甚焉，沿至今日，竟不能敵一蕞爾之日本。嗚呼！誰之咎歟？誰之咎歟？猶幸尚有明敏之才，深知中國近年不體天心，不和異國，不敬善人，實有取敗之理，因冀幡然盡改其謬誤。凡華人所未知者，明於事理、敏於因應之才，深思而博考之……抑更有最要之一說者，中國若不即日更改學校之制，士子但讀本國古書，但知我爲首出之大國，素著盛名，彼他國皆遠出我下，微特不知他國之善己也，終必並其本國之善而亦失之。萬病之生，蓋皆出於此不知之故。倘能善與人同，易不知而進於知，則救華之機全在此舉。嗚呼，可不憤歟！況乎中國可患之事，尚有更甚於今者，不過數年，禍端立見。設使猝遘其時，雖欲再思補救，恐已無濟於事。僕之爲此言也，明知觸犯忌諱，人多逆耳，但無一非眞實無妄之語。萬一不能見諒於今日，他日必有思我言而長歎者。夫至思我言而長歎，則豈徒今日

我言之不用，爲我之不幸也哉！光緒二十一年乙未孟夏，即西曆一千八百九十五年五月，英國李提摩太序於上海廣學會寓廬。

# 1896 年　清德宗光緒二十二年　丙申

## 章太炎著《春秋左傳讀》

　　章太炎《春秋左傳讀敘錄序》：《春秋左傳讀》者，章炳麟著也。初名《雜記》，以所見輒錄，不隨經文編次，效臧氏《經義雜記》而爲之也。後更曰《讀》，取發疑正讀爲義也。蓋籀書爲讀，紬其大義曰讀，納其微言亦曰讀。……夫《左氏》古義最微，非極引周、秦、西漢先師之說，則其術不崇；非極爲論難辨析，則其義不明。故以淺露分別之詞，申深迂優雅之旨，斯其道也。……紬微言，紬大義，故謂之《春秋左傳讀》云。……

# 1897 年　清德宗光緒二十三年　丁酉

## 皮錫瑞著成《今文尚書考證》

　　王先謙《今文尚書考證序》：《尚書》傳自伏生，其徒歐陽、夏侯，西京立學，宗習遍天下。溯龍門著記，虎觀講經，迄於熹平所刊，一以今文爲主。雖其間有史公雜採之說，有三家歧出之說，要皆截然不紊，考跡可知。古文肇出魯壁，不列學官，盛於新莽，微於中興。厥後杜、衛、賈、馬賡續倡和，若故爲今文樹之敵者，而其從來亦遠矣。……皮君鹿門治《尚書》最精，嘗爲《大傳疏證》、《古文冤詞平議》二書行世矣。近復以《今文尚書考證》視余，其條理今文，詳密精審，兼諸大儒之長，而去其蔽。後之治今文者，得是編爲前導，可不迷於所往。余讀君撰著，每有針芥之合。惟於論古文義說，反求於心而未能釋然，序君書，因並出所見相質，竊附於諍友之義云。光緒二十三年歲次丁酉月正元日，長沙愚弟王先謙謹撰。

## 姚振宗著成《隋書經籍志考證》

　　陳訓慈《山陰姚海槎先生小傳》（載《浙江圖書館館刊》1933 年第 2 卷第 2 期）：先生諱振宗，字海槎，世居紹興之陶家堰。父諱仰雲，字秋墅，咸豐間以道員總司江北糧臺。……秋墅君雅嗜典籍，嘗從邵伯購得善本書如干種，載歸原籍，不幸毀於兵亂。劫後復事搜求，所獲益多，於是督先生釐定其目，以甲乙部居之。……同治八年，秋墅君歿於揚州，先生自念不爲世用，益發憤讀書，恣覽群籍，博稽書目，爲之考證，成《師石山房書錄》數十卷。……

先生經心部錄之學……自《七略》之輯佚，《漢志》之疏補，《後漢》、《三國》之補志，《隋志》之考證，先後勒成專書，爲學者宗，而先生之學始垂不朽矣。……

姚振宗《隋書經籍志考證後序》：《隋書》十志，皆包括梁、陳、齊、周、隋五代。其纂修《經籍志》也，以隋代官私書目所謂見存者，類次爲長編，附以梁代之所有。其《四部總序》之末，皆援據《漢書‧藝文志》爲說，知其師範班《書》。而漢、魏以下典籍，莫備於梁代，欲綜括梁以來所有爲一志，以繼班氏之墜緒，矯前史之未備焉。……始事於癸巳四月，至明年歲除而稿具，逾年正月接寫清本，時復輟業，迄丁酉六月完畢，首尾凡四年有半云。昔歲暮春，予寫清本，至《子部‧雜家》，吾友陶大令文沖以常熟曾群樸新撰《補後漢書藝文志》十卷見貽，越數日，陶國學守次又以常熟丁君國鈞《晉書藝文志》二冊見視。二君之學，與予有同志，近在數百里，惜不得見之。其書亦各有心得之語，因復刺取若干條，於各類中出其姓名。舊例於今人不著名氏，或云避標榜之嫌耳。予惟擇善而從，不知其它。

## 《平定陝甘新疆回匪方略》等三部方略印行

《清德宗實錄》卷四○六，光緒二十三年六月己巳，恭親王等奏：刷印校勘《平定陝甘新疆回匪方略》、《雲南回匪方略》、《貴州苗匪紀略》三編完竣，謹將陳設本進呈。臣等及提調等官，不敢仰邀議敘。其總校等官及供事等，擬遵旨另行奏懇恩施。得旨：書留覽，該提調仍著一併請獎。

## 洪鈞《元史譯文證補》刊行

陸潤庠《元史譯文證補序》：……蓋至光緒戊子歲，吾吳洪文卿侍郎奉命出使俄、德、和、奧，駐其地者三年，周諮博訪，衷然成書，而後元初西域用兵始末，乃犁然大備焉。侍郎之初至俄也，得拉施特書，隨行舌人，苦無能譯阿刺比文者，見之皆瞠目。侍郎以爲既得此書，當使顯於斯世，不可當吾身而失之，於是百方購求，遂得多桑書，則譯成英文者，又得貝勒津哀忒蠻諸人書，則譯成俄文者，始有端緒可尋。而所譯各從其音，人名、地名、部族名，有翻改歧義者，有前後不一者，乃復詢之俄國諸通人，及各國駐俄之使臣，若英、若法、若德、若土耳其、若波斯，習其聲音，聆其議論，然後譯以中土文字。稿經三易，時逾兩年，而始成書，名之曰《元史譯文證補》。……光緒二十三年歲在丁酉冬十月，元和陸潤庠拜序。

# 1898 年　清德宗光緒二十四年　戊戌

## 康有為著成《孔子改制考》

康有爲《孔子改制考序》：孔子卒後二千三百七十六年，康有爲讀其遺言，淵淵然思，淒淒然悲，曰：嗟夫！使我不得見太平之澤、被大同之樂者何哉？使我中國二千年、方萬里之地、四萬萬神明之裔不得見太平之治、被大同之樂者何哉？使大地不早見太平之治、逢大同之樂者何哉？……天哀生民，默牖其明，白日流光，煥炳瑩晶。予小子夢執禮器而西行，乃睹此廣樂鈞天，復見宗廟百官之美富。門戶既得，乃掃荊榛而開途徑，撥雲霧而覽日月，別有天地，非復人間世矣。不敢隱匿大道，乃與門人數輩朝夕鈎撢，八年於茲，刪除繁蕪，就成簡要，爲《改制考》三十卷。同邑陳千秋禮吉、曹泰箸偉，雅才好博，好學深思，編檢尤勞，墓草已宿。然使大地大同太平之治可見，其亦不負二三子鉛槧之勞也夫！嗟夫！見大同太平之治也，猶孔子之生也。《孔子改制考》成書，去孔子之生二千四百四十九年也。有清光緒二十四年正月元日，南海康有爲廣廈記。

## 嚴復譯（英）赫胥黎《天演論》刊行

吳汝綸《天演論序》：……天演者，西國格物家言也。其學以天擇、物競二義，綜萬彙之本原，考動植之蕃耗，言治者取焉。因物變遞嬗，深研乎質力聚散之幾，推極乎古今萬國盛衰興壞之由，而大歸以任天爲治。赫胥黎氏起而盡變故說，以爲天不可獨任，要貴以人持天。以人持天，必究極乎天賦之能，使人治日即乎新，而後其國永存，而種族賴以不墜，是之謂與天爭勝。而人之爭天而勝天者，又皆天事之所苞。是故天行、人治，同歸天演。其爲書奧賾縱橫，博涉乎希臘、竺乾、斯多噶、婆羅門、釋迦諸學，審同析異而取其衷，吾國之所創聞也。凡赫胥黎氏之道俱如此，斯以信美矣！抑汝綸之深有取於是書，則又以嚴子之雄於文。以爲赫胥黎氏之指趣，得嚴子乃益明。自吾國之譯西書，未有能及嚴子者也。……今赫胥黎氏之道，未知於釋氏何如？然欲儕其書於太史氏、揚氏之列，吾知其難也；即欲儕之唐、宋作者，吾亦知其難也。嚴子一文之，而其書乃駸駸與晚周諸子相上下，然則文顧不重邪！抑嚴子之譯是書，不惟自傳其文而已，蓋謂赫胥黎氏以人持天，以人治之日新，衛其種族之說，其義富，其辭危，使讀焉者怵焉知變，於國論殆有助乎？是旨也，予又惑焉。凡爲書必與其時之學者相入，而後其效明。今

學者方以時文、公牘、說部爲學，而嚴子乃欲進之以可久之詞，與晚周諸子相上下之書，吾懼其舛馳而不相入也。雖然，嚴子之意，蓋將有待也，待而得其人，則吾民之智淪矣，是又赫胥黎氏以人治歸天演之一義也歟？光緒戊戌孟夏，桐城吳汝綸敘。

### 王樹柟著成《歐洲族類源流略》

王樹柟《歐洲族類源流略序》：蓋壤之遙，瀛海之大，圓其顱，方其趾，食味別，聲被色，而生者紛紜繁頤，不可以億計，於是總五洲之種而別以色曰：黃種、白種、紅種、黑種。黃種與白種智，紅種與黑種愚。愚種與智種角，則智種勝；智種與智種角，則尤智種勝。今日歐洲之人，天下所稱爲種之尤智者也。爲中人之說者曰黃帝之種，爲西人之說者曰亞當之種。洪荒以上，聖人存而不論；六合以外，聖人論而不議。然遠征往史，近採譯文，窮其根荄，辨其疑似，有足言者。《易》曰：君子以類族辨物。吾之於歐洲也，既不敢內其種，引而近之，亦不敢外其族，拒而遠之。孔子曰：吾學殷禮，有宋存焉。因述其可徵者著於篇，亦「天子失官，學在四夷」之意云爾。光緒戊戌六月，新城王樹柟識於蘭州節署。

## 1899 年　清德宗光緒二十五年　己亥

### 《大清會典圖·輿地圖說》編纂告成

光緒朝《欽定大清會典圖》卷首，會典館進呈書稿奏摺：光緒二十五年七月十五日，奏爲纂辦《會典·輿地圖說》告成，恭摺奏聞仰祈聖鑒事。竊臣館繪圖處自光緒二十三年十二月十五日至今，先後進呈天文圖、冠服圖、禮圖、輿衛圖、樂圖、武備圖六門，現在輿地圖亦已纂辦告成。查光緒十五年七月初十日奏定畫圖事宜，即以蒞政行軍，莫先形勢，開方計里，尤重輿地一門，因咨調省府志書，採備官私冊籍，並擬就圖表格式，奏頒各省，遴員測繪，予限送館。嗣以各省紛請展限，當於光緒十八年十月二十六日附片奏明，仍照嘉慶《會典》舊式辦理，不繪州縣分圖，亦經奉旨允准。數年以來，各省新圖業已陸續咨送到館。惟各省纂繪不免彼此之歧，合爲全圖諸多窒礙，征諸舊說，尤有異同。悉爲審核度里，博採志乘，務剖析夫群疑，俾折衷於一是。凡州縣分圖瑣載，皆擇要增入府圖，斟酌繁略，苦費經營。但期多盡一分之力，即多得一分之用。其蒙古、西藏及邊僻各省，或無新圖、或有圖而不堪據辦者，謹按乾隆年間欽定內府輿圖、道光年間《欽定大清一

統志》諸書纂繪底本，參以各書圖，悉心考核，踵事加詳，以期薈萃成編，歸於一律……計繪成弧面總圖一百，里開方分圖三百三十五，依圖纂說都爲一百三十二卷……

## 光緒增修《大清會典》及《大清會典圖》、《大清會典事例》全書告成

《清德宗實錄》卷四五七，光緒二十五年十二月庚寅：以續修《會典事例》全書告成，予出力人員滿提調官內閣學士那桐、刑部員外郎貴秀等，漢提調官倉場侍郎劉恩溥、翰林院侍講學士劉永亨等獎敘。

光緒《欽定大清會典》卷首，清德宗《大清會典序》：……聖聖相承，大經大法，以及仰觀俯察文爲制度，一名一物，鉅細燦陳。使非筆之於書，恐日久稽考，雖朝夕奉行，或不知精義之所在。爰於丙戌之歲開館修輯，博稽群籍，定別異同，或因舊存、或補未備，歷十四年得如干卷。非敢比《禹貢》繼二典而作，而列聖創制之深心，與我聖母皇太后因時詰誡俾底於成之懿訓，傳之萬世，一開卷而燦然。則後之雲仍，又當益矢寅承於夙夜爾。是爲序。光緒己亥夏御製。

## 光緒《大清會典》及《會典事例》載起居注館與記注規制

光緒《大清會典》卷七〇，《翰林院·起居注館》：日講起居注官，滿洲十人，漢十有二人（翰林院掌院學士、詹事府詹事俱坐充。余於翰林院侍讀學士以下、詹事府少詹事以下簡充），掌記注之事。凡朝會，則侍直以記言記動……御經筵、臨雍亦如之……軍禮亦如之……謁陵亦如之……凡侍直既退，則載筆……必具年月日，書其當直官之名，乃匭而藏焉……歲終以送於內閣而儲諸庫……主事，滿洲二人，漢一人，掌文移。筆帖式，滿洲十有四人，漢軍二人，掌繙譯。

光緒《大清會典事例》卷一〇五五，《翰林院·起居注》：凡記注，先載起居，次諭旨，次題奏，次官員引見。凡編記各檔，上諭簿、絲綸簿、外紀簿、軍機處檔、宗人府檔、理藩院檔、各寺監檔、八旗檔、護軍營檔、前鋒營檔，所有諭旨及官員引見、除授，皆全載。奉旨依議及該部議奏報聞者，俱不載。載部本，查略節，載通本，查揭帖。有遺落即查對紅本，絲綸簿有疑者亦查對紅本。凡載祭祀、行禮、問安、駕臨、駐蹕各項，俱查照內起居注，由內檔鈔出，存館備查。……凡載事件，俱查照原檔日期。惟絲綸簿內所有補授各官，俱以部檔引見奉旨之日爲定。……凡編纂記注，每月分爲二冊，每年計二十四冊。先成草本，由總辦記注官逐條查覈增改，送掌院閱定，

書明年月及當值官命姓。例以上年之事，至次年分月排纂，前後謹撰序跋。冊中用翰林院印鈐縫，儲以鐵匭，扃鐍封識。歲十二月封篆前，具摺呈奏，俟發下，記注官同內閣學士藏之內閣大庫。其繕寫正本，則專派庶吉士，副本仍藏本署。

### 光緒《大清會典》載國史館建置

光緒《大清會典》卷七〇，《翰林院·國史館》：國史館總裁（特簡，無定員）掌修國史。定國史之體，一曰本紀……二曰傳……三曰志……四曰表……皆撰而進御。提調，滿洲二人（以內閣侍讀學士、侍讀派充），漢二人（以翰林院侍讀學士以下等官派充），掌章奏文移，治其吏役。……總纂，滿洲四人，漢六人。纂修，滿洲十有二人，漢二十有二人……掌分司編纂之事。校對，滿洲八人，漢八人（以內閣中書派充），掌分司校勘之事。

按：《大清會典》所記載國史館組成人員，粗疏不確。《清史稿·職官志》稍有修正補充，亦不完整。實際清朝國史館規模、機構和人員組成，規模既大，且時有發展變化。而重要的官員，除上引資料敘述之外，還有副總裁、清文總校、協修官、收掌官、供事、謄錄等等，亦有蒙古總纂、蒙古提調、蒙古校對等，光緒末又添設筆削員十名。詳見喬治忠《清代國史館考述》（載《文史》1994年，第39輯）一文。

### 東文學社重刊（日）那珂通世《支那通史》

羅振玉（王國維代作）《重刻支那通史序》：……《支那通史》者，日本那珂通世之所作也，都若干卷，取精於諸史，而復縱橫上下於二千餘年之書，以究吾國政治、風俗、學術之流遷，簡而賅，質而雅，而後吾族之盛衰與其強弱、智愚、貧富之所由然可知也。此非所謂良史者歟？所謂持之今世之識，以讀古書者歟？以校諸吾土之作者，吾未見其比也。豈今人之果勝於古人哉，抑時使然歟！嗚呼！以吾國之史，吾人不能作，而他人作之，是可恥也。不恥不能作，而恥讀他人所作之書，其為可恥，孰過是也！故序而重刊之，世之君子以覽觀焉。光緒己亥三月上虞羅振玉序。

## 1900年　清德宗光緒二十六年　庚子

### 東文學社刊行樊炳清譯（日）桑原騭藏《東洋史要》

王國維《東洋史要序》：同學山陰樊君炳清，譯日本桑原騭藏君之《東洋史要》既成，刊有日矣。吾師藤田學士乃論述此書之大旨，而命國維書其端

曰：自近世歷史爲一科學，故事實之間不可無系統。抑無論何學，苟無系統之智識者，不可謂之科學。中國之所謂「歷史」，殆無有系統者，不過集合社會中散見之事實，單可稱史料而已，不得云歷史。歷史有二：有國史，有世界史。國史者，述關係於一國之事實。世界史者，述世界諸國歷史上互相關係之事實。二者其界斠然，然其不可無系統則一也。抑古來西洋各國，自爲一歷史團體，以爲今日西洋之文化。我東洋諸國，亦自爲一歷史團體，以爲東方數千年來固有之文化。至二者相受相拒，有密接之關係，不過最近世事耳。故欲爲完全之世界史，今日尚不能。於是大別世界史爲東洋史、西洋史之二者，皆主研究歷史上諸國相關係之事實，而與國史異其宗旨者也。……桑原君之爲此書，於中國及塞外之事，多據中國正史。其印度及中央亞細亞諸事，多採自西書。雖間有一二歧誤，然簡而賅，博而要，以視集合無系統之事實者，其高下得失，識者自能辨之。余尤願讀是書者，就歷史上諸般之關係，以解釋東方諸國現時之社會狀態，使毋失爲科學之研究，乃可貴耳！光緒二十五年十一月，海寧王國維述。

梁啓超《東籍月旦》（載《飲冰室合集》文集之四）：《中等東洋史》，桑原騭臧著。此書爲最晚出之書，頗能包羅諸家之所長，專爲中學校教科用，條理頗整。凡分全史爲四期：第一上古期，漢族膨脹時代；第二中古期，漢族優勢時代；第三近古期，蒙古族最盛時代；第四近世期，歐人東漸時代。繁簡得宜，論斷有識。

## 王先謙著成《漢書補注》

王先謙《前漢補注序例》：「自顏監《注》行，而班書義顯，卓然號爲功臣。然未發明者固多，而句讀訛誤，解釋踳駁之處，亦迭見焉。良由是書義蘊閎深，通貫匪易。……宋、明以來，校正板本之功爲多。國朝右文興學，精刊諸史，海內耆古之士，承流向風，研窮班義，考正注文，著述美富，曠隆往代。但以散見諸書，學者罕能通習。先謙自通籍以來，即究心班書，博求其義，薈最編摩，積有年歲，都爲一集，名曰《漢書補注》。藏之篋笥，時有改訂，忽忽六旬，炳燭餘明，恐不能更有精進，忘其固陋，舉付梓人。自顧材識駑下，無以踰越古賢，區區存心，頗謂盡力，疏訛之咎，仍懼未免，匡我不逮，敬俟君子。……光緒二十六年歲次庚子二月初吉，識於長沙城北葵園。

# 1901 年　清德宗光緒二十七年　辛丑

## 9 月，梁啟超在《清議報》刊發《中國史敘論》

梁啟超《中國史敘論》第一節《史之界說》（載《飲冰室合集》文集之六）：史也者，記述人間過去之事實者也。雖然，自世界學術日進，故近世史家之本分，與前者史家有異。前者史家，不過記載事實，近世史家，必說明其事實之關係與其原因結果。前者史家，不過記述人間一二有權力者興亡隆替之事，雖名為史實，不過一人一家之譜牒。近世史家，必探察人間全體之運動進步，即國民全部之經歷及其相互之關係。以此論之，雖謂中國前者未嘗有史，殆非為過。……

按：時梁啟超有志於撰寫中國通史，本文實為中國通史之《緒論》。全文包括八節：史之界說；中國史之範圍；中國史之命名；地勢；人種；紀年；有史以前之世代；時代之區分。

## 王先謙著成《日本源流考》

王先謙《日本源流考序》：先謙錄日本開國以來，迄於明治二十六年癸巳，探歷代史傳，暨雜家紀載，參證日本群籍，稽合中東年表，為《源流考》二十二卷。裒輯既畢，作而歎曰：天下禪代，獨日本世王，非但其臣民有所鑒戒取捨而然也。以島國孑立無鄰，故外侮亦弗及焉。然自番輪飆至，重關洞開，情勢岌岌。賴豪傑雲集，謀議翕合。上下之情通，從違之機決。捐棄故技，師法泰西。曾不數年，屹然為東方強國。……而我中國塞聰蔽明，百務苟且。……居今而言變法，不必事事慕傚，惟務開廣地利，毋俾他人我先。兼審外商所以歆動吾民而攫取其財，何者最甚？亟勸導斯人率作興事。行是二者，必以放勳之勞來輔翼為心，匪特不爭其利，亦並不預其事，鼓天下之智力，以求保我君民共有之元氣。國家靈長之祚，或在茲乎！日本得志之後，所刊《維新史》、《繼規大全》諸書，揚翊過情，觀之徒亂人意，不可概執為興邦之要道也。……光緒二十七年，歲次辛丑秋九月。

# 1902 年　清德宗光緒二十八年　壬寅

## 命印行全部《大清會典》、《大清會典圖》、《大清會典事例》

《清德宗實錄》卷四九三，光緒二十八年正月壬申，諭軍機大臣等：所有續修《大清會典》全部，共三百四十二函，著內閣交外務部照原本石印

進呈。

## 8月，張百熙奏進學堂章程，即所謂《欽定學堂章程》

張百熙《進呈學堂章程摺》（載璩鑫圭、唐良炎編《中國近代教育史資料彙編·學制演變》，上海教育出版社 1991 年版）張百熙跪奏：爲遵擬學堂章程，恭摺仰祈聖鑒事。竊臣於本年正月具奏籌辦大學堂大概情形摺內陳明，將來奏定京師大學堂章程，擬即全照大學規模恭擬上聞，仍將現在所辦預備科並附設之速成科暨頒發各直省高等學、中學、小學各章程，一併奏進，候旨遵行。奉上諭：「一切條規，將來即以頒行各省，必當斟酌盡善，損益得中，期於有實效而無流弊。」等因。欽此。欽遵在案。

按：《欽定學堂章程》包括：（1）京師大學堂章程；（2）大學堂考選入學章程；（3）高等學堂章程；（4）中學堂章程；（5）小學堂章程；（6）蒙學堂章程。史稱「壬寅學制」。「壬寅學制」以日本學制爲藍本，分學校教育爲初等、中等、高等三階段，初等階段又分蒙學堂、尋常小學堂、高等小學堂三級，高等階段又分高等學堂、大學堂、大學院三級。這是中國近代教育史上第一次法定的教育系統，雖未曾實行，影響實爲深遠。清廷改革教育條例（「壬寅學制」及稍後頒行的「癸卯學制」），雖是新學勃興壓力下施行，但反過來又對新學起到極大促進作用。就史學而言，大量引進翻譯之史籍以及國人編纂新式教科書，皆與此相關。

## 丁謙著成《蓬萊軒輿地學叢書》（後易名《浙江圖書館叢書》）

葉瀚《清代地理學家列傳·丁先生謙傳》（載《地學雜誌》1920 年第 8～9 期）：清季地學家斷推新化鄒氏、嵊縣丁氏。鄒氏精測算，丁氏長外域地理考證，兩大之稱，允爲不愧。……按狀言先生姓丁氏，名謙，字益甫。舊籍仁和縣，至其祖始遷嵊縣。……年十七，補杭府學博士弟子員。清同治四年，貢於鄉。光緒七年，大挑二等，署湯溪縣教諭。旋選授象山縣教諭，在任三十載。……以中法之役勸團防海有功，奏加五品銜。……至民國八年病卒，年七十有七。……所著有《蓬萊軒輿地叢書》六十五卷，由浙江圖書館爲鳩貲刊行，風行於世，今所稱《浙江圖書館叢書》第一、二集是也。……

## 本年 2～11 月，梁啟超在《新民叢報》刊發《新史學》

梁啓超《新史學·中國之舊史學》（載《飲冰室合集》文集之九）：於今日泰西通行諸學科中，爲中國所固有者，惟史學。史學者，學問之最博大而

最切要者也，國民之明鏡也，愛國心之源泉也。今日歐洲民族主義所以發達，列國所以日進文明，史學之功居其半焉。……今日欲提倡民族主義，使我四萬萬同胞強立於此優勝劣敗之世界乎？則本國史學一科，實爲無老無幼、無男無女、無智無愚、無賢無不肖所皆當從事，視之如渴飲饑食，一刻不容緩者也。然遍覽乙庫中數十萬卷之著錄，其資格可以養吾所欲、給吾所求者，殆無一焉。嗚呼，史界革命不起，則吾國遂不可救。悠悠萬事，惟此爲大！《新史學》之著，吾豈好異哉？吾不得已也。……

　　按：《新史學》凡六篇：中國之舊史；史學之界說；歷史與人種之關係；正統；書法；紀年。影響巨大，被認爲是中國史學近代轉型的標誌。

### 陳黻宸在《新世界學報》刊載《獨史》

　　陳德曾《書瑞安陳黻宸先生全集》（載陳德溥編《陳黻宸集》上冊，中華書局 1995 年）：清初諸學術大師，如崑山顧炎武亭林、衡陽王夫之船山、餘姚黃宗羲南雷，多致力於史學。亭林早有史禍，遂不以此名。船山治史尤精博，惜窮老荒山，其書又晚出，傳者乏人。獨南雷之學，得鄞縣萬斯大、斯同兄弟及全祖望以至會稽章學誠而衍其傳，承流益大。以是世之言史學者，必盛推浙東先祖介石公爲晚清浙東史學巨子也。

　　先祖黻宸，又名芾，字介石，浙江瑞安人。……清光緒壬寅成進士，官戶部主事。長沙張文遠冶秋創設京師大學堂，奏派黻宸爲史學總教習。及浙江成立諮議局，被選爲諮議局議長。……黻宸性凝重，不苟言笑，於學無所不窺，言性理宗陸九淵、王陽明，以爲人心不爲私欲所蔽，則順應萬事，無不曲當，若求於外，必支離而無歸。其言經制，以治史爲主，謂不通史學，則於民生習俗，與夫世運推移之際，不能洞徹本原。所著有《中國通史》20卷，《史學總論》10 卷，《諸子通論》10 卷，《老子發微》、《莊子發微》、《獨史》、《地史原理》、《墨子》及《飲水齋集》等數十卷。卒於民國六年，享壽僅五十九歲。……孫陳德曾敬撰。

### 柳詒徵《歷代史略》刊行

　　柳詒徵《歷代史略》卷一首篇第二章《歷史大旨》：……今欲俾初學貫徹歷代，得其大凡，故本《通鑒》、《通志》之意，仿紀事本末之體，略採正史，析其條理，以爲歷史初級。政治之得失，學術之升降，疆域之分合，國勢之隆替，代有不同，然統觀歷代，大抵自唐、虞至秦而一變，自漢至五代而一

變，宋、元以來之風會與上古劃然，不可復合。故茲編分爲三大紀，自唐、虞、三代至六國並於秦，二千餘年爲上世史；自秦歷漢、晉至唐，一千餘年爲中世史；自五代歷宋、遼、金、元至明，七百餘年爲近世史。取便尋覽，且資考鏡焉。……

# 1903 年　清德宗光緒二十九年　癸卯

## 劉鶚編印《鐵雲藏龜》

（民國）《丹徒縣志摭餘》卷八《人物志》：劉鶚字鐵雲，候選道。生平學術淵深，通曉洋務。光緒庚寅，經魯撫張曜奏調辦理河工，熟諳機器、船械、水學、力學、電學、算學、測量學等藝，著有《勾股天元草》、《弧角三術》、《歷代黃河變遷圖考》、《鐵雲藏龜》、《鐵雲藏匋》多種。

劉鶚《鐵雲藏龜自序》：龜板己亥歲出土在河南湯陰縣屬之古牖裏城。傳聞土人見地墳起，掘之，得骨片與泥相黏結成團，浸水中，或數日，或月餘，始漸離晰。然後置諸盆盎，以水蕩滌之，約兩三月，文字方得畢現。同時所出，並有牛脛骨，頗堅致。龜板，一種色黃者稍堅，色白者略用力即碎，不易拓也。既出土後，爲山左賈人所得，咸寶藏之，冀獲善價。庚子歲，有范姓客挾百餘片走京師，福山王文敏公懿榮，見之狂喜，以厚值留之。後有濰縣趙君執齋，得數百片，亦售歸文敏。未幾義和拳亂起，文敏遂殉難。壬寅年，其哲嗣翰甫觀察售所藏，清公凤債，龜板最後出，計千餘片，予悉得之。定海方君藥雨，又得范姓所藏三百餘片，亦以歸予。趙執齋又爲予奔走齊、魯、趙、魏之郊，凡一年，前後收得三千餘片。總計予之所藏，約過五千片。己亥一坑所出，雖不敢云盡在於此，其遺亦僅矣。……龜板文字極淺細，又脆薄易碎，拓墨極難。友人聞予獲此異品，多向索拓本，苦無以應。然斯實三代眞古文，亟當廣謀其傳，故竭半載之力，精拓千片，付諸石印，以公同好。任是役者，直隸王瑞卿也。光緒癸卯九月既望，丹徒劉鐵雲識。

## 國史館接收內閣等處書籍、檔案

中國第一歷史檔案館藏《國史館檔案》庶務類第 1118 號卷，光緒二十九年九月行移檔：

國史館爲移會事。本館自八月初五日接收大內所有各種書籍、檔案，亟應飭令在館人員逐日進館，詳細核對，認眞經理。查本館向恃桌飯銀兩藉資

辦公，並無別款可領，刻下當差人役枵腹從公，迄今月餘，異常艱苦。擬請戶部暫借領銀三百兩以濟充公，他處不得援以為例，相應移會戶部查照給發，定於何日領取，先期知照本館，以便具備印領可也。

右移會　戶部　（光緒二十九年九月）

### 李有棠《遼史紀事本末》、《金史紀事本末》修訂重刊

（民國）《昭萍志略》卷九《人物志》：李有棠，字芾生。……幼補博士弟子員，食廩餼。舉優貢，就教職，考取八旗官學漢教習、國子監學生銜，選峽江縣訓導。……著有《歷代帝王正閏統總纂》二十卷，《怡軒雜著》若干卷，待梓。尤精史學，殫畢生精力，成《遼金紀事本末體》一書，勾稽蒐輯，考訂詳明。進呈乙覽，傳旨嘉獎，賞給內科中書銜。……卒年六十有九。……

李有棻《校刻遼金史紀事本末原敘》：遼、金二史《紀事本末》，都為九十二卷，伯氏芾生寄自峽江。……伯氏編集，起自甲申，迄今一紀，始排比成帙。其書以《遼》、《金》二史為主，而參以新、舊《五代史》、《宋史》、《元史》、葉隆禮《契丹國志》，宇文懋昭《大金國志》、司馬溫公《通鑑》、朱文公《綱目》、李氏燾《續通鑑長編》、徐氏夢莘《北盟彙編》、李氏心傳《繫年要錄》、商氏輅《續綱目》、陳氏桱《通鑑續編》、王氏宗沐《續通鑑》、薛氏應旂《宋元通鑑》、徐氏乾學《通鑑後編》、畢氏沅《續資治通鑑》等書，以及各家說部、傳記、文集，約百數十種。凡事涉遼、金者，靡不搜探、考證同異，注於下方。……伯氏由優選方官峽江訓導，督學盛公炳煒得見其書，深用褒許，趣付剞劂。……時光緒十九年歲次昭陽大荒落窩月，仲弟有棻謹識。

### （日）浮田和民《史學通論》（一名《史學原論》）陸續有多種中文譯本刊行

羅大維《史學通論序》（進化譯社光緒二十九年刊）：稽我支那，上下五千年，縱橫九萬里，社會久且煩，幅員廣且大，以此而成歷史，宜不知陳篇累帙，具何如壯觀也。而支那方無史，或曰：惡，是何言也？以支那立國易姓二十有四，其間為悲劇、為慘劇、為喜劇、為樂劇者不知凡幾，無姓無事，無事無紀，方長吾人之目線，竭吾人之腦力，不足以償其代價，何得云無？曰此而曰史，吾言誠謬矣。西哲有閱吾史者曰：支那之不能發達進步，

支那之史不能辭其為一種原因也。支那史非不浩博，非不賅貫，第皆為一家一人之事而已，初無及於社會之全體者也。此而謂之為一人小傳也可，謂之為一家族譜也可。而西哲卡蘭兒又有言曰：「歷史者，英雄之傳記也。」英雄者，個人也。個人之傳記方為歷史，我支那史方記一家一人事，何得以絕對論之耶？不知卡氏所論英雄之個人，非我支那史所記個人之英雄，英雄之名同，英雄之實異。世苟欲見真歷史，苟組織真歷史，其亦致意於此篇也可。譯者誌。

按：據俞旦初考證，「在 1902～1903 年之間，一些留日學生競相翻譯介紹，先後有六種譯本之多」。（《愛國主義與中國近代史學》，中國社會科學出版社，1996 年版，第 46～47 頁）。鄔國義《梁啟超新史學思想探源》（《社會科學》2006 年第 6 期）續作訂補，考知中文譯本至少有四種正式出版。

# 1904 年　清德宗光緒三十年　甲辰

## 楊守敬、熊會貞著成《水經注疏》初稿

楊守敬《鄰蘇老人年譜》：甲辰，六十六歲。《水經注疏》稿成。酈氏《水經注》沈霾千載，至明代朱謀㙔乃為之箋，然獨闢蠶叢，始導先路。國朝全謝山為七校，遺書未刊。同時趙誠夫有注釋，亦朱即鐫板。至乾隆間，戴東原入四庫館，始云以《永樂大典》本校刊，辨明經、注混淆，刪正四、五千字，海內學者翕然從之。至嘉慶間，趙氏刻本出，而所校乃於戴氏十同八九，趙氏未見《大典》本，安得與獻氏悉同？而其所據訂正者，一一皆出原書，其非蹈襲他人可知。全氏之書又最後出，多與趙同，兩人生前互相推挹，其從同不足怪；而亦間有與戴氏特出之見合者，未必非校刻者之所為，或遽嗤為偽作，亦遺也。余研尋有年，乃知戴之襲趙證據確鑿，百喙不能為之解。至酈氏之閫奧，諸家多有未窺，間有酈氏不誤，諸家改訂反誤者。國初劉繼莊擬為《水經注釋》而未成。道光間，沈文起亦有此作，未付刊。余乃與崮芝發憤為之疏，釐為八十卷。凡酈氏所引之典，皆標所出，批於齒眉行間，凡八部皆滿。

## 夏曾佑《最新中學中國歷史教科書》（後改稱《中國古代史》）第一冊刊行，第二、三冊續刊於後年

夏曾佑《中國古代史敘》：智莫大於知來，來何以能知，據往事以為推而已矣。故史學者，人所不可無之學也。雖然，有難言者。神洲建國既古，往

事較繁，自秦以前，其紀載也多歧，自秦以後，其紀載也多仍，歧者無以折衷，仍者不可擇別。況史本王官，載筆所及，例止王事，而街談巷語之所造，屬之稗官，正史缺焉。治史之難，於此見矣。然此猶爲往日言之也。洎乎今日，學科日侈，日不暇給，既無日力以讀全史，而運會所遭，人事將變，目前所食之果，非一一於占人證其因，即無以知前途之夷險，又不能不亟讀史，若是者將奈之何哉？是必有一書焉，文簡於古人，而理富於往籍，其足以供社會之需乎！今茲此編，即本是旨，而學殖時日皆有不逮，疏謬之譏，知不可免，亦聊述其宗趣云爾。錢唐夏曾佑敍。

## 陳黻宸編成《京師大學堂中國史講義》

陳黻宸《京師大學堂中國史講義・讀史總論》（載《陳黻宸集》下冊）：史者天下之公史，而非一人一家之私史也。史學者，凡事凡理之所從出也。一物之始，而必有其理焉；一人之交，而必有其事焉。即物窮理，因人考事，積理爲因，積事爲果，因果相成，而史乃出。是故史學者，乃合一切科學而自爲一科者也。……

## 孫詒讓著成《契文舉例》

孫詒讓《契文舉例敍》：文字之興，原始於書契。契之正字爲栔，許君訓爲刻，蓋鍥刻竹木以箸法數，斯謂之栔。契者，其同聲假借字也。……

邇年河南湯陰古羑里城掊土得古龜甲甚夥，率有文字，丹徒劉君鐵雲集得五千版，甄其略明晰者千版，依西法拓印，始傳於世，劉君定爲殷人刀筆書。余謂《考工記》築氏爲削，鄭君訓爲書刀。刀筆書，即栔刻文字也。甲文既出於刀筆，故庸峭古勁，觚折渾成，恍若讀古史手箚，唯璗畫纖細，拓墨漫漶，既不易辨仞，甲片又率爛闕，文義斷續不屬。劉本無釋文，苦不能卒讀也。蒙治古文大篆之學四十年，所見彝器款識逾二千種，大抵皆出周以後，賞鑒家所藵楬爲商器者，率臆定不能確信。每憾未獲見眞商時文字，頃始得此冊，不意衰年睹茲奇跡，愛玩不已，輒窮兩月力校讀之，以前後複重者參互審繹，乃略通其文字，大致與金文相近，篆畫尤簡省，形聲多不具。又像形字頗多，不能盡識。所稱人名號未有諡法，而多以甲乙爲紀，皆在周以前之證。羑里於殷屬王畿，於周爲衛地。據《周書・世俘》篇，殷時已有衛國，故甲文亦有商、周、衛諸文，以相推驗，知必出於商周之間。劉君所定爲不誣。……甲文多紀卜事，一甲或數段，縱橫反正、交錯糾互無定例，

蓋卜官子弟應時記識以備官成，本無雅辭奧義，要遠古契刻遺文，藉存辜較，朽骼畸零，更三四千年竟未漫滅，爲足寶耳！今就所通者略事甄述，用補有商一代書名之佚，兼以尋究倉後、籀前文字流變之跡，其所不知，蓋闕如也。……光緒甲辰十一月，籀膏居士書。

# 1905 年　清德宗光緒三十一年　乙巳

## 本年 1、2 月間，鄧實、黃節等在上海成立國學保存會。2 月 23 日，其機關刊物《國粹學報》發刊

徐信符《廣東藏書紀事詩》四三《鄧實・風雨樓》（載倫明等《辛亥以來藏書紀事詩》，楊琥點校，北京燕山出版社 1999 年）：……鄧實，字秋枚，順德廩生。光緒晚年，僑居滬上，正孫總理提倡革命民主主義磅礴泄發之時。秋枚與黃晦聞、章太炎輩，設立國學保全會，發行《國粹學報》。凡歷六年，提倡漢族精神，鼓吹人民光復神州思想。於國學保存會附設藏書樓，所藏古籍至十五萬餘冊，秋枚復編錄藏書志，登載歷期《國粹學報》中。所出版《國粹叢書》，一爲明人墨跡尺牘；一爲先儒手寫遺書，及手抄校之書；一爲先儒著述；一爲宋、明遺民節士詩文集；一爲明末遺民稗史雜記，凡分三集。復於書籍之外，設「神州國光社」，發行《神州國光集》，分金類、石類、泥類、書類、畫類，用顏色玻璃版印刷。秋枚又於《國粹叢書》中，摘要編寫《風雨樓叢書》，《詩》所謂：「風雨如晦，雞鳴不已」，有微意焉。當時國勢危亂，鉤黨紛拏，而觸破文網，令焚毀、抽毀之禁書，次第展布，他日漢族重光，非無因也。

## 楊守敬、熊會貞《水經注圖》、《水經注要刪》刊行

楊守敬《鄰蘇老人年譜》：乙巳，六十七歲。刻《水經注圖》成。爲《水經注圖》者，圖初有黃子鴻，其書不傳。咸豐間，汪梅村始爲之圖，胡文忠爲刊行，顧其學未博，且未見戴氏本，多有憑臆移置左右易位者，未足爲酈氏之功臣。而全、趙、戴又但憑今圖以律酈書，恃其所學，略觀大意，遂下雌黃。故余爲此圖，皆循酈氏步趨，必一一證古，以書考圖，以圖覆書，無不吻合，而流移變動，如指諸掌，乃知酈書細針密縷若蛛網，絲毫不亂。……

刻《水經注要刪》成。以《水經注釋》卷帙浩博，整寫不易，而吾年已運，恐不能上木；嵓芝寒士，亦未能任此鉅款，乃爲《要刪》八冊，使海內

學者知吾有此書，他日有好事者，得吾書而刊之，不至有「趙戴之爭」，此刊《要刪》之循意也。

## 魏源《元史新編》刊行

魏光燾《元史新編敘》：……近世嘉定錢氏、大興徐氏，皆有志重修，並未卒業。先族祖默深先生，自幼力學，通究古今，期於經世致用。著述脫稿者，先後二十餘種。《聖武記》、《海國圖志》尤為士大夫考掌故、議邊防者之資，久已刊傳海內。晚復從事《元史》，創定體例，獨出己裁，其所徵據，則元代官私之所紀錄，明初諸臣遺老之所記載，《遼》、《金》、《宋》、《明》諸史之所出入，與夫佚事遺聞見於近人及泰西各家之說。元元本本，殫見洽聞，載於各卷所注，《凡例》所引者，可按視也。……《列傳》分類相從，以祛姓名字之惑，則又列史之變例已。《本紀》自世祖而下，襲用《邵氏類編》。《藝文志》、《氏族表》，全取之錢詹事。擇善而從，不必己出，固史家之常歟！其餘就三十史官之辭而損益之，義歸謹嚴，事求詳覈。論次略就而歿，稿落仁和龔氏，已而復入於莫君祥芝。光燾承乏新疆，聞王益吾祭酒言，亟寓書索還。……歲丁酉，始屬歐陽輔之、鄒改之兩茂才校刊，凡八閱寒暑，徐克蕆事。……原稿係創成，有目無書者，亦不止一處。昔之良史所傳，其非全書者多矣。……光緒三十一年秋七月邵陽魏光燾敘。

## 王國維《靜安文集》刊行

王國維《靜安文集自序》：余之研究哲學，始於辛、壬之間。癸卯春，始讀汗德之純理批評，苦其不可解，讀幾半而輟。嗣讀叔本華之書而大好之，自癸卯之夏以至甲辰之冬，皆與叔本華之書為伴侶之時代也。其所尤愜心者，則在叔本華之知識論，汗德之說得因之以上窺。然於其人生哲學觀，其觀察之精銳與議論之犀利，亦未嘗不心怡神釋也。後漸覺其有矛盾之處。去夏所作《紅樓夢評論》，其立論雖全在叔氏之立腳地，然於第四章內已提出絕大之疑問。旋悟叔氏之說，半出於其主觀的氣質，而無關於客觀的知識。此意於《叔本華及尼采》一文中始暢發之。今歲之春，復返而讀汗德之書，嗣今以後，將以數年之力研究汗德。他日稍有所進，取前說而讀之，亦一快也。故並諸雜文，刊而行之，以存此二三年間思想上之陳蹟云爾。光緒三十一年秋八月，海寧王國維自序。

## 劉師培《中國歷史教科書》第一冊由上海國學保存會刊行。第二冊於次年刊行

劉師培《中國歷史教科書凡例》：讀中國史書有二難：上古之史多荒渺，而記事互相歧；後世之史咸浩繁，而記事多相襲。中國廿四史，既不合於教科，《通鑒》、《通典》、《通考》亦卷帙繁多。而近日所出各教科書，復簡略而不適於用。欲治中史，非編一繁簡適當之中國歷史莫由。

西國史書，多區分時代，而所作文明史復多分析事類。蓋區分時代近於中史編年體；而分析事類則近於中國「三通」體也。今所編各課，咸以時代區先後，即偶涉制度文物於分類之中，亦隱寓分時之意，庶觀者易於了然。
……

## 國史館復纂畫一列傳完竣，奏請議敍

中國第一歷史檔案館藏《國史館檔案》庶務類第 1068 號卷存國史館奏底：

國史館謹奏：為復纂臣工列傳書成恭呈御覽事。竊臣館纂辦臣工列傳，向係按季分單呈進，仍發館中收存。因編纂非出一手，體例恐有參差，每積傳至五六百篇之外，必須復行檢輯，斟酌畫一，以昭信史。查同治元年至光緒十六年已積傳八百餘篇，經臣等於光緒十六年十一月初七日奏請復纂，奉旨：依議，欽此。當經臣等督率提調、總纂、纂修、協修等官，將各傳復纂畫一。內有既經成傳，續奉諭旨追加爵諡、蔭恤，併入祀賢良等祠者，皆詳為增載，其有身後削奪等事，亦一律追改。如事跡太少，酌撤歸表。

嗣因續進各傳又積有一百數十篇之多，復令提調等官，將光緒十七年以後、二十年以前各傳一律歸入此次復纂。竊原纂各傳自為一冊，卷帙次第未分，今俱查照歷屆章程，悉心歸併，釐定卷次，使體例無歧，悉歸畫一。計成漢字《大臣傳》一百五十八卷、《忠義傳》六十卷、《循吏傳》四卷，共漢字傳二百二十卷。清字《大臣傳》一百卷、《忠義傳》五十二卷，共清字傳一百五十二卷。均經繕寫正本，裝潢成帙，恭呈御覽，伏候欽定。其貼黃清、漢字正本各一分，共三百七十四卷，存館備查。其進呈正本恭候發下，即擇定日期移送皇史宬尊藏，以垂久遠。

臣等伏查嘉慶十七年四月欽奉諭旨：嗣後各館纂辦書籍至一百卷以上者，准其奏請優敍。嗣於光緒二十一年三月二十日因臣館纂辦書籍，謄錄等官裹足不前，臣等奏請仿照會典、方略兩館奏定章程，准其從優予以分發，

奉上諭：國史館奏謄錄不敷辦公，擬援案變通議敘章程以期踴躍一摺，著吏部議奏。欽此。旋經吏部議准在案。今臣館纂輯畫一《臣工列傳》，數已在七百卷以上，在館各員均能踴躍從公，妥速蕆事，理合奏請議敘。除臣等總裁、總校均不敢仰邀議敘外，所有應行議敘各員，由臣等分別等第，咨部辦理。其滿漢提調、總纂、纂修、協修等官，均能於常行功課之外，昕夕從公，悉心編纂。其校對、收掌、繙譯、謄錄等官，均能校繕無誤。至供事人等，亦皆在館有年，當差勤奮。今全書一律告成，均不無微勞足錄，可否仰懇天恩，俯准臣等援案將尤為出力各員擇優酌保，以示鼓勵之處，出自　皇太后、皇上恩施。謹奏請旨。

### 國史館改訂史館章程

中國第一歷史檔案館藏《國史館檔案》編纂類第 1 號卷，存奏稿《酌擬國史館改良辦法》：

……顧自設館以來，惟度支部發給紙張折價及飯銀，通計一年所領不過千餘金。而歷年辦書，有每月進呈者，如滿漢《大臣列傳》、《忠義傳》及各志是也；有特奏編進者，如《皇清奏議》、《儒林》、《文苑》、《循吏》、《孝友》列傳及臣工畫一傳是也。前後所成，計有數千百卷之多。其辦事各員，提調總一館之成，總纂、纂修、協修任纂輯之事，計有一百餘員之眾，而供事之錄副、查書以供奔走者，其數尤多。乃所領公款僅此千餘金，其何有濟？不得已，乃取給於謄錄、供事功課、到館等費，藉資挹注，每屆五年酌予議敘以酬之。沿習既久，至今未改。夫以一代宏謨焜耀千古，不上資於國帑，乃下取於陋規，非所以重政體也。臣等竊謂史館為文治所關，允宜格外維持，俾垂久遠。現經公同籌畫，力求撙節，擬請嗣後除度支部紙張折價及飯銀照常發給外，每年賞銀三萬兩，作為史館辦公經費。其謄錄、供事功課、到館等費一概裁革。在國家所費不多，而政體所全實大。此酌籌經費之辦法也。至於史館事宜，相沿雖久，當此朝政更新之日，必應整頓而光大之……伏乞　皇太后、皇上聖鑒訓示遵行。謹奏。光緒三十三年十一月二十三日奉旨：依議，欽此。

## 1908 年　清德宗光緒三十四年　戊申

### 翰林院編修袁勵準進呈魏源《元史新編》

《清德宗實錄》卷五九六，光緒三十四年九月辛卯：翰林院編修袁勵

準，奏呈進故江南高郵州知州魏源《重修元史》。得旨：著南書房會同國史館詳閱具奏。

### 張爾田《史微》內篇刊行

張爾田《史微凡例》：《史微》之爲書也，蓋爲考鏡六藝諸子學術流別而作也。夫古今言六藝諸子者夥矣，非便詞巧說、破碎大道，即憑虛任臆、詆爲異端，蓋自漢武帝廢除百家而先生官守之遺衰，自鄭康成混合今古文而我孔子垂世立教之微言絕。暖暖姝姝，抱一先生之言以訖於今，雖以乾嘉諸大師考訂校讎之勤，苦志盡情，頭童齒豁，尚不識六藝諸子爲何物，眞莊生所謂「大惑終身不解」者也。往與吾友孫君益菴同譚道廣平，即苦阮氏、王氏所彙刊《經解》瑣屑餖飣，無關宏旨，嗣得章實齋先生《通義》，服膺之，始於周秦學術之流別稍有所窺見；久之，讀《太史公書》，讀班孟堅《書》，無不迎刃而解，豁然貫通，一時之所創寤，殆若有天牖焉。爰悉取六藝諸子之存於世者，理而董之，仿劉知幾《史通》例，分爲內、外篇，都十餘萬言。內篇爲古人洗冤，爲來學祛惑，本經立義，比次之學居多；外篇發明天人之故，政教之原，越世高談，論斷之學居多。名曰《史微》者，以六藝皆古史，而諸子又史之支與流裔也。……

# 1909 年　清遜帝宣統元年　己酉

### 清廷命開館纂修《清德宗實錄》

《宣統政紀》卷八，宣統元年二月壬子：以恭修《德宗景皇帝實錄》，派大學士世續爲監修總裁官，大學士那桐、張之洞、尚書陸潤庠、溥良爲總裁官。侍郎唐景崇、瑞良、郭曾炘、熙彥、署侍郎王垿、內閣學士麒德爲副總裁官，侍郎恩順爲蒙古總裁官。

《宣統政紀》卷一六，宣統元年六月丙午諭：恭纂《德宗景皇帝實錄》稿本，著陸潤庠敬謹專司勘辦。

《皇朝續文獻通考》卷二六一，《經籍考五》：《德宗景皇帝實錄》五百九十七卷，宣統　年奉敕纂。

### 《各國政藝通考》纂成

《欽定各國政藝通考》七百七十五卷，宣統元年奉敕撰。臣謹案：宣統元年，翰林院編書處所編《各國政藝通考》全書告成，補進總目略稱：光緒

二十八年，大學堂奏請，由翰林院開館，纂輯中國已譯東西各國政藝書，奉旨：依議，欽此。臣等當即遴派提調、總纂、纂修、協修、總校、詳校各員，分司編纂。奏明於八月十六日開館，至三十一年九月成書及半，謹繕成樣本書圖二函，先呈德宗景皇帝聖鑒，並謹陳辦書情形，幸蒙留覽。自此次進呈之後，按月陸續繕進，至本年閏二月止，計編成各國農學一百零四卷、化學一百六十二卷、法律八十九卷、官制一百十七卷、地理四十六卷、學校五十六卷、兵政四十九卷、財政三十九卷、各國歷史本末一百十三卷，合七百七十五卷。前因全書未成，次第未敢輒定，是以未能排次總目，茲特補繕《目錄》三卷，裝成一函，進呈御覽。全書一律告成，臣等擬即將編書處裁撤，遵旨設立講習館，為翰林諸臣研究政學之資，由臣等另擬章程具奏。依議行。

### 陳慶年《中國歷史教科書》刊行

陳慶年《中國歷史教科書後序》：桑原騭臧《東洋史》，自樊炳清譯本出於東方學社，其書盛行，殆遍於東南諸省。慶年在武昌時，見諸校印行者已有數本。蓋自己亥以來，四五年間，以此為教者相屬也。顧其為書，世界史之例耳，而於國史所應詳者，尚多疏略。光緒癸卯，兩湖立文高等學堂，慶年任歷史課，兼教文普通學堂，欲以己意綴事，別為本邦史。念是邦學子於桑原之書誦習已久，其書於全亞國際關係最所注意，我邦經庚子之亂，甫閱數年，牖之以識世界，於義亦急，遂不復自為，略依桑原篇題，補集事實，以為此編。……甲辰之夏，編至明季，得六卷。……慶年去鄂以後，聞漢川劉氏遽付之梓，蘄供求者，非慶年所許也。學部近審定此書，多所訂正，校勘一表至四百有餘事，刊落增益皆有意義。爰即據依一一移改，慶年復增益其所未及，以去害滯。……宣統元年三月，陳慶年。

### 汪榮寶《中國歷史教科書（原名本朝史講義）》刊行

汪榮寶《本朝史講義緒論》：本朝史者，中國史之一部，即全史中之最近世史也。……書契以來，至於今日，歷史之著述，自官定史鑒，及私家志乘，汗牛充棟，畢世不能舉其業。然紀傳之屬，詳於個人，而疏於談群治；編年之作，便於檢日月，而難於尋始終。要之，事實散漫，略無系統，可以為史料，不可以為歷史。歷史之要義，在於勾稽人類之陳蹟，以發現其進化之次第，務令首尾相貫，因果畢呈。晚近歷史之得漸成為科學者，其道由此。……

日本文學士桑原騭臧，嘗據中國本部之大勢，參考旁近各族之盛衰，而以太古至秦一統之間爲上古期；自秦一統至唐之亡，凡千餘年間爲中古期；自五代至本朝之興，七百年間爲近古期；自本朝之初，至於今日，三百年間爲近世期。其義具詳所著《東洋史要》。今姑用其說，大別國史爲四部：即（第一）太古至戰國之終爲上古史；（第二）秦至唐爲中古史；（第三）五代至明爲近古史；（第四）本朝創業以來爲近世史。……

## 王先謙著成《五洲地理志略》

王先謙《五洲地理志略序》：五洲環列，人蝨其中，飲食衣服男女同也。其異者，亞洲喜土著而畏遠遊，惟無俚者不然；歐人則行商徙居，莫不意輕數萬里。是故世無歐人，必無美、非、澳三洲，無三洲則地球不通，故歐人者，今世界之樞紐也。亞洲禮儀之邦，中華最古。數千年來，聖君賢佐，汲汲孜孜惟以養民爲務。至於本朝，統一胡漢，先衣裳而後兵革，遇寇虐而嘔安懷，上下一體，中外一視。歐人則所趨在利，所尚在氣，奪人地，夷人國，以殖吾民，而彼民之生計有無弗問也。……蓋西人爲學，以象數爲體，工商爲用，軍旅爲輔。其於文字歷史近之矣，百家雜出，各以術鳴，而道之大原，或未之知也。……故鄉土之念輕，仁讓之意微，故爭競之情熾，非詩書不能和柔其血氣，非道德無以澡雪其性，此蓋俟之千百年後者矣。臣生五洲大通之世，年方力衰，謝不能周歷山川，開拓胸臆，滋用爲愧。泛覽諸志，敘述歧分，譯音互殊，難可推究，爰綜厥綱領，彙爲一編。欲以祛紐弄之迷惑，資方隅之考求。於所不知，義從蓋闕。後之君子，幸無執其方聞，笑此穴見也。宣統元年己酉孟夏，臣王先謙謹撰。

## 議定魏源《元史新編》不宜列入正史

《宣統政紀》卷二〇，宣統元年八月甲辰，大學士孫家鼐等奏：前奏派學部丞參上行走柯劭忞，暫充國史館幫提調，勘定魏源《元史新編》。茲校閱已竣，謹將原書呈繳，並附呈校勘記一冊。竊謂原書入之別史，實在《宋史新編》之上，入之正史，則體例殊多未合，尙非《新唐書》、《新五代史》之比。所有編修袁勵準請將《元史新編》列入正史之處，應毋庸議。得旨：依議，校勘記留覽。

### 羅振玉在《東方雜誌》刊載《敦煌石室書目及發見之原始》、《莫高窟石室秘錄》（二文後改為《鳴沙山石室秘錄》）

羅振玉《敦煌石室書目及發現之原始》（載《東方雜誌》第六卷第十期，1909 年 9 月）：敦煌石室，在敦煌縣東南三十里三危山下，前臨小川，有三寺，曰上寺、中寺、下寺，上、中兩寺皆道觀，下寺乃僧刹也。寺之左近，有石室數百，唐人謂之莫高窟，俗名千佛洞。洞中皆有壁畫，上截爲佛像，下截爲造像人畫像，並記其人之姓氏籍里。惟一洞藏書滿中，乃西夏兵革時所藏。壁外加以像飾，故不能知其爲藏書之所。逮光緒庚子，掃治石洞，鑿壁而書見，由是稍稍流落人間。丁未冬，法人伯君希和，遊歷迪化，謁長將軍。將軍曾藏石室書一卷，語其事，繼謁瀾公暨安西州牧某，各贈以一卷。伯君審知爲唐寫本，亟詣其處，購得十餘箱，然僅居石室中藏書三分之一，所有四部各書及經卷之精好者，則均囊括而去矣。大半寄回法國，尚餘數束未攜歸。昨往觀，將所見及已寄回之書目，略記之於左。……

羅振玉《莫高窟石室秘錄·餘記第七》（載《東方雜誌》第六卷第十一、十二期，1909 年 10、11 月）：伯希和君言，英人某亦嘗遊窟室，購取不少，而以旁行書爲多。伯君返國，擬往倫敦一觀，允寄其目。……石室秘藏，此次借影者計書卷六、雕本二、石刻三、壁畫五。其紙敝，故不可影者則錄之。……石室之書在巴黎者，悉擬照影，已荷伯君慨然見許。異日秘籍歸來，將與大雅同好，協謀雕印，以廣其傳。伯君惠假之雅意，與儕輩十餘日奔走移錄之辛劬，倘不孤乎！伯希和君以文學士任安南河內之東方考古學校教授，年才三十有一，博通東方學術，爾雅有鑒裁，吾儕之畏友也。以有關茲事，故並記之。

### 朱壽朋纂成《光緒朝東華錄》印行

《清續文獻通考》卷二六一，《經籍考》史部編年類：《光緒朝東華續錄》二百二十卷，朱壽朋編。壽朋字錫百，江蘇上海人，光緒癸卯進士，翰林院編修。

張之洞撰、范希曾補正《書目答問補正》卷二，別史第五：朱壽朋纂《光緒朝東華續錄》二百二卷，事至宣統元年止，宣統元年上海排印單行本。

按：本書編纂者朱壽朋（1868～？）字錫百，江蘇上海縣人。光緒二十九年中進士，後任翰林院編修。民國時期歷任國務院秘書、駐巴西公使館三等秘書、外交部政務司僉事、代理外交部條約司司長等。其余生平事跡不詳。

《光緒朝東華錄》220 卷，《書目答問補正》言「二百二卷」，誤。原稱「東華續錄」，無序無跋，爲清光緒朝編年體史料長編。由於編纂時並無光緒朝實錄可資參考，材料來自邸報、清廷《諭摺彙存》、時事報刊、重要官員文集收載的奏議等等，史料價值頗高，但其中亦有較多訛誤。李志英《〈光緒朝東華錄〉研究》（載《近代史研究》1986 年第 5 期）一文，考論較詳，可參閱。

# 1910 年　清遜帝宣統二年　庚戌

## 清廷命官方審閱修訂劉錦藻《皇朝續文獻通考》一書，並予以獎勵

《清宣統政紀》卷三二，宣統二年二月壬寅：修訂法律大臣沈家本奏：候補五品京堂劉錦藻，恭纂《皇朝續文獻通考》，搜採頗宏，有裨掌故，謹將原書進呈。得旨：著將所纂書籍，交南書房閱看後，再行請旨。

《清宣統政紀》卷四五，宣統二年十一月丙寅：以纂修《皇朝續文獻通考》進呈，賞候補五品京堂劉錦藻內閣侍讀學士銜。

《宣統政紀》卷三三，宣統二年三月丙寅：大學士南書房翰林陸潤庠等奏：閱看京員恭纂書籍，校正訛舛之處，逐卷加簽呈覽。得旨：仍著劉錦藻按照南書房簽出之處，更正妥協，再行呈進。

《皇朝續文獻通考》卷一○一《學校考八》載：諭：前據沈家本奏進候補五品京堂劉錦藻恭纂書籍，經南書房閱看，將訛舛之處逐卷加簽，當即諭令劉錦藻更正妥協，再行呈進。嗣經更正恭進，復交南書房重加校閱。茲據奏稱劉錦藻所纂《皇朝續文獻通考》一書，搽採甚富，持論明通，見均改正無訛等語。劉錦藻著加恩賞給內閣侍讀學士，以示嘉獎。

陸潤庠《皇朝續文獻通考序》：……顧《通考》自貴與創作後，迨我朝高宗純皇帝，始命館臣採元明政典，踵事增輯。又詔自開國迄乾隆乙巳，依彙纂修成《皇朝通考》三百卷。開館修書。集群力以蕆事，制雖近古，然視貴與諸儒成於私家者，難易固自有殊也。更世嬗變，迄今又百數十年矣，禮樂崩壞，文獻無徵，學者恫焉。吳興劉潋如學士，嗜古能文章，早歲通籍，諳歷代掌故，摭拾鈔纂，於是有《續皇朝文獻通考》之輯。既成書，經進蒙今上溫詔褒嘉，而學士顧欿然以爲未備，續以近年庋疏所得，從事增纂，益釐定體例，廣列部居，務蘄於至善。余故與君仍世友好，頃年偶遊青島，每過君寓齋，鉛槧塡委鈔胥三四輩，埋首几案間，恒昕夕不休。余以是服君用力之顓，爲不可及……學士是書爲部三十，爲目百三十有六，始乾隆丙午，迨

宣統辛亥，為卷四百。網羅考訂，一朝典章制度燦然大備。而於新舊蛻嬗之際，尤三致意，增立憲政諸門，詳具源委，蓋有深痛。世之讀是書者，推闡我朝立國之本，及列聖創法之意，與夫後之因革變遷，必有憬然於治亂興衰之故，深矉太息而不能自己者。撥亂世而反之正，抑將有取於茲焉。乙卯春日，元和陸潤庠。

## 繆荃蓀《續碑傳集》刊行

繆荃蓀《續碑傳集序》：昔宋杜大珪撰《名臣碑傳集》一百七卷，收宋代名臣碑誌遺事，編次入書，以覈其人之事功，以備國史之采擇，意至遠也。明徐竑撰《明名臣琬琰前後錄》五十四卷，王元撰《續錄》八卷，國朝錢衎石給諫亦成《碑傳集》百六十卷，一本大珪之例。錢書成於道光間，至嘉慶朝為止，迄今又九十年，中興偉績，賢才薈萃，長篇短牘，記載較多。荃蓀不揣樗昧，起而續之，起自光緒辛巳，迄今三十年，僅成書八十六卷，可謂陋矣。……此書體例一準前編，分卷除瀋陽功臣、開國宰輔、國初功臣、明臣宰輔外，如宰輔、部院大臣、內閣九卿、翰詹、科道、曹屬、督撫、監司、守令、教官、雜職、武臣、忠節、外藩、文苑、列女各目，今悉仍之。此所同也。今外藩後添客將一目，列女中又添辨通一目。分經學、理學而二，仍是道學、儒林之習，今悉改為儒林。列女所收較嚴。又用明《琬琰集》、《言行錄》例，收集句文。前編悉收他人之作，是編荃蓀所撰，間亦闌入，重其人不敢避嫌而不登載。此所異也。……又補乾嘉名人十四卷，現書局已撤，未便再請，或俟將來補刊。……宣統庚戌四月，四品卿銜翰林院編修江陰繆荃蓀序。

## 羅振玉著成《殷商貞卜文字考》

羅振玉《殷商貞卜文字考序》：光緒己亥，予聞河南之湯陰發見古龜甲獸骨，其上皆有刻辭，為福山王文敏公所得，恨不得遽見也。翌年，文敏殉國難，所藏悉歸丹徒劉氏。又翌年，始傳至江南。予一見詫為奇寶，慫恿劉君亟拓墨。為選千紙付影印，並為製序。顧行篋無藏書，第就《周禮》、《史記》所載，略加考證而已。亡友孫仲容徵君詒讓亦考究其文字，以手稿見寄，惜亦未能洞析奧隱。嗣南朔奔走，五六年來，都不復寓目。去歲東友林學士泰輔始為詳考，揭之《史學雜誌》，且遠道郵示，援據賅博，足補正予向序之疏略。然尚有懷疑不能決者，予乃以退食餘暑，盡發所藏拓墨，又從估人之來

自中州者，博觀龜甲獸骨數千枚，選其尤殊者七百，並詢知發見之地，乃在安陽縣西五里之小屯，而非湯陰，其地爲武乙之墟。又於刻辭中得殷帝王名諡十餘，乃恍然悟此卜辭者，實爲殷室王朝之遺物。其文字雖簡略，然可正史家之違失，考小學之源流，求古代之卜法。爰本是三者，以三閱月之力，爲考一卷。凡林君之所未達，至是乃一一剖析明白，乃亟寫寄林君，且以詒當世考古之士。惜仲容墓已宿草，不及相與討論爲憾事也。宣統二年歲在庚戌仲夏，上虞羅振玉記。

# 1911 年　清遜帝宣統三年　辛亥

## 國史館釐定纂修書史功課新章程

《國史館檔案》編纂類第 470 號卷，《宣統三年釐定史館章程》：

館中交辦功課，總以節節清理爲要，發交之件，尤貴持平。如功課叢集於一二人，則必多向隅之人。且其弊非積壓、即草率。調取庫書，往往久閣，以致後之調書者欲查考而無從。茲特擬定數則，但求切實公允，庶不致未得功課者嘖有煩言也。

一、無論何項功課，初輯、復輯，必須將已領之件辦完交館，然後續領。既得專攻，亦免壓閣。

一、向例協修初輯，纂修復輯，自應敬遵舊章。但必細心搜討，詳加考核，以求完備。初輯者不宜拉雜亂抄，復輯者不可敷衍了事。

一、筆削員既另有津貼，則纂修之兼筆削者，每月應除去筆削之件不計多寡，俟此件既交後，再領復輯，以充本任功課。

一、既經復輯仍須筆削者，必期斟酌盡善，方爲不負厥職。

一、館中功課有限，不能盡給所求，纂輯雖勤，實難副其所望。如無功課之時，自應暫停，以俟續辦。

一、每月將所交功課，特列一表，核計總數，分注於每人名下，使閱者一覽了然。庶屆升補之時，免生異議。

一、釐定章程即自六月初一日爲始，不得援以前辦法另生枝節。

此次另訂功課辦法，非好更張以招謗也。前因有人積壓功課竟至數月之久，及歸家後，所調之書猶復屢經催討，始得收回。懲前毖後，不得不稍加限制，願同館諸君諒之。　辛亥六月。

## 新疆官府通志局纂修《新疆圖志》成書且排印

（宣統）《新疆圖志》（《續修四庫全書》本）卷首，袁大化《新疆圖志序》：……惟新疆僻處西陲，元朔以來聲氣已通中國，舟車既至，著述斯興，凡一千八百年間史家所記載，旅遊所發明，見群書者無慮數千萬言。但經旁搜遠紹、擇精語詳，固可裒然成峽，惟未至其時則不章，不遇其人則弗集。書生退掃間軒成為一家言，猶非偶然所能幸致，矧欲濡墨放筆，舉數萬里、數千年之事，一一筆之於書，以為後人法戒，夫豈無自而興哉！歲己酉，為今上龍飛伊始，振靡起弊，咸與維新。於是民政部臣有詔諭各省纂修省志之請，得旨俞允……設局三年，竟能蒇事，且共為志二十九種，計書一百一十六卷，約二百餘萬言。雖未能意蘊精深、規模宏遠，然附於作者之數，以參稽乎得失之林，亦足為邊才之宏助，夫豈始願所及料哉！蓋是役也，先後編纂者，新疆藩司新城王樹枏實基其始，候選道文水王學曾實集其成。而一時協纂、分纂，亦頗有博雅淹通之士，用能不費時日，以成炳蔚之觀。大化司鑒定之役，得以參酌其間，斯役生平快事焉！……

（宣統）《新疆圖志》（《續修四庫全書》本）卷首，《凡例》：

一、是書圖、志並重，不敢偏重於志而略餘圖。非欲固為繁縟，因幅員廣漠，延表四百五十餘萬方里，使無圖以總攬大綱，則讀者有得前忘後之弊。是用不厭求詳，以豁閱者之目。

……

一、各圖有所專屬，眉目始可清朗。故於每圖之下，則必載明屬某某志，而即以是圖訂於是志，以後俾閱者瞭如指掌。至於禮俗則刁羊、誦經及一切服飾、器用、、物候則草木、蟲魚及各項均當列於圖品者，因事涉繪圖，姑從略之。

一、各志體例不同，有用古書體例者，有不用古書體例者，各隨其事實標識之所宜，以定其宗旨。不敢專摹古雅、轉成深晦；亦不敢失之蕉萃，不耐研尋。閱者鑒諸。

一、各志記載攸關，凡得之前書者，必詳舉原書，附考於下。雖採取之各府廳州縣鄉土志，及各項公牘者，亦必標題清晰，非僅求不掠人美，蓋必如是而來歷分明。近足以徵信當時，遠足備後來考證也。

……

一、是書始事於己酉三月，而卒事於辛亥冬十二月。門類淆雜，卷帙繁

多。而纂修、刪改、讎校、排印、裝訂、刊誤，事體至為煩重。而時期又復短促，以致在局各員，雖昕夕將勤，仍恐不無疏略。且排印較諸刊版，則失之飣餖，魯魚亥豕尤易滋訛，閱者諒之。

## 曾廉《元書》刊行

曾廉《元書跋》：歷史無識跋，自我為之，事有由也。始我作《元書》，亦謂當藏之名山，傳之其人。而門人士璋、傳錯、及晉促我出以行世，適劉理卿中散首贈我以刊貲甚厚，已而知我有所著，樂助者踵至，遂付剞劂，二載而迄功。……宣統三年八月廉跋。

按：《元書》為紀傳體史書，共 102 卷，內本紀十五卷，志十卷，列傳七十六卷，末一卷為自序。

## 葉德輝著成《書林清話》

葉德輝《書林清話敘》：書籍自唐時鏤版以來，至天水一朝，號為極盛。而其間分三類：曰官刻本，曰私宅本，曰坊行本。……往者宗人鞠裳編修昌熾，撰《藏書紀事詩》七卷，於古今藏書家，上至天潢，下至方外、坊估、淮妓，搜其遺聞佚事，詳注詩中。發潛德之幽光，為先賢所未有。即使諸藏書家目錄有時散逸，而姓名不至滅如，甚盛德事也！顧其書限於本例，不及刻書源流與夫校勘家掌故，是固覽者所亟欲補其缺略者。吾家累代楹書，足資取證。而生平購求之所獲，耳目之所接，既撰《藏書十約》，挈其大綱。其有未詳者，隨筆書之。積久成帙，逾十二萬言，編為十卷。引用諸家目錄題跋，必皆注明原書。而於吾所私藏，非諸家所關，概不闌入。蓋一人獨賞之物，不如千人共見之物之足徵信。……藏書家固不患無考證也。嗟乎！五十無聞，河清難俟，書種文種，存此萌芽。當今天翻地覆之時，實有秦火胡灰之厄。語同夢囈，癡類書魔，賢者閔其癖好而糾其繆誤，不亦可乎！宣統辛亥歲除，葉德輝自敘。

## 楊守敬、熊會貞《歷代輿地圖》刊成

《清史稿》卷四八六，《文苑三》：楊守敬，字惺吾，宜都人……精輿地，用力於《水經》尤勤。……以舉人官黃岡教諭，加中書銜。嘗遊日本，搜古籍，多得唐、宋善本，辛苦積資，藏書數十萬卷，為鄂學靈光者垂二十年。卒，年七十有七。著有《水經注圖》、《水經注要刪》、《隋書地理志考證》、《日本訪書志》、《晦明軒稿》、《鄰蘇老人題跋》、《望堂金石集》等。

　　賀昌群：《影印〈水經注疏〉的說明》（載文學古籍刊行社 1955 年版《水經注·附錄》）：楊守敬最大的貢獻是在歷史地理特別是沿革地理學方面。從三十幾歲到七十歲，不斷的有所撰述，擴大了地理學和歷史的聯繫，他的《歷代輿地圖》、《隋書地理志考證》、《漢書地理志補校》、《晦明軒稿》等，在清末史地學上都是承先啓後的著作。……歷代正史的《地理志》向無圖說，讀者不易得其要領，楊守敬爲之考定方位、里數，使千百年前疆域沿革，形勢險要，瞭如指掌。今日看來，這些書雖然有許多缺點和錯誤，但還是很有用的，還沒有新的更好的沿革地理圖來代替。楊守敬《歷代輿地圖》中的《疆域圖》和《沿革險要圖》等的編訂，得到歸善鄧承修、東湖饒敦秩、黃岡馬範疇、陳鴻濟等商権校讎的幫助很多，其弟子枝江熊會貞亦同參預撰述。

　　按：光緒三十二年（1906）至宣統三年（1911）間，楊守敬（1839～1915）與熊會貞等人合作，陸續刊成 45 個圖組，始自春秋，下迄明代，與《歷代輿地沿革險要圖》合爲 34 冊，統稱《歷代輿地圖》。

## 清亡，而《清德宗實錄》纂修仍繼續進行

　　章棫《一山文存》卷九，《移實錄館總裁》（辛亥十二月）：敬啓者。昨間在陸文烈殯室晤錢、程二前輩，談及實錄稿尙少四十餘卷未修，明正擬以每卷津貼銀五兩，屬在館諸君修成，以報先帝。當答以「修成以報先帝」之意甚善，而每卷津貼銀五兩，則書估買譯稿以結市人之賤法，殊失大體，期期以爲不可……諸臣皆治古書，不忍以君臣大義爲鄉曲陋儒之說，恒有在館言及實錄未就，梓宮未安，猝遭此變至流涕者。總裁倘能實情補救，四十餘卷之稿，即風鶴頻驚，兵火立至，諸臣亦必不匝月而告成。不成，即責棫一人修之，亦所不辭。度諸臣決不願棫一人成美也。倘以銀五兩買稿一卷，此誠何事？而爲談德宗朝掌故之笑柄，景廟能無恫心？竊料諸臣萬不肯橐筆入館，自失體面。伏維亮詧，纂修官章棫謹啓。

　　按：清朝滅亡後，原實錄館各級纂修官員多繼續留守纂修，多歷年所，終於將光緒朝實錄修成首尾完具一書。清亡後，雖然末帝溥儀享受優待條例，仍在紫禁城內以皇帝自居，但修史條件受到局限，故《清德宗實錄》仍顯粗糙。

## 《清德宗實錄》纂成

《清德宗實錄》卷首，遜位清帝溥儀《德宗景皇帝實錄序》：我國家受天成命，景運丕開，歷聖累仁，欽崇天道。用能丕承基緒，揚萬世無疆之休。洪維我兼祧皇考德宗景皇帝，生而神靈，默膺眷祐……肆予沖人寅紹丕基，冀諸事有所遵循而無隕越，謹依彝憲，命儒臣恭纂實錄，閱十有一年而成書，凡五百九十七卷……。

《清德宗實錄》卷首，《進書表》：欽惟德宗同天崇運大中至正經文緯武仁孝睿智端儉寬勤景皇帝，道秉貞恆，政成悠久。勵精圖治，文明繼照夫重離；厚澤深仁，謳祝遠騰夫萬禩。……爰於宣統元年六月，特敕開館，先後命臣世續為監修總裁官，臣陸潤庠為稿本總裁官……十年脫稿，備省覽於羲廷，乙夜觀成，荷鑒裁於軒鏡。恭成《德宗景皇帝實錄》《聖訓》合凡例目錄共七百四十六卷，敬繕御製序文於簡首，盥沐進呈。

## 原《清德宗實錄》館人員順帶纂修《宣統政紀》

嘉業堂本《明穆宗實錄》章梫題識：我朝實錄大例均循明制，特諸臣奏疏無如此之詳。壬子修《宣統政紀》時，予擬略例，多錄奏疏，與此編相似。卷中訛脫頗多，略閱一過，輒綴數語，以歸翰怡京卿。甲寅春三月，章梫誌於上海寓次。

《宣統政紀》卷首，《大清宣統政紀序》：……當此共和協贊，與周家實異而名符。益欽揖讓無為，見虞陛風同而道一。臣等備員禁籞，珥筆史宬，刻石鼓而誦周京，逢金人而思漢室。太平故吏，曾者濫見開元貞觀之休；淪落遺山，尚記大定明昌之事。塗生民而改清廟，敢比韓文；藏名山而副京師，願成遷紀。此後惟天為大，永傳巍煥之文章；他時候日再中，更草河汾之封禪。

按：纂修《宣統政紀》，據章梫在嘉業堂本《明穆宗實錄》之題識透露，應於壬子年即 1912 年始。又據《宣統政紀》卷首題名，該書稿亦由原實錄館纂修官等分工纂輯，並且經過實錄館各總裁官審讀。又，中華書局影印本《清實錄》之《影印說明》稱：「《宣統政紀》有一部大黃綾本，原由溥儀本人收藏，七十卷。現藏於遼寧省檔案館。」則其書修成後，直接進獻於清遜位末帝溥儀。此書卷首序言，稱「他時候日再中，更草河汾之封禪」，足見有清末帝及若干遺老，復辟之心未泯。

# 後　記

　　研究清代官方史學與私家史學的關係，是從我撰寫博士論文《清朝官方史學研究》之後逐步形成的想法。在中國史學史的研究中，我第一次將「官方史學」作爲一個重要視角來探索。「官方史學」，與此前出現的「史官制度」、「皇朝修史」、「官修史書」等等概念不在同一層次，其特點是具有完整的內容、有機的結構，即包括了官方所有的修史機制和相關舉措，包括官方主張和推行的史學理念和歷史觀念，包括官方對私家史學的監控和干預，包括了地方官府主持的纂修方志活動等等。「官方史學」概念的提出，順理成章地產生「私家史學」概念與其對應，將官方和私家均視爲古代中國的兩大史學主體，對於中國傳統史學之結構的認識，就會起到全新的變化，許多隱晦的史學問題從而明朗地顯現出來。中國傳統史學中官方史學與私家史學的互動、互補又相互排抑，是促進史學發展的重要因素，因此，考查官方史學與私家史學的關係，是認識中國傳統史學機理的鑰匙，而清代官、私史學的相互關係，具有適合於優先剖析的典型性，本書立意，即在於此。

　　作爲一個研究課題，本書之名稱和內容，曾立爲國家社會科學基金一般自選項目，得到資助。在研究和撰寫中，歷盡了諸多艱辛，主要難點是直接反映官方史學與私家史學密切聯繫的資料，十分零散，又幾乎沒有前人的研究成果可資參考。多歷年所之後，總算撰成這樣的一冊書稿，且通過了國家社會科學基金項目的驗收手續。本人在課題研究過程中，思考了許多歷史學和史學史的理論問題，具體的研究中也取得創新和突破，例如：

　　第六章將清朝興盛的乾隆時期之官方與私家史學，置於一個整體的社會結構中考察和評析，其中指出乾嘉考據學家雖各自做碎片式考釋，但整體上

形成對傳統史學從微觀角度入手的清理和總結，是整個傳統史學大清理、大總結時代學術的一個組成部分，與官方編纂《四庫全書》為標誌的傳統文化大總結活動上下配合相輔相成。這樣，就點明了在官修史最強盛時期，官方史學與私家史學之間互動、互補的關係。

第八章考述清乾隆時期官方的歷史正統論觀念、官方對明代歷史的評斷、對歷代歷史問題的審斷以及大興文字獄、查繳禁書等等舉措，分析了在這種嚴峻形勢下私家史學的應對方式。這裡獨得的見解是分析了趙翼《廿二史箚記》的具體的內容與具體論點，指出《廿二史箚記》將《史記》至《明史》的二十四史所載史事，選擇歸納，敘述中有評論，但基本迴避了《御批通鑒輯覽》論斷過的內容，代表了私家對強勢官方史學迂迴性的對應方式，即盡量閃開官方論定的內容而完成自己的撰述。

第九章論述道光朝之後的清代史學，指出總的形勢是私家史學挺進、官方史學退守的局面，私家史學發生了多次、多樣性的嬗變。其中第一次考述了光緒朝編纂《大清會典》中 270 卷《大清會典圖》的學術意義；對何秋濤《朔方備乘》、劉錦藻《皇朝續文獻通考》等等私修史得益於官方協助的問題作出了考析。

以上均屬中國史學史研究的獨得之論，書中類似的學術新見，恕不一一列舉。但關於清代官、私史學互動的問題，是否已經網羅所有重要史料？論述是否完全到位？尚不能自保，仍需進一步發掘、開拓，這要有待於學術界的同仁引為關注，共同努力。

臺灣花木蘭文化出版社熱心襄助學術著述的出版發行，業績卓著，有口皆碑。花木蘭文化出版社駐京聯絡處主任楊嘉樂先生，與我早有交往，本書的出版，得到楊先生的鼎力推動，謹此致以衷心的感謝！

——喬治忠　2016 年 3 月於南開上思齋。